# CIENTISTA DO MARKETING
D I G I T A L

**CARO(A) LEITOR(A),**

Queremos saber sua opinião sobre nossos livros.
Após a leitura, siga-nos no linkedin.com/company/editora-gente,
no TikTok @editoragente e no Instagram @editoragente
e visite-nos no site www.editoragente.com.br.
Cadastre-se e contribua com sugestões, críticas ou elogios.

# DENER LIPPERT

# CIENTISTA DO MARKETING

D I G I T A L

Como vender para mais pessoas, mais vezes e pelo maior valor

**Diretora**
Rosely Boschini

**Gerente Editorial**
Rosângela de Araujo Pinheiro Barbosa

**Editora**
Franciane Batagin Ribeiro
Audrya Oliveira

**Assistente Editorial**
Giulia Molina
Mariá Moritz Tomazoni

**Produção Gráfica**
Leandro Kulaif

**Preparação**
Laura Folgueira

**Capa**
Rafael Nicolaevsky
Adaptada por V4 e Marcia Matos

**Projeto Gráfico e Diagramação**
Renata Zucchini
Plinio Ricca

**Revisão**
Claraboia Editorial
Amanda Oliveira
Wélida Muniz

**Imagem de capa**
Acervo pessoal do autor

**Impressão**
Santa Marta

Copyright © 2024 by Dener Lippert
Todos os direitos desta edição são
reservados à Editora Gente.
Rua Deputado Lacerda Franco, 300 –
Pinheiros, São Paulo, SP – CEP: 05418-000
Site: www.editoragente.com.br
E-mail: gente@editoragente.com.br

Dados Internacionais de Catalogação na Publicação (CIP)
Angélica Ilacqua CRB-8/7057

Lippert, Dener
    O cientista do marketing digital : como vender para mais
pessoas, mais vezes e pelo maior valor / Dener Lippert. –
2. ed. – São Paulo : Editora Gente, 2024.
    272 p.

ISBN 978-65-5544-452-0

1. Marketing na internet 2. Vendas 3. Comércio eletrônico I. Título

24-0380                                              CDD 658.84

Índices para catálogo sistemático:
1. Vendas : Marketing digital

# NOTA DA PUBLISHER

Parece óbvio dizer que o mundo de hoje é muito diferente daquele em que vivíamos no passado, mas com a rapidez com que as mudanças acontecem atualmente, basta um piscar de olhos para as regras no mundo dos negócios mudarem e toda a sua estratégia e planejamento ficarem obsoletos. Mas qual é, então, a solução? Para entrarmos no jogo e não sermos engolidos, é preciso olhar para um pilar fundamental da nova era: o marketing digital!

Aqui não me refiro às estratégias mais quadradas que conhecíamos, baseadas apenas em mídias já um pouco ultrapassadas, com investimentos altos e generalistas. Se pensarmos que o mundo agora é dinâmico, digital, conectado, disruptivo e inovador, a premissa para nos mantermos relevantes é erguer as mangas e agir, focando o que realmente importa e reunindo as principais características que fazem a diferença nesse novo contexto: o comportamento do cliente como pilar central para vender mais e ter mais sucesso.

O que realmente leva as pessoas a comprarem algo? Qual é o comportamento do usuário e o que as empresas de sucesso fazem para aumentar a retenção on-line? Em *Cientista do marketing digital*®, Dener Lippert descarta os floreios de termos complicados e teorias abstratas e nos apresenta um método prático e replicável capaz de revolucionar carreiras e negócios. Ao conhecê-lo, fascinei-me com sua expertise sobre como vender mais, para mais pessoas e pelo maior valor. Ter o Dener em meu cast de autores best-seller é uma honra indescritível, assim posso afirmar que, aqui, você aprenderá que, na contramão de decisões baseadas em achismos ou crenças ultrapassadas, o profissional de marketing do futuro é estratégico, age amparado por métricas e dados concretos e, mais do que um analista, é um Cientista do Marketing Digital®. Boa leitura!

**Rosely Boschini – CEO e Publisher da Editora Gente**

## DEDICATÓRIA

*Dedico este livro a todos os cientistas do comportamento humano e, principalmente, aos divulgadores da ciência e defensores do pensamento crítico. O mundo precisa de vocês.*

## AGRADECIMENTOS

Na V4 não temos colaboradores nem empregados. Todos são investidores. Alguns trabalham internamente alocando seu tempo em busca de ganho futuro, outros trabalham externamente nas franquias da empresa ou como clientes que alocam recursos financeiros em busca do mesmo objetivo. Mas o foco é sempre investir, e eu só tenho a agradecer a eles que fazem tudo isso acontecer todos os dias.

**12** **PREFÁCIO** »» SANDRO MAGALDI

**16** **INTRODUÇÃO** »» MAIS QUE UM ARTISTA, UM CIENTISTA

**24** **CAPÍTULO 1** »» SEM RESULTADOS – E O TEMPO PASSANDO

**36** **CAPÍTULO 2** »» *LOOKING AHEAD*

**48** **CAPÍTULO 3** »» ALINHANDO A VISÃO SOBRE O QUE É MARKETING

**68** **CAPÍTULO 4** »» TORNANDO-SE UM CIENTISTA DO MARKETING DIGITAL®

**88** **CAPÍTULO 5** »» A IMPORTÂNCIA DE UM MÉTODO

| 104 | CAPÍTULO 6 | ≫ PRIMEIRO PILAR: AQUISIÇÃO |
|---|---|---|
| 142 | CAPÍTULO 7 | ≫ SEGUNDO PILAR: ENGAJAMENTO |
| 158 | CAPÍTULO 8 | ≫ TERCEIRO PILAR: MONETIZAÇÃO |
| 194 | CAPÍTULO 9 | ≫ QUARTO PILAR: RETENÇÃO |
| 226 | CAPÍTULO 10 | ≫ CAMPANHAS ESTRATÉGICAS DE MARKETING E VENDAS |
| 244 | CAPÍTULO 11 | ≫ MATEMARKETING: OS QUATRO PILARES INTEGRADOS |
| 264 | CONCLUSÃO | ≫ UM NOVO MERCADO PARA SER CONSTRUÍDO |

# PREFÁCIO

Seja bem-vindo ao novo mundo do marketing!

A sociedade passa por transformações inéditas em sua estrutura e, como não poderia ser diferente, essas mudanças impactam frontalmente o mundo dos negócios, influenciando todos os departamentos e áreas corporativas. Alguns definem esse novo mundo como VUCA, acrônimo que, em tradução para o português, significa Volátil, Incerto, Complexo e Ambíguo; outros, como Klaus Martin Schwab, fundador do Fórum Econômico Mundial de Davos, nos colocam na Quarta Revolução Industrial, a mais abrangente, impactante e profunda de todas.

No centro dessas transformações está o avanço tecnológico. Nos últimos anos, temos testemunhado e vivenciado, como nunca antes, a evolução do potencial da tecnologia. Causa espanto o florescimento de técnicas como Inteligência Artificial (IA), internet das coisas, big data, realidade virtual e assim por diante, em um ritmo frenético e difícil de ser acompanhado. Se apenas uma dessas tecnologias já teria potencial para transformar o mundo, imagine todas elas ao mesmo tempo? Em comparação, as mudanças radicais do passado mais se assemelham a pequenas oscilações perceptíveis a olho nu.

**A prática do marketing foi e tem sido uma das mais afetadas por essa nova lógica.** Acostumados a um modelo mais previsível e controlado, profissionais da área assistem atônitos ao surgimento de uma nova dinâmica que guarda pouca semelhança com o modelo tradicional.

No passado, a audiência sempre se concentrou em poucos meios de comunicação. O campo restrito de opções significava que alguns veículos de mídia aglutinavam o maior universo de consumidores, o que facilitava o alcance desse público com campanhas publicitárias impactantes e abrangentes.

É muito conhecido, nas áreas de mídia das agências de publicidade e empresas, o termo "mídia da mãe". Ele era adotado para definir a estratégia certa para se programar uma campanha tendo como foco o conjunto de veículos que detinham a maior parte da audiência no país. Assim, era só selecionar um canal de televisão, uma revista e um jornal de grande abrangência e pronto: estava definida uma estratégia campeã que atingiria a maior parte do mercado de consumo do país.

No atual mundo da fragmentação da audiência, a "mídia da mãe" tornou-se uma abstração, e o principal motivo dessa transformação desconcertante foi – mais uma vez – a tecnologia. Com a evolução do consumo de conteúdo e entretenimento por meio da internet, testemunhamos a migração das audiências das mídias massivas para os canais digitais. No que tange à disciplina da mídia, o Google causou uma ruptura sem igual no mercado publicitário ao introduzir as metodologias de links patrocinados e, posteriormente, os AdWords, nos quais o anunciante seleciona as palavras mais adequadas ao seu negócio para patrocinar. Poucos se deram conta do impacto que o buscador teria no mundo publicitário.

No início, essa revolução foi silenciosa, e os grandes anunciantes não perceberam a importância e o alcance do movimento. A nova forma de veicular permitiu o acesso de milhares de novos anunciantes, como empresas de pequeno porte que não tinham condições de utilizar a mídia massiva devido ao investimento requerido, e eram pouco eficientes, com públicos mais restritos e definidos.

Com o passar do tempo, no entanto, essa onda transformou-se em um tsunami, e novos termos foram inseridos no vocabulário de todo profissional de marketing. "Mídia programática", "mídia de performance", "inbound e outbound marketing", "gestão de tráfego" foram apenas algumas técnicas que invadiram, sem pedir licença, esse novo mundo. O que era restrito a um nicho de empresas mais digitais e específicas generalizou-se para todo o ambiente empresarial, que entendeu que não pode ficar alheio ao novo marketing.

A mudança mais substancial nesse contexto diz respeito à eficácia no processo de acessar o público almejado pelas marcas. O modelo tradicional implicava na adoção de estimativas genéricas baseadas na audiência dos veículos de comunicação, sem a possibilidade de desenvolver estratégias mais focadas e dirigidas exclusivamente ao perfil de púbico mais adequado para cada ação.

Com as novas tecnologias, entra em cena o chamado "marketing de um", ou seja, desenvolvimento de estratégias focadas e dirigidas exatamente ao público almejado, diminuindo a dispersão das verbas publicitárias e ao mesmo tempo aumentando a eficácia desses investimentos.

Não causa surpresa que essa revolução atinja em cheio o profissional de marketing. Suas habilidades tradicionais não são suficientes para o êxito neste novo mundo, que requer competências técnicas mais orientadas ao campo analítico do que o anterior. É dessa nova realidade que emerge o cientista de marketing digital, um dos conceitos-chave explorados com profundidade por Dener Lippert nesta obra, ele mesmo fruto dessa transformação pessoal e profissional.

O cientista de marketing digital adota uma posição estratégica na organização, desenvolvendo suas habilidades analíticas na avaliação de todos os dados gerados pelas estratégias digitais. A partir dessas informações, são gerados insights poderosos que otimizarão sua estratégia de marketing.

Essa tese não está circunscrita à atividade de mídia, já que envolve utilizar os dados disponibilizados pelo ambiente digital para analisar o comportamento de seus clientes de uma forma muito mais ágil e transparente do que no passado.

O *Cientista do marketing digital*® mostra como nosso novo contexto influencia o profissional de marketing, apresentando referências práticas dos quatro pilares requeridos para o bom desempenho de uma estratégia de acordo com a experiência da V4, empresa fundada por Dener. Seguramente, trata-se de uma obra indispensável não apenas para os profissionais de marketing, mas para todo empreendedor e líder que deseja se aprofundar no eixo mais relevante de qualquer empresa: vender mais com menos recursos.

Afinal, uma estratégia de marketing precisa gerar vendas, além de ter excelente repercussão e alcance. Se não resultar em vendas, todo esforço e investimento serão em vão.

Boa leitura!

**Sandro Magaldi, escritor e cofundador do site meuSucesso.com, é especialista em vendas e gestão estratégica.**

# INTRODUÇÃO - MAIS QUE UM ARTISTA, UM CIENTISTA

**M**arketing digital é o assunto do momento há anos, e não há previsão de quando deixará de ser. Todo mundo fala dele, toda empresa quer implementá-lo no seu negócio e mesmo quem não trabalha na área quer entender pelo menos um pouco do assunto. Mas você sabe o que é marketing digital? Se respondeu que é colocar uma empresa ou marca na internet usando buscadores, posts nas redes sociais ou e-commerce, da maneira mais criativa e artística possível, preciso avisar que não é por aí.

Marketing é, antes de tudo, um processo para gerar receita. Se a venda não existir, o marketing falhou. E, quando se pensa em marketing digital, é preciso entender que os pilares do marketing continuam os mesmos, no entanto, o meio pelo qual são gerados é o digital. Ou seja, o objetivo é impulsionar vendas por meio da internet. Para isso, o responsável por essa área dentro do negócio precisa atuar de maneira estratégica. E é exatamente isto que proponho neste livro: **solte-se um pouco do lado operacional, vá além da parte artística e prepare-se para ser o criador da estratégia de marketing do negócio que está em suas mãos. Minha proposta é que você seja mais do que artista. Minha proposta é que você seja um Cientista do Marketing Digital®.**

E qual é o diferencial desse cientista? Para responder a essa pergunta, primeiro preciso me apresentar. Sou Dener Lippert, fundador da assessoria V4 Company, especializada em implementar e gerir processos de vendas pela internet, e atuo no mercado de marketing digital há mais de dez anos. Meu principal foco, desde o início da carreira, foi dominar as melhores técnicas para a gestão eficiente de um negócio produzindo o máximo de resultados para os meus clientes no meio digital. Nessa trajetória, testei diversas abordagens, falhei e quebrei a cara algumas vezes (você conhecerá algumas histórias ao longo deste livro), mas também aprendi lições valiosas, entendi o que funciona e por que e, agora, estou aqui para compartilhar com você esse aprendizado.

Antes de seguirmos, quero que você pense em como é a formação do profissional de comunicação. Quem está nessa área provavelmente fez um curso de Publicidade e Propaganda, Jornalismo, Audiovisual, Cinema ou Marketing mesmo. São todos cursos que dão uma visão geral muito boa da profissão – e você precisa dela –, mas ainda erram em um ponto: não ensinam como trabalhar com o marketing digital de maneira estratégica.

A graduação em Publicidade e Propaganda, por exemplo, ensina a criar grandes ações com influenciadores, a usar as melhores cores para chamar a atenção do público-alvo, a negociar espaço de mídia em veículos de comunicação e assim por diante. Já o curso de Jornalismo ensina a ser criador de conteúdo. Audiovisual e Cinema ensinam a fazer aquelas vinhetas incríveis, a chamar a atenção do espectador com animações geniais, definir a ambientação do material a ser produzido. Isso tudo é muito legal e, obviamente, importante para o resultado. Mas, repare, todas essas atividades focam o operacional. Você talvez agora esteja me respondendo: "Ah, mas eu sei fazer uma campanha de Google Ads!". E eu pergunto a você: "Que ótimo, mas sabe gerar resultado em forma de mais faturamento para o negócio?". Pois é.

Pense comigo: operar uma ferramenta é fácil, difícil mesmo é saber o que fazer para gerar mais resultados com ela. Isso mostra que se você for bom tecnicamente, mas não souber montar uma estratégia eficiente de vendas, sempre perderá espaço para alguém que é mais efetivo que você.

Durante minha formação acadêmica, sempre senti certo distanciamento do que acontecia dentro da sala de aula e aquilo que eu precisava utilizar no dia a dia dos meus negócios para crescer. Não basta conhecer as ferramentas, é preciso entender como utilizar a metodologia científica que me dá a estrutura fundamental para elaborar qualquer estratégia em congruência com o mercado que mais cresce no Brasil e no mundo: o digital.

Para alcançar esse objetivo, criei o **Método V4**, uma metodologia que tem o marketing gerador de receita como foco principal de seus estudos e estratégias. É um processo sistematizado e aplicado nos mais variados cenários para comprovar a sua eficácia. E o que você encontrará nas próximas páginas é um caminho realista, livre de achismos, já testado e trilhado por milhares de outros negócios sérios para que você gere crescimento, receita e lucro – de maneira duradoura – por meio do marketing digital.

Enxergo esse segmento como algo amplo, que vai além da geração de conteúdo para redes sociais ou venda pelo e-commerce. O marketing digital é um meio de fazer a venda acontecer. Mesmo que ela se dê no ponto físico, toda venda pode – e deve – começar no digital. Ou seja, antes de sair de casa, o consumidor já pode ter pesquisado na internet a respeito daquele produto, se interessado e decidido realizar a compra no ponto físico.

A aplicação do Método V4 começou baseada em quatro pilares:

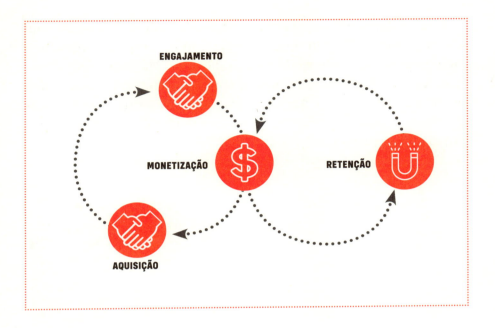

A aquisição são as pessoas que você atrai para seu canal de comunicação com o cliente (site, app, redes sociais, blog etc.). Uma vez que tenham acessado o seu ambiente, é preciso engajar esses possíveis compradores com conteúdo em forma de vídeo, texto, design e etc. O engajamento os conduz até a monetização, é só aqui que você transforma essa audiência em receita; e, depois de ter monetizado pela primeira vez com você, é preciso fazê-la comprar outras vezes – e aí chegamos ao processo de retenção. Trazer a mesma base de clientes para comprar os seus produtos mais vezes e pelo maior valor é onde mora a lucratividade do negócio.

Esse é o roteiro de nosso processo de growth (crescimento). E, para você alcançar o sucesso em cada etapa, mostrarei quais técnicas podem ser aplicadas. Quem entende o Método V4 tem um caminho duradouro de sucesso a trilhar. Porque, ainda que surjam outras plataformas de venda, a trilha para a decisão de compra continuará a mesma. E você, como Cientista do Marketing Digital®, estará preparado para acompanhar essas mudanças e gerar resultados exponenciais.

É isto que me faz levantar da cama todos os dias e trabalhar com a mesma satisfação com que comecei a minha carreira: ver que o método que criei pode ajudá-lo a mudar a realidade dos seus negócios. Aqui você aprenderá como colocar sua estratégia de marketing digital em ação e aumentar as vendas sem perder de vista todas as demais áreas do negócio, para que todo o time trabalhe alinhado aos princípios de resultado.

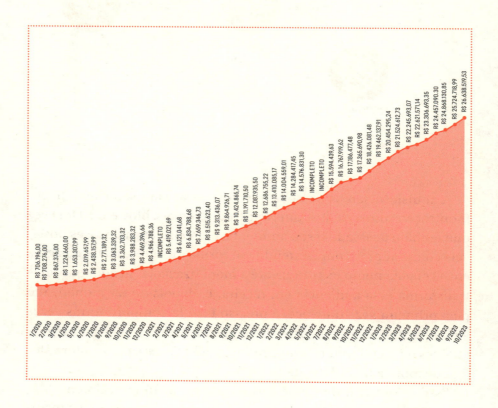

Esse método não é baseado apenas nos testes realizados com os milhares de clientes que tivemos ao longo dos anos, o nosso maior laboratório foi a própria V4, que saiu do zero, e através desse método teve mais de R$ 25 milhões de receita recorrente mensal no momento em que escrevo este texto em outubro de 2023.

## PARA QUEM É ESTE LIVRO?

Escrevi este livro para profissionais que atuam nas áreas de negócios, marketing e comunicação. Se você é a pessoa que deve pensar a estratégia de venda dos produtos, de vender para mais pessoas, de vender mais vezes e de vender pelo maior valor, então é com você que quero conversar.

Se deseja empreender assessorando a si mesmo ou outras empresas, ou ainda ocupar posição de destaque dentro da companhia em que trabalha, liderando a área de marketing, o Método V4 fará toda a diferença para sua atuação de hoje em diante.

Nas próximas páginas, mostrarei o passo a passo para aplicar esse método e se tornar um Cientista do Marketing Digital®. A informação estará em suas mãos e caberá a você colocá-la em prática. Não desista. O melhor remédio para a ansiedade é o planejamento de longo prazo, portanto, não espere que as coisas aconteçam do dia para a noite. Quando você se planeja projetando o futuro, seus objetivos se tornam tangíveis e seu crescimento é exponencial. E se daqui a alguns anos alguém lhe perguntar o que faz um negócio dar certo, certamente você terá a resposta na ponta da língua: o método científico comprovado e testado, associado à persistência e à determinação.

Eu consegui progredir através desse método, e você também conseguirá. O progresso constante é possível! Como disse certa vez o grande campeão de boxe Muhammad Ali: "Impossível é apenas uma palavra usada pelos fracos que acham mais fácil viver no mundo que lhes foi determinado do que explorar o poder que possuem para mudá-lo. O impossível não é um fato consumado. É uma opinião. Impossível não é uma afirmação. É um desafio. O impossível é algo potencial. O impossível é algo temporário. Nada é impossível".[1]

Seja bem-vindo a uma nova etapa da sua carreira e do seu negócio!

---

[1] TÉVEZ, O 20 frases de Muhammad Ali que são verdadeiras lições de vida. **El País**, 7 jun. 2016. Disponível em: https://brasil.elpais.com/brasil/2016/06/04/deportes/1465019120_522470.html. Acesso em: 25 dez. 2020.

# " O MARKETING É A ÚNICA FORMA DE FAZER O NEGÓCIO CRESCER. SEM ISSO, O NEGÓCIO MORRE. "

@denerlippert

# CAPÍTULO 1

# SEM RESULTADOS – E O TEMPO PASSANDO

O mundo está, definitivamente, conectado. De acordo com o relatório Global Digital,[2] a internet marcava 4,5 bilhões de usuários no começo de 2020. Agora, enquanto você lê este livro, tenho certeza de que esse número é outro, já que a cada ano a rede ganha cerca de 300 milhões de novos usuários. Esse mesmo relatório comparou o crescimento da internet com o crescimento populacional e o que se descobriu é que, entre janeiro de 2019 e janeiro de 2020, a população mundial cresceu 1,1%. Já o número de novos usuários da rede de computadores subiu 7%. Ou seja, a quantidade de pessoas que se tornam usuárias da internet aumenta mais ao ano do que a população.

O Brasil também seguia essa tendência e contava com 150 milhões de usuários de internet no mesmo período, com um crescimento anual de 6%.[3] Essas pessoas usam a internet para consultar sites, jogar, trocar mensagens instantâneas, usar as redes sociais. Mas onde outros veem entretenimento, eu vejo um potencial gigantesco de fazer negócios e impulsionar vendas.

Esse é o marketing digital, que nada mais é do que aplicar os princípios do marketing usando o meio digital. Há anos esse canal de negócios vem

---

[2] WE Are Social e Hootsuite - Digital 2020 [Report Completo]. **Amper**, 2021. Disponível em: https://www.amper.ag/post/we-are-social-e-hootsuite-digital-2020-report-completo. Acesso em: 21 dez. 2023.

[3] KEMP, S. Digital 2020: Brazil. **Data Reportal**, 17 fev. 2020. Disponível em: https://datareportal.com/reports/digital-2020-brazil. Acesso em: 21 dez. 2023.

crescendo, destacando-se como um importante meio de vendas, e não há sinal de quando ficará para trás – ou se um dia isso vai acontecer.

Antes de investir no meio digital, porém, as empresas precisam entender que o princípio de tudo é o marketing, e marketing é venda. Sergio Zyman, ex-diretor de marketing da Coca-Cola, no seu livro *O fim do marketing como nós conhecemos*,[4] explica o marketing em quatro princípios: vender o seu produto, vender para mais pessoas, vender mais vezes, vender pelo maior valor. No entanto, percebo um problema: ainda há empresas que não entenderam o marketing dentro desse viés de vendas. Ainda estão ligadas àquele antigo conceito de que investir em marketing não dá retorno financeiro para a empresa.

Isso acontece porque muitas agências de publicidade ainda trabalham em um modelo arcaico baseado em bonificação. Responsáveis em administrar a verba do cliente para colocar em ação estratégias que deem resultado, elas direcionam as campanhas para grandes veículos de comunicação que pagam bônus de volume (o chamado BV), ou seja, uma porcentagem de tudo que o cliente gasta naquele veículo é redirecionada a elas. Assim, é mais vantajoso para a agência escolher uma TV, rádio ou qualquer outra publicação para veicular a propaganda do cliente, baseando-se no percentual de BV que ganhará do que planejar uma boa estratégia de marketing. Não há preocupação com o resultado para o cliente, e sim com o lucro para a agência.

Algo parecido acontece com algumas agências de marketing digital. Nesse caso, porém, elas agenciam o dinheiro do cliente em ferramentas digitais que pagam comissão para elas. Não existe uma estratégia efetiva e, por isso, o resultado não atinge o objetivo esperado, que é vender mais. Esses exemplos representam o motivo de o marketing ainda ser visto muitas vezes como despesa. Contudo, a ineficiência dessas diretrizes se dá porque a expectativa e o interesse entre agência e clientes estão desalinhados.

O marketing é a única forma de fazer o negócio vender mais e crescer. Sem isso, o negócio morre. As pessoas costumam dizer que o departamento financeiro é o coração da empresa. Pois eu digo então que as

---

[4] ZYMAN, S. **O fim do marketing como nós conhecemos**. Rio de Janeiro: Campus, 1999.

vendas são o oxigênio que permite ao estabelecimento se manter respirando. Há quem foque a operação, há quem foque o financeiro ou qualquer outra área, mas acredite: sem o foco em vendas, a empresa acaba asfixiada. Por isso não dá para perder tempo. Investir em uma estratégia de marketing bem estruturada pode salvar um negócio.

Com a crise advinda da pandemia de covid-19 durante 2020, parece que as empresas abriram o olho, definitivamente, para essa necessidade. O estudo *Panorama PMEs: os impactos da covid-19 e os passos para a retomada*[5] mostrou que 70,9% das pequenas e médias empresas consideraram que melhorar o marketing e as vendas é prioridade em um momento como este, ficando à frente, inclusive, de fluxo de caixa. Isso significa que o que buscam é aumentar o volume de vendas. O mesmo estudo mostrou que migrar para o ambiente digital também aparece na lista de prioridades. E as empresas não estão erradas: digital é a maneira mais eficiente de alavancar vendas, considerando que 71% da população brasileira está presente na internet.[6]

## PROPOSTAS MILAGROSAS

Olhando esse cenário, não é difícil perceber por que todo mundo quer – e precisa – estar na rede. Existem diversas possibilidades de explorar esse ambiente para fazer negócio, funcionam tanto para os pequenos comerciantes – aqueles que têm o mercadinho no bairro –, quanto para médias e grandes empresas. Talvez você até já tenha tentado empreender usando a internet ou alavancar seu negócio físico usando os meios digitais, mas não se deu bem. Ou pode ser que já tenha comprado algum curso sobre marketing digital dentre os muitos que aparecem por aí. Também é possível que esteja apenas pesquisando e buscando compreender onde vale a pena investir seu dinheiro para obter o melhor retorno e maior resultado. Ou ainda,

---

[5] RODRIGUES, J. Resultados do estudo Panorama PMEs: 70,9% consideram "melhorar marketing e vendas" como tópico mais relevante. **Resultados digitais**, 2 jul. 2020. Disponível em: https://resultadosdigitais.com.br/vendas/panorama-pmes-necessidades-melhorar-marketing-vendas/. Acesso em: 14 dez. 2020.

[6] KEMP, S. *op. cit.*

quem sabe você não chegou a este livro porque está confuso com todas as propostas milagrosas que encontra na internet e, em meio a tantas promessas existe uma pergunta sedenta por resposta: "Em quem eu posso confiar?".

Não é por menos: é só abrir um site que você já se depara com *pop-ups* que explodem na tela oferecendo todo tipo de produto ou serviço, ou aquelas ofertas tentadoras falando como ganhar dinheiro – fácil e rápido – por meio da internet. O anúncio impressiona. Geralmente, mostra pessoas à beira da piscina ou em um cenário paradisíaco, com um computador no colo e a promessa de que investindo poucas horas por semana é possível ganhar algumas dezenas de milhares de reais. Espero que você não tenha caído nessa história. Não quero ser um estraga-prazeres, mas preciso falar a verdade: isso é *bullshit*.[7] Essa história não existe. Ninguém atua, de fato, dessa maneira. Dá para ganhar dinheiro através da internet? Claro que sim. É tão fácil quanto o *pop-up* que abre na sua tela dá a entender? Óbvio que não. Tudo é resultado de muito trabalho e, claro, de estudo. Não basta apenas postar ou oferecer um produto, mas entender o público com quem você está falando, seus hábitos e como falar com ele. Desse modo, é possível construir uma boa avenida de crescimento através da internet. E aí volto ao início do nosso papo. Não existe *marketing digital*. O que existe é o marketing, uma série de ferramentas para mover o mercado, o caminho para o crescimento, o modo de promover mais vendas. E existe o digital, que é uma opção para esse objetivo ser alcançado.

Pense em um comércio que apostou todas as suas fichas em uma campanha nas redes sociais e não obteve o resultado esperado. O erro está no meio digital? Nem sempre, porque na maioria das vezes o problema é anterior a isso. Ele já vem de outros aspectos do marketing, da maneira como o produto é concebido, como é distribuído, como a mídia é planejada.

---

[7] Do inglês: besteira, bobagem. (N.E.)

Na V4 Company, já atuamos em mais de quinze mil projetos, entre eles o do aplicativo de músicas Spotify, no qual gerimos verba de mídia em uma campanha em cinco países diferentes. Essa experiência nos fez ter ainda mais certeza daquilo que já sabíamos: o Spotify ter dado certo tem a ver não só com a estratégia que foi traçada nas campanhas, mas com os fundamentos do produto, que já eram bons antes disso. O que fizemos foi potencializar os resultados. Se o produto é bom, consegue vender em qualquer canal. Ou seja, tudo parte do marketing.

**EU DEFENDO QUE O PONTO-CHAVE PARA DEFINIR UMA ESTRATÉGIA DE MARKETING É USAR O MÉTODO CERTO COM O PENSAMENTO CIENTÍFICO. A SUA PERFORMANCE NÃO É DEFINIDA COM UM JOGO NO ESCURO NEM POR POST BONITO NO FACEBOOK OU UMA IMAGEM NO INSTAGRAM.**

Infelizmente, vejo muitos especialistas em marketing digital que acreditam que ter uma estratégia consiste apenas em selecionar um assunto, criar o conteúdo e depois fazer uma arte bonita. Na verdade, eles só conseguem fazer uma atividade operacional, não existe planejamento científico nessa história, embora seja este que separa um negócio de sucesso perene de um negócio de sucesso imediato. Porque o post bonitinho pode até ganhar muitas curtidas e atrair certa audiência, mas será algo imediato que não gera valor agregado ao longo do tempo nem assegura que esse engajamento se torne uma constante. Quando você emprega o V4 com o pensamento científico, consegue agregar valor ao seu produto, sua campanha deixa de ser um post e se transforma numa estratégia que atrairá mais clientes e aumentará as suas vendas. Afinal, isso é marketing, e marketing não é arte, é ciência.

É preciso, então, saber diferenciar a divulgação pura de produtos – como posts em redes sociais, imagens, campanhas – e resultados reais e mensuráveis. O mais importante para grande parte das empresas é o retorno palpável e perceptível do investimento feito. E a geração de leads,[8] a conversão, a venda e o faturamento são fundamentais para qualquer empresa continuar de pé.

Também existem os negócios especializados em marketing que prometem a garantia de resultados a todo custo, independentemente de contexto, região, condições socioculturais e outros aspectos. Porém, não existe garantia de que a estratégia adotada vai funcionar, afinal, a venda depende da decisão do cliente. Responsabilizar-se pela entrega desses resultados é como garantir que determinado time vai ganhar o campeonato de futebol. Ele pode ter os melhores jogadores e o melhor técnico, mas é impossível controlar o que o oponente vai fazer em campo. Por isso as fórmulas prontas de marketing são tão ineficientes e levam empresas a não acreditar nas promessas que ouvem.

Não existem procedimentos incontestáveis no relacionamento com pessoas. Máquinas são previsíveis, pessoas são incalculáveis e incertas. O que se deve fazer é implementar processos, criar soluções, analisar os números e conceber melhorias que ajudem a aumentar a chance de sucesso. O marketing digital, quando desenvolvido nessas condições, costuma entregar o melhor ROIC (retorno sobre o capital investido).

Eu sei bem disso. A internet é a minha principal fonte de crescimento há dez anos e, por meio da V4 Company, milhares de pessoas transformaram a própria vida. Mas isso vai além de fazer negócio ou obter lucros na internet, essa é uma visão limitada. Minha empresa não é virtual. Eu tenho um espaço físico que faz negócio com a internet. Os meus clientes vêm da internet, mas também têm um espaço físico. E é aí que está a grande jogada deste mercado: entender que a venda não vai acontecer *na* internet, mas *por meio* dela.

O que eu quero é lhe mostrar o jeito profissional de ter crescimento constante e previsível por este meio, tendo certeza de todas as decisões que está tomando. E o que é preciso fazer para ganhar dinheiro on-line, ter orgulho de vender produtos de alta qualidade,

---

[8] Lead é o consumidor que tem potencial para se tornar cliente.

agregando valor à sociedade e com previsibilidade de receita? Implementar um processo de vendas por meio da internet para a sua ou outras empresas. Esse é um mercado de altíssimo potencial.

>>> É uma área em que circula muito dinheiro. De acordo com a Associação Brasileira dos Agentes Digitais (Abradi), em 2014, as empresas já investiam 3 bilhões de reais por ano em serviços de marketing digital.[9]

>>> Há muitas empresas necessitando desse serviço, e se você estiver pensando que as companhias buscam apenas agências consagradas para pensar suas estratégias, está enganado. O Brasil tem 17,2 milhões de pequenos negócios,[10] e eles não têm orçamento para contratar grandes escritórios.

>>> O consumo pela internet é uma realidade que nenhum negócio pode ignorar. Segundo pesquisa desenvolvida pela empresa global de publicidade Criteo, no Brasil, 56% dos consumidores pesquisados realizaram sua primeira compra on-line durante o pico da pandemia; destes, 94% desejam continuar consumindo das empresas que passaram a conhecer depois disso.[11]

Além dessas vantagens, o mercado apresenta algumas facilidades para quem quer se inserir nele. Como tudo ocorre em um ambiente digital, as reuniões são feitas on-line; os custos fixos são reduzidos; não há barreiras geográficas (você pode ter seu negócio em uma cidade pequena do interior do país e vender para qualquer lugar do mundo); as campanhas de marketing podem ser mais facilmente direcionadas ao público que se quer atingir; o custo do investimento

---

[9] AGÊNCIAS digitais brasileiras devem faturar R$ 3,3 bilhões este ano. **Meio&Mensagem**, 14 out. 2014. Disponível em: https://www.meioemensagem.com.br/proxxima/arquivo/noticias/agencias-digitais-brasileiras-devem-faturar-r-33-bilhoes-neste-ano. Acesso em: 21 dez. 2023.

[10] SEBRAE. **O impacto da pandemia do coronavírus nos pequenos negócios**. 2020. Disponível em: https://datasebrae.com.br/wp-content/uploads/2021/01/Impacto-coronav%C3%ADrus-nas-MPE-9%C2%AAedicao_DIRETORIA-v4.pdf. Acesso em: 23 dez. 2020.

[11] SHOPPER Story 2020. **Criteo**. https://www2.criteo.com/br/shopper-story-2020. Acesso em: 9 fev. 2021.

inicial costuma ser bem baixo ou, até mesmo, nulo; e, com os custos mais baixos para colocar o negócio em funcionamento, é possível obter alta lucratividade.[12]

Para você ter uma ideia, quando assinei o primeiro contrato para prestar serviços de marketing digital eu ainda tinha 18 anos e não conhecia a empresa pessoalmente, aliás, nunca a conheci. No próximo capítulo, vou contar direitinho essa história. Por agora, você precisa saber que, nessas condições, consegui executar meu trabalho perfeitamente e mais, consegui crescer. Através da V4, já prestamos serviço para mais de quinze mil empresas em vinte países.

Ainda acrescento outra facilidade para quem vai atuar nessa área: o digital permite que a empresa faça, com muita facilidade, testes para saber como atingir seu público. Colocou uma estratégia em ação e ela não deu resultado? No dia seguinte ou até mesmo nas horas seguintes já é possível substituí-la. Imagine fazer isso em um anúncio na TV ou no rádio? O tempo de análise e ajuste será bem mais lento.

Você tem alguns caminhos para tirar receita do canal digital. O primeiro e o melhor deles é usar um negócio já estabelecido fisicamente, que opera no modo tradicional, e potencializá-lo com a internet. Uma das maneiras de fazer isso é por meio de um e-commerce, que é uma loja hospedada na internet em que você vende seus produtos ou serviços. Você também pode obter receita do digital tornando-se um influenciador digital, construindo sua audiência e monetizando-a por meio do AdSense (que é quando você produz conteúdo on-line e espera ser remunerado por isso – é o que acontece com os vídeos que são postados no YouTube, por exemplo) ou por meio de outras parcerias. Você também tem a opção de se tornar um afiliado, que é vender um produto ou serviço de outra empresa ou marca em troca de uma comissão, operação em que toda a transação de venda e entrega é feita pela própria marca. Pode fazer operações de *dropshipping*, que é a

---

[12] SOUZA, L. Como funciona o empreendedorismo digital. **Sebrae Respostas**, 30 mar. 2020. Disponível em: https://respostas.sebrae.com.br/como-funciona-o-empreendedorismo-digital. Acesso em: 15 dez. 2020.

venda de um produto fabricado por outra empresa no exterior – você age como um intermediador que vende e entrega o produto direto ao consumidor.

Qualquer que seja a sua escolha, é possível, sim, ter um bom rendimento, mas por que algumas pessoas conseguem sucesso nessas operações e outras não? Justamente pela falta de formação científica do profissional que lidera a estratégia de marketing. E é isso que eu vou lhe ensinar nos próximos capítulos. Você talvez esteja pensando: "Cara, eu trabalho muito bem com todas as ferramentas de mídias sociais" ou "sei muito bem como operar o e-commerce". Mas não é a usar ferramentas que eu estou me referindo. A melhor maneira de lucrar com a internet é entendendo os princípios básicos do marketing, entendendo a ciência humana e também a importância do canal digital e aplicando essa lógica em um negócio real. A partir daí, você conseguirá exponenciar o seu próprio negócio ou se tornar um assessor de marketing digital.

## QUAL CURSO DEVO FAZER?

Existem muitos cursos de marketing digital. Basta fazer uma pesquisa rápida no Google e encontrará um perto de você ou on-line. Existem até mesmo cursos superiores que focam o marketing digital ou colocam o digital como extensão de um curso tradicional – como Publicidade e Propaganda. Com a minha experiência de anos de mercado, posso afirmar que todas essas formações ainda são incompletas. E é justamente por isso que muitas pessoas fazem esses cursos e não conseguem ter sucesso no meio. O que acontece é que as graduações – que ainda são a opção da maioria das pessoas que querem ter uma profissão e ingressar no mercado de trabalho – focam a grade curricular em disciplinas segregadas, concentradas apenas em sua área de atuação. Assim, quem faz Administração só entende de administração. Quem faz Jornalismo só entende de jornalismo e quem faz marketing só entende de marketing. Não lhes ensinam nada de outras áreas da ciência humana e dos negócios.

**ALÉM DISSO, MESMO AQUELAS FACULDADES QUE OFERECEM A OPÇÃO DE MARKETING DIGITAL ERRAM, POIS DIRECIONAM TODO O CONHECIMENTO PARA O USO DE FERRAMENTAS, ASSIM COMO A MAIORIA DOS CURSOS RÁPIDOS DE MARKETING DIGITAL. A INTENÇÃO É CRIAR UM PROFISSIONAL QUE MANEJE AS FERRAMENTAS DO DIGITAL, SOMENTE ISSO.**

Veja, não estou dizendo que você deve deixar de cursar a faculdade ou que não deve fazer nenhum curso, mas que deve buscar uma intersecção entre as áreas. Como a educação ainda funciona de modo muito tradicional, infelizmente, apenas um curso não lhe oferecerá todo o necessário, e você deverá ter uma postura investigativa e pensamento científico para atuar de modo estratégico, dominando um conhecimento amplo e depois se especializando em uma área. Você precisa entender a ação humana, entender o ser humano para depois operar a ferramenta que vai tirar o máximo potencial para gerar a ação de compra do consumidor – que é o seu objetivo. E nada disso vai bastar se você não souber ler e apresentar os resultados através dos demonstrativos financeiros e contábeis que o mercado entende. Quem tira o máximo das ferramentas do marketing digital é quem mais tem conhecimento sobre o comportamento humano. Se o profissional só aprender ferramentas digitais e não entender do todo, sua atuação será sempre um tiro no escuro ou uma ação isolada. Ele vai fazendo do jeito que dá, um dia de um jeito, outro dia de outro, sem construir um processo replicável. Claro que a internet permite errar mais vezes do que outras mídias, mas ninguém sobrevive só errando.

Ser um Cientista do Marketing Digital® significa se pautar na ação humana e, a partir disso, conseguir usar as ferramentas digitais ao próprio favor. Quando você entende o pensamento científico, consegue ter uma visão 360 graus do negócio e aprende a vender seu produto, a vender para mais pessoas, a vender mais vezes e a vender pelo maior valor. E ainda se protege das desculpas evasivas daqueles profissionais que não geram resultados e das promessas das escolas que prometem resultados fantasiosos apenas para vender curso.

Nós começamos agora essa caminhada. Continue comigo que, ao longo deste livro, vou mostrar como consegui crescer e como você também pode se tornar um profissional com uma atuação diferenciada e muito valorizada no mercado.

"

# NÃO BASTA APENAS POSTAR OU OFERECER UM PRODUTO, MAS ENTENDER O PÚBLICO COM QUEM VOCÊ ESTÁ FALANDO, SEUS HÁBITOS E COMO FALAR COM ELE.

"

@denerlippert

# CAPÍTULO 2

# LOOKING AHEAD

Conhecimento do seu ramo de atividade, boa gestão financeira, gestão de pessoas, vendas... Eu poderia escrever várias linhas para mostrar quais são as razões que fazem um negócio dar certo. Mas existe algo a mais que, para mim, fez toda a diferença: o inconformismo. Essa sensação de que algo não está favorável ou está em desacordo com o que eu pensava ou queria para mim me acompanha desde a infância. E acho que foi esse desejo de fugir do comum e enxergar oportunidades fora do pequeno círculo em que eu vivia que me fez chegar até aqui. Sempre tive objetivos bem ambiciosos. A V4 Company fatura algumas centenas de milhões atualmente, valor que quero aumentar em dezenas de vezes nos próximos anos (e isso talvez já tenha acontecido, a depender do momento em que você está lendo este livro). Você pode pensar que estou fora da realidade, afinal, se analisarmos as duas dezenas de milhões de empresas abertas no país, menos de sete mil conseguiram passar da casa de R$ 1 bilhão de receita anual.[13] Mas será que esse objetivo está, realmente, tão distante? Tenho certeza de que não, pois os resultados que já foram alcançados enquanto escrevo este livro me deram a segurança de afirmar que é possível, sim. Afinal, nada foi conquistado do dia para a noite nem copiando o que eu

---

[13] Dados calculados a partir do ranking Valor1000, do jornal **Valor Econômico**. Disponível em: https://www.econodata.com.br/empresas/todo-brasil/acima-de-1bilhao. Acesso em: 22 dez. 2020.

via no mercado, mas a partir de um modelo de negócio próprio e de um pensamento científico para trabalhar através da internet.

Só consegui dar esse salto porque me incomodei de seguir o padrão em que eu vivia e nunca me conformei com aquilo que a sociedade me impunha. Nasci e cresci na periferia da região metropolitana de Porto Alegre, no Rio Grande do Sul, em um bairro que tinha um ecossistema econômico próprio. Além de negócios que atuavam na ilegalidade, como o tráfico, havia alguns pequenos empreendimentos formais. Com a vida que eu levava e as pessoas com quem convivia, não me restava nada além de seguir pelo caminho da ilegalidade. Isso era o que a sociedade me dava. E, olhando as pessoas ao meu redor, era mais fácil aceitar tudo aquilo e acreditar que era o único caminho a seguir.

Mas por que eu teria que viver na periferia cercado de violência? Por que teria que aceitar que a pobreza era o meu destino e que se eu quisesse ser alguma coisa teria que vender drogas? Digo isso porque esse era o status da pessoa mais bem-sucedida da minha vizinhança. E, olhando a vida de luxo que ela levava mesmo passando o dia todo em casa jogando videogame e com iogurte na geladeira (o que, para uma criança da periferia, era um *case* de sucesso), confesso que algumas vezes pensei: quero ser traficante.

Mas entendi, bem cedo, que eu não queria seguir o caminho que muitos jovens da periferia seguem, muitas vezes, por total falta de opção e apoio. Por isso, resisti e sobrevivi ao sistema. Mudar o passado não era opção, mas eu tinha a possibilidade de enfrentar a realidade como ela se apresentava. E eu reagi.

Minhas primeiras ideias empreendedoras surgiram aos 14 anos, quando comecei a trabalhar em uma microempresa de sonorização e iluminação de eventos no bairro em que morava. Eu e meus amigos trabalhávamos na montagem e operação das festas em troca de R$50 por noite e um pouco de entretenimento. O salário era baixo, mas, para mim, ter a possibilidade de frequentar as melhores festas da cidade era uma grande diversão. Também foi um período em que, mais uma vez, o inconformismo me fez ir além. Aquela grana baixa não satisfazia os meus desejos, e ficava imaginando o que poderia fazer para abrir meu próprio negócio.

Em 2010, com 15 anos, eu tinha o sonho de assistir ao Planeta Atlântida, o maior festival de música do Sul do país, que acontecia a mais de 100 quilômetros da capital gaúcha. Até aquele momento, eu só o havia assistido pela TV e sabia que a minha banda favorita na época, Charlie Brown Jr., estaria presente no festival. Então, o que fazer para viabilizar minha ida para o Planeta? Conformar-me de que aquilo não era para mim estava fora de questão. E foi assim, diante dessa necessidade, que surgiu meu primeiro plano de negócio, esboçado na minha cabeça mais ou menos nesses termos:

1. **PROBLEMA:** sem dinheiro, eu não tinha como ir ao evento. Não teria transporte, não teria ingresso, não teria onde ficar.

2. **MERCADO:** os meus colegas de escola enfrentavam o mesmo problema do transporte e da falta de hospedagem, mas eles tinham algum dinheiro.

3. **SOLUÇÃO:** meu irmão trabalha com frete, e um dos seus negócios era alugar uma Kombi para levar a galera para uma balada a alguns quilômetros da nossa cidade, o que me inspirou a pensar: "Por que não fazer o mesmo?".

4. **TESTE:** na época, eu nem sabia o que era um MVP (sigla em inglês para Mínimo Produto Viável), mas era isso o que eu estava fazendo. Qual era o mínimo que eu precisava faturar para aquele empreendimento dar certo? Eu não tinha um veículo nem sabia dirigir, mas descobri que as empresas não exigiam pagamento adiantado para a reserva do transporte. Sabendo disso, a ideia tomou forma em minha mente: marcar a viagem com a transportadora e depois correr atrás do dinheiro necessário até a data de partida. Era simples, eu teria até a data do embarque para vender o transporte e levantar o dinheiro para bancar o traslado da galera. Um complemento ao meu produto era a hospedagem. Tempos depois, aprendi que fazer uma venda cruzada com produtos complementares dessa forma se chama *cross sell*. Eu tinha a logística, mas as pessoas precisavam ter onde

pernoitar, porque o festival durava dois dias. Então, eu venderia o transporte e ofereceria também a hospedagem. Liguei para os hotéis e campings da região do evento e descobri que também não precisaria adiantar pagamento para fazer as reservas. Feito! Fechei com um camping que se tornou a hospedagem oficial do meu Passaporte para o Planeta (nome que eu dei para o produto).

5. **GROWTH:** e como crescer esse negócio? Oras, vendendo mais! Percebi que o meu mercado (composto pelos amigos da escola) estava facilmente ao meu alcance por meio da maior rede social da época: o Orkut. A minha estratégia de crescimento foi mandar *spam*[14] via Orkut para as pessoas e comunidades para divulgar o evento. Também angariei pessoas, que se tornaram embaixadoras do meu negócio, para vender pelo MSN, programa de troca de mensagens mais popular naquele momento. Eles mudavam seus *nicknames* na rede para "Transporte para o Planeta" e, a partir daí, apareciam em destaque nos seus contatos – como se fosse o WhatsApp –, conseguiam abordar os possíveis clientes e eram comissionados pelas vendas realizadas.

Sem saber, já nesse primeiro empreendimento, criei meu primeiro modelo de negócio. De uma só vez, supri uma demanda – a necessidade de as pessoas se locomoverem até o Planeta Atlântida – e uma necessidade – no caso, a minha falta de dinheiro e a vontade de ir ao festival. Ao final, consegui vender todas as cotas que tinha criado e deu tudo certo.

Com um modelo de negócios em mãos, pude replicá-lo em novas oportunidades. Fiz transportes para outras festas e eventos, e, junto com outros amigos, criei a nossa própria festa. A divulgação, claro, continuou a ser feita pelo Orkut e MSN. A essa altura, eu tinha 16 anos e já tinha entendido o poder das redes sociais como ferramentas de crescimento. Na primeira festa, reunimos setecentas pessoas! Dali em diante, começamos a fazer uma festa a cada três meses. Depois,

---

[14] Termo utilizado para referir-se às mensagens não solicitadas, geralmente enviadas para milhares de pessoas. (N.E.)

com o crescimento, a frequência aumentou para uma festa por mês. Chegamos a juntar mil pessoas e a alugar mensalmente um local para ser o ponto fixo dos eventos. Porém, neste último caso, não tivemos sucesso. Cometemos uma sucessão de erros administrativos, operacionais e de marketing, e, em pouco mais de três meses, o local estava fechado. Eu, minha irmã e outros sócios acumulamos dívidas. Durante nosso tempo de operação, não tínhamos receita suficiente para arcar com os aluguéis do espaço (que estavam todos atrasados) e o pagamento dos fornecedores e das atrações.

Mas sou um inconformado, lembra? Então, junto com meus sócios, resolvemos fazer uma última tentativa de reviver o negócio. O verão estava chegando e sabíamos que grande parte da população da região metropolitana de Porto Alegre migraria para o litoral. Era a nossa chance de recapitalizar nossa pequena empresa. A ideia era abrir uma casa noturna no litoral. Parecia tudo bem, mas o resultado foi um desastre. Investimos no negócio por dois meses e absolutamente nenhuma pessoa entrou no estabelecimento. Sim, sem exageros, zero pessoas. Por mais que eu não compreendesse na época, havia cometido uma série de erros básicos de marketing e administração – desde a falta de conhecimento sobre gestão do fluxo de caixa até como alavancar o crescimento financeiro – que resultaram nesse fracasso. E, sem alternativas, nos restava apenas desistir. Esse foi o ponto mais baixo da minha vida empreendedora até então, sendo que nessa época, eu tinha apenas 17 anos.

## UM NOVO CAMINHO SE ABRE: A FACULDADE

Diante de tudo o que aconteceu, eu precisava saldar as nossas dívidas e dar um jeito de realmente ajudar minha família. Era hora de arrumar um emprego formal, de carteira assinada. Depois de muitas entrevistas – entre as quais aquelas em que fui dispensado simplesmente por ter vindo de uma família desestruturada (sim, isso acontece!) –, consegui uma vaga de auxiliar administrativo em um pequeno varejista de equipamentos para postos de combustíveis e assistência técnica. Aprendi muito durante o tempo que fiquei ali. O proprietário,

Luis Carlos Rosa, foi um grande mentor. Além de me ensinar muito, incentivou-me a entrar na faculdade de Administração, inclusive oferecendo-se para pagar 80% da mensalidade.

Até aquele momento, eu odiava estudar, nunca tinha lido um livro e achava que faculdade era algo que não faria diferença nenhuma. Mas o Luis não aceitava isso e me dizia o seguinte: "Você quer ir mais longe do que as demais pessoas do lugar de onde veio? Quer voltar para lá da melhor maneira possível? Ajudar a sua mãe e a sua irmã? Então você precisa dar valor ao trabalho. O trabalho vai proporcionar a transformação para você e para a sua mãe. Você precisa trabalhar dez vezes mais que a média. Precisa estudar, ler, pensar à frente. Você trabalha no administrativo, mas precisa saber além das coisas do administrativo que são passadas para você. Antecipe-se, procure saber antes que seja pedido. Leia os manuais de manutenção. Quem do administrativo sabe as coisas da manutenção? Você acha que é bobagem, que não vai precisar disso? Quando um cliente, dono da maior rede de postos de combustíveis do estado, entrar aqui querendo saber de uma máquina, você vai saber o que falar com ele, e, por isso, pode conseguir uma posição ao lado dele. Mude de amigos. Você pode até continuar gostando dos seus, mas eles não construíram e provavelmente nunca construirão nada daquilo que você almeja. Eu sei que isso não é bonito, mas é a verdade nua e crua. Mude o seu meio e você mudará". Foram duras lições, mas transformaram a minha vida e jamais as esquecerei. Comecei a ler, estudar, participar de treinamentos, eventos e cursos e focar o trabalho com a clareza de que aquele era o meio para eu mudar a minha vida. Fiz tudo ao meu alcance para que pudesse alcançar o meu objetivo: **ter controle sobre o meu futuro**.

**JÁ NOS PRIMEIROS ESTUDOS DA GRADUAÇÃO, DESCOBRI POR QUE MEUS EMPREENDIMENTOS NÃO DERAM CERTO. AQUILO ME EMOCIONOU E MOSTROU QUE EU ESTAVA NO CAMINHO CERTO. EU QUERIA VOLTAR A EMPREENDER, MAS ENTENDI QUE PRECISAVA ME PREPARAR. ENTREI NA FACULDADE EM 2012 E, LOGO APÓS O MEU CONTATO COM AS MATÉRIAS DE MARKETING, RESOLVI MIGRAR PARA ESSE CURSO.**

Eu queria crescer rápido no mercado e não admitia o conformismo de estudar quatro anos e só depois disso buscar uma vaga efetiva no mercado. No primeiro semestre do curso, me candidatei a uma vaga de diretor de marketing em uma indústria de equipamentos *fitness* – e não é que me chamaram para a entrevista? Óbvio que eu não tinha os requisitos para o cargo, mas o diretor de marketing gostou de ouvir a minha história de empreendimentos insanos e me contratou para ser vendedor. E ainda me fez um convite para conversarmos fora dali. Ele queria entender como funcionava o que eu fazia nas redes sociais para os meus negócios. Era 2012, e o Facebook ainda era novidade no Brasil, mas já tinha 1 bilhão de usuários no mundo.[15]

Esse diretor me contou que as empresas estavam começando a contratar serviços de *social media* (profissionais especializados em redes sociais) para fazer exatamente o que eu fazia nos meus negócios. E eu, um moleque de 18 anos, já estava naquilo há, pelo menos, dois anos. Assim, ele me propôs abrir uma empresa oferecendo esse tipo de serviço. Embarcar nesse vagão de *social media* parecia um caminho para aplicar as minhas habilidades e ficar dentro do mercado de tecnologia. A divisão do negócio era simples: 60% pra ele e 40% pra mim. Eu só tinha que vender (conseguir os clientes), e ele faria a operação. Tocaríamos esse negócio em paralelo com o nosso emprego na empresa em que ele me contratou. Em menos de vinte dias, fechei meu primeiro contrato com um candidato a deputado estadual, por cerca de R$ 2 mil por mês. Feito! Ele só precisava entregar os resultados para o cliente. Naquela época, o Facebook tinha muito alcance orgânico, e os anúncios ainda não existiam no Brasil. Então, conseguir engajamento era mais fácil.

Resultado: após um mês de trabalho, tínhamos cerca de setenta seguidores na página do cliente.

---

[15] FACEBOOK completa 10 anos; veja a evolução da rede social. **Globo**, 4 abr. 2014. Disponível em: http://g1.globo.com/tecnologia/noticia/2014/02/facebook-completa-10-anos-veja-evolucao-da-rede-social.html. Acesso em: 23 fev. 2021.

"

**EU SEI QUE ISSO NÃO É BONITO, MAS É A VERDADE NUA E CRUA. MUDE O SEU MEIO E VOCÊ MUDARÁ.**

"

@denerlippert

Naquele momento, eu já tinha aprendido o conceito de Sergio Zyman, do qual falei no capítulo anterior: marketing só é marketing quando vende, quando dá resultado para o cliente, e sabia que setenta seguidores não elegeriam ninguém. Tínhamos que entregar mais para nosso cliente. Infelizmente, meu sócio não tinha a mesma visão. Ele era uns dez anos mais velho que eu, publicitário, se apegava em justificar tudo, como um possível resultado de *branding* e coisas do gênero – coisas das quais o cliente não queria saber. A visão dele ainda era ancorada no marketing como responsável por peças bonitas, campanhas que chamavam a atenção, mas não necessariamente preocupado com conversão em negócios. Resolvi sair da sociedade. Foi decepcionante, mas aquilo não correspondia com o que eu acreditava. **Eu não poderia aceitar aquela maneira de trabalhar, sabendo que era possível fazer mais.**

Em seguida, tentei sociedade com mais três amigos, mas, de novo, tínhamos visões diferentes de negócios. E pior: perdi também o meu emprego formal justamente por não estar me dedicando como deveria. Eu não estava tendo bom desempenho nem como empreendedor nem como funcionário. Aquilo mexeu comigo. Eu tinha ideias fervilhando na cabeça, sabia que pensava o marketing de maneira correta, mas não conseguia ir em frente. Era outubro de 2012, e decidi que tentaria de novo, mas dessa vez empreenderia sozinho em uma mistura de *social media com* ações de live marketing em eventos. Passei vinte dias tentando vender meus serviços, prospectando clientes via telefone. Ligava, ligava, ligava de novo, ligava outra vez, mas, apesar do esforço, não conseguia ninguém. Eu ainda não estava afiado em minha abordagem e, por isso, não era capaz de convencer os clientes de que o que estava oferecendo realmente valia a pena.

Vendo a minha situação, minha mãe e minha irmã foram incisivas: eu precisava arrumar outro emprego e deixar minhas ideias de lado para, quem sabe, voltar a elas em uns dez anos. Entretanto, respondi no mesmo momento: "Não, eu vou perseverar nessa ideia, esse mercado está no início. A hora de me ferrar é agora. Daqui a dez anos, já terei dominado esse mercado e ninguém conseguirá competir comigo".

## O PRIMEIRO CONTRATO

Confesso que fui um pouco prepotente ao afirmar que dominaria o mercado em dez anos. Mas eu sabia que havia uma ruptura no marketing, e eu teria que me encaixar nessa brecha. No dia seguinte ao papo não muito agradável com a minha mãe e a minha irmã, fechei o primeiro contrato da V4 Company pelo valor de R$ 2.800 por mês com uma empresa de Santa Catarina. Era 4 de outubro de 2012, e eu não tinha nem conta no banco – o valor foi depositado na conta da minha mãe. Apesar de eu oferecer o *social media* no contrato, esse não era o trabalho principal que faria para a empresa, e sim apenas um bônus. Na verdade, fechei uma ação, a qual chamei de *branding experience*, que aconteceria em um evento. Porém o evento nunca aconteceu, e a parte de redes sociais acabou se tornando a atividade principal. Se consegui fechar meu primeiro contrato nas condições em que estava – trabalhando da sala da casa de periferia da minha mãe, sem formação em marketing (eu ainda estava estudando), sem marca, sem *cases* de trabalho para apresentar, em um momento em que o marketing digital estava começando e eu ainda precisava convencer o cliente de que rede social era algo que poderia ser usado no seu negócio, acredite: você tem mais chances de sucesso do que eu tinha.

Outros trabalhos foram surgindo, mas eu ainda estava incomodado. Reconhecia a brecha no mercado, sabia como preenchê-la, mas faltava uma metodologia que pudesse ser aplicada para qualquer empresa crescer por meio da internet. Esse seria o meu diferencial. Dentro da universidade em que estudava, fiquei sabendo de um projeto para incubar pequenas empresas, então conversei com meus professores, apresentei minhas ideias e consegui uma oportunidade para participar. As incubadoras universitárias apoiam projetos inovadores e oferecem suporte necessário de conhecimento e infraestrutura para que sejam colocados em prática, oportunidade que potencializa as chances de sucesso de uma empresa.[16] Era disso que eu precisava. Foi ali que tive a oportunidade de pesquisar ainda mais sobre marketing digital, testar minhas ideias através do pensamento científico e criar o Método V4.

Ser incubado em uma universidade também me deu a chance de ter uma infraestrutura profissional para trabalhar – eu não precisava mais usar a sala da casa da minha mãe – e ainda a oportunidade de sair do bairro e viver outra realidade, ter contato com outros profissionais e até contratar mão de obra.

Comecei sem investimento e sem investidor, sem sócio e consegui consolidar um verdadeiro laboratório de marketing digital. Em dez anos (entre 2012 e 2022), formamos uma rede de prestação de serviços profissionais associados à V4 Company espalhados por todo o país por meio de um sistema de franquia (vou explicar como esse sistema funciona mais adiante). No ano de 2022, crescemos 5% ao mês e alcançamos R$ 200 milhões de receita recorrente no ano. Não só aprendemos a fazer outros negócios venderem mais como também aprendemos a fazer o nosso negócio vender mais. Lembre que marketing é ciência com resultados mensuráveis e previsíveis, ou seja, vendas. Ele continua e continuará sendo fundamental em qualquer tipo de negócio e qualquer tamanho de empresa. E o inconformismo com o cenário atual é a melhor alavanca para colocar em prática, e com persistência e determinação, o passo a passo que compartilharei com você.

---

[16] INCUBADORAS universitárias incentivam o empreendedorismo. **Educa+ Brasil**, 10 mai. 2018. Disponível em: https://www.educamaisbrasil.com.br/educacao/noticias/incubadoras-universitarias-incentivam-o-empreendedorismo. Acesso em: 25 dez. 2020.

"

# LEMBRE-SE DE QUE MARKETING É A CIÊNCIA QUE ESTUDA OS MOVIMENTOS DO MERCADO.

"

@denerlippert

# CAPÍTULO 3

# ALINHANDO A VISÃO SOBRE O QUE É MARKETING

Certamente você já conhece ou, pelo menos, já ouviu falar do Festival Internacional de Cannes Lions, que acontece todos os anos na França. Considerado o Oscar da Publicidade, premia os melhores filmes publicitários do mundo todo. Ganhar o Leão de Ouro ou o Leão de Prata é motivo de orgulho e de ostentação para as agências de publicidade. O Brasil, inclusive, já ganhou vários desses prêmios. As peças vencedoras são impressionantes, e muitas agências sonham com essa conquista, que premia a criatividade, a ousadia e as novas maneiras de fazer publicidade, criando valor emocional entre marca e cliente. Não é desse tipo de ação que estou falando com você.

A publicidade faz parte do marketing, claro. Mas o meu foco não é debater o valor artístico de uma campanha, e sim enxergar o marketing como venda e ciência. Embora, muitas vezes, nos emocionemos com as obras premiadas em Cannes, elas não são avaliadas na perspectiva do retorno financeiro mensurável para o cliente, algo que, para mim, não faz sentido – com todo o respeito ao prêmio e aos vencedores.

Certa vez, estava conversando com um diretor de arte de uma agência que havia ganhado um prêmio em Cannes, e o que ele falou me marcou muito. Ele disse que a campanha da agência "ganhou um prêmio e *até vendeu*". Como assim "até vendeu?". Desde quando as vendas não são prioridade?

Nas grandes premiações, quem determina o resultado e avalia o desempenho da peça publicitária são outros publicitários. O cliente não está no centro dessa decisão. Para uma marca que já está consolidada no mercado e não precisa mais se preocupar com as suas vendas (pois já acontecem organicamente), é claro que os prêmios são fantásticos.

Mas, provavelmente, o cliente com o qual você trabalha ou o produto que vende precisa de um esforço ativo para obter o volume de vendas necessário para manter o negócio rentável e funcionando.

Trago essa reflexão porque, na minha visão, quando produzimos uma campanha para o cliente, é muito importante que ela gere resultados mensuráveis, vendas. Como já disse no **capítulo 1**, não concordo com o sistema de bonificação de muitas agências (ou BV) – uma prática ainda comum, mas que já vem chamando a atenção do Conselho Econômico Administrativo de Defesa Econômica (Cade), que vê o BV, como é praticado por algumas emissoras de TV, como exercício abusivo de posição dominante e como uma espécie de fidelidade contratual, uma vez que os valores da bonificação são adiantados à agência, que fica dependente economicamente da emissora.

Quem ainda faz marketing olhando somente para o viés artístico ou quanto receberá ao colocar a campanha em determinado meio de comunicação está fadado ao fracasso – ou será eternamente um inventor de filmes publicitários artísticos. Mas, se você chegou até aqui, acredito que esse não seja o seu objetivo.

Esse lado artístico e até abstrato – existem gestores que nem sabem explicar o que é marketing – nada tem a ver com o marketing da maneira como ele foi criado, que, em sua origem, estava totalmente voltado às vendas. Isso é tão real que, até o início dos anos 1990, o marketing era estudado junto com administração. A pessoa entrava na faculdade de Administração e Marketing. Depois, a formação foi mudando: passou para Propaganda[17] e Marketing e, finalmente, só Marketing, como hoje é encontrado.

---

[17] Hoje, Publicidade e Propaganda (N.E.).

## OPERACIONAL X ESTRATÉGICO

Outra falha que vejo nas empresas que trabalham com marketing, sejam agências ou outro modelo de negócio, é que focam seus esforços apenas no operacional. Mas qual é a definição de trabalho operacional? É algo mão na massa, um tipo de trabalho que precisa ser executado exaustivamente e depende muito da mão de obra que se tem à disposição. Para ficar mais fácil de entender, pense em uma fábrica. Quantas pessoas podem fazer o mesmo trabalho dentro de uma linha de produção? Muitas. Como sempre há uma grande oferta de pessoas capazes de executar uma tarefa – que é sempre a mesma – dentro de uma linha de produção, a rotatividade costuma ser alta. Isso naturalmente faz com que o trabalho seja pouco remunerado. Não é que ele não tenha valor, mas é a lei básica de oferta e demanda. Quanto mais pessoas estiverem interessadas naquela vaga, mais baixo será o salário oferecido, afinal, é fácil encontrar alguém para preenchê-la.

Outra característica do trabalho operacional é ser pouco escalável. O teto desse tipo de serviço repetitivo são suas horas de trabalho (horas/bunda, como dizem alguns). A escala depende apenas do volume, não da qualidade, e, quando isso acontece na área de marketing, o resultado tende a ser devastador. Campanhas realizadas a toque de caixa, sem preocupação com o resultado gerado, por exemplo, tornam o trabalho substituível e desvalorizado.

Entretanto, existe uma solução: ser estratégico. Na indústria automotiva, por exemplo, os operários de fábrica são altamente substituíveis. Em contraste, executivos como o designer de produto ou o CFO (*Chief Financial Officer*) – que é o profissional que cuida da área financeira – são estratégicos, tendo estabilidade e altos rendimentos. Além disso, seu ganho é mais escalável, permitindo que trabalhem menos e ganhem muito mais que um operário, já que o resultado do seu trabalho não depende diretamente de quantas horas eles estão operando, mas da inteligência aplicada para geração de resultados.

No marketing, acontece a mesma coisa. As empresas operacionais são aquelas que usam ferramentas prontas, que escrevem post ou editam as fotos para serem publicadas nas redes sociais ou em uma campanha publicitária. Seu trabalho se baseia em seguir o briefing que o cliente pede. Ou seja, elas não criam nada, só executam. O problema é que essas empresas e os profissionais que atuam nelas são dispensáveis. Se não deu certo, são facilmente substituídos.

**JÁ AS EMPRESAS QUE MIRAM O ESTRATÉGICO TRABALHAM DE MANEIRA INTELIGENTE. ELAS ESTUDAM AS NECESSIDADES DO CLIENTE E, A PARTIR DAÍ, CRIAM ESTRATÉGIAS PARA GERAR MAIS RESULTADOS (OU SEJA, VENDAS) E TER MAIS VALOR. NÃO SÃO FACILMENTE SUBSTITUÍDAS, POIS EXECUTAM UM TRABALHO REALIZADO POR POUCOS PROFISSIONAIS.**

Portanto, quem tem interesse em vender precisa se tornar esse profissional estratégico ou atuar em um modelo de negócio que seja estratégico. O marketing, para ter valor de verdade, precisa de pensamento crítico científico e não somente de ferramentas prontas nas quais só é preciso replicar o modo de fazer.

## MODELOS DE NEGÓCIOS DE MARKETING

Além das agências de publicidade, entre os modelos de negócios de marketing estão também as produtoras e as consultorias. Existem ainda as assessorias, que, a meu ver, são o modelo mais adequado. Vou apresentar um breve resumo de cada um. Ao final, você vai entender o porquê de defender as assessorias. De todo modo, seja qual for o formato da empresa, todas devem se preocupar em utilizar a verba do cliente da melhor maneira possível.

Quero destrinchar a maneira como cada um desses negócios funciona para que você os avalie caso esteja decidindo por qual seguir como empreendedor e, se atuar dentro de uma empresa, saiba qual parceiro faz mais sentido quando tiver a necessidade de contratar alguém de fora que o apoie nas estratégias de marketing do negócio.

### Agências

É o modelo de negócio mais popular e tradicional. Sua principal receita, como já falamos, é proveniente do agenciamento de mídia.

No Brasil, inclusive, existe uma lei que obriga os anunciantes dos veículos tradicionais a comprar mídia apenas com a mediação de uma agência. E é aí que entra o BV. Repare que há um conflito de interesses inerente ao próprio conceito de agência. Pense que o modelo de negócio, como o nome diz, é agenciar, ou seja, o resultado que a propaganda vai gerar não é a atividade-fim da empresa; o negócio é agenciar o maior volume possível de mídia. Ou seja, o resultado do investimento fica comprometido.

Por outro lado, é até compreensível que esse modelo de atuação não tenha sido questionado até aqui, pois, por muito tempo na história da publicidade, havia poucas opções de mídia e, assim sendo, alguns poucos veículos possuíam o monopólio da audiência. Em razão disso, o agenciamento era um bom negócio. Pense: qual a probabilidade de um anúncio em rede nacional não trazer resultados em 1999? Muito baixa. Portanto, era justificável que os anunciantes, até então, não se preocupassem tanto. Mas isso mudou. Existem infinitas formas de anunciantes chegarem até o cliente sem depender dos monopólios das empresas de mídia.

Em *A propaganda que funciona*,[18] Sergio Zyman traz um bom exemplo que representa o que quero dizer. Trata-se do famoso comercial da Apple, *Think Different*, desenvolvido pela agência Chiat Day, em 1987. O comercial começou a circular primeiramente em *outdoors* contendo fotos de grandes gênios, como Albert Einstein, Pablo Picasso e Muhammad Ali. Logo depois, virou uma peça televisiva em que esses personagens eram apresentados por uma série de evocativas imagens em preto e branco, narradas pela voz comovente do ator Richard Dreyfuss, que explicava como aquelas pessoas haviam sido inovadoras. Com uma simplicidade ímpar e sofisticação genial, o comercial encerrava com o logotipo da Apple seguido pela frase *"think different"* [pense diferente]. No ano seguinte, a agência responsável ganhou o Leão de Prata em Cannes. Mas isso significa que o comercial ajudou a aumentar as vendas da Apple? Não. A empresa passava por um momento de crise e, mesmo após o comercial, o

---

[18] ZYMAN, S. **A propaganda que funciona**. São Paulo: Campus, 2003.

impacto nas vendas não aconteceu. Segundo o autor, na verdade, as receitas caíram nos três semestres seguintes. O comercial podia até ser legal e estabelecer a Apple como uma empresa diferente, mas, na prática, não moveu ninguém a comprar. Isso só ocorreu quando a empresa lançou o iMac, que foi um produto de fato inovador. Portanto, embora a linguagem da Apple seja reconhecida, o que garante seu posto é o que ela construiu por meio de seus produtos, não os prêmios publicitários que ganhou.

Uma tentativa de manter o negócio de agências vivo são as chamadas agências digitais, que nada mais são do que o mesmo modelo, só que agora, em vez de agenciar mídia em veículos que pagam comissão direta, elas agenciam ferramentas e outros serviços que não são necessariamente os melhores para o cliente. Além disso, algumas dessas agências digitais são, na verdade, produtoras e nem se dão conta disso.

## Produtoras

As produtoras produzem conteúdo para filmes, artigos e *social media* (publicações bonitinhas no Instagram e no Facebook). A questão é: o post bonito e os *likes* (no caso do Instagram, por um tempo nem conseguíamos ver o número de curtidas das fotos do outros) de fato apresentam algum resultado para o cliente? Na maioria das vezes, não. E este é o problema: as produtoras não direcionam suas ações para vendas, concentram-se demais em apenas manter os canais ativos sem necessariamente ter uma estratégia comercial bem definida.

É inegável que o processo de marketing precisa de criação, porém a questão é a falta de foco no resultado ou poucas métricas efetivas para se ter certeza de que as campanhas e ações estão cumprindo o que se espera. Anos atrás, as marcas produziam no máximo quatro campanhas por ano. Hoje é diferente, você precisa produzir uma nova peça todos os dias porque o mundo se tornou digital. Hoje, o cliente não quer algo lindo, quer algo que o conecte em nível pessoal, quer se sentir parte da comunidade, representado pela marca. Os maiores exemplos disso são os influenciadores digitais. O brasileiro Whindersson Nunes, que acumula 59,7 milhões de seguidores no Instagram e 44 milhões de inscritos em seu canal no YouTube,[19] construiu sua audiência com apenas uma câmera simples no quarto de sua casa.

Óbvio que ele é singular, mas representa um comportamento – não tão novo – de consumo: o usuário/consumidor não faz questão de superprodução. Na verdade, o feio vende. E, quando falo feio, refiro-me ao amadorismo de suas produções. O consumidor acessa redes sociais não para ver as tradicionais propagandas, mas para buscar conteúdo de gente como a gente, já que pessoas gostam de se relacionar com pessoas, não com empresas. Quanto mais humano seu negócio for, mais influência ele exercerá sobre a audiência. Não é à toa que perfis de pessoas têm muito mais engajamento do que perfis de empresas.

Veja só o exemplo de Alexandre Ottoni, o Jovem Nerd, que reúne 626 mil seguidores no Instagram e 2,5 milhões de inscritos no YouTube.[20] Ele nem tem tantos seguidores quando comparado aos maiores influenciadores, mas é considerado um dos cinco *youtubers* mais influentes do Brasil,[21] posto que conquistou criando um conteúdo de qualidade que atraiu fielmente um nicho específico. O caso do Jovem Nerd mostra que ter audiência não significa ter influência. Muitas vezes, as agências digitais ou as produtoras que oferecem esses serviços digitais ficam inflando os números para fazer o cliente ter mais seguidores, mas continuam sem entregar resultados. Claro, não foram criadas estratégias para que o cliente conquistasse o poder de influência!

Em resumo, o valor das produtoras dentro da cadeia produtiva do marketing tem diminuído bastante devido aos aspectos mencionados. A facilidade de se produzir conteúdo de alto engajamento *inhouse*, dentro da própria casa ou da empresa, acaba com o modelo de negócio das produtoras.

---

[19] Dados de dezembro de 2023.

[20] Dados de dezembro de 2023.

[21] EVARISTO Costa é a celebridade mais influente do Brasil, Rodrigo Faro a mais conhecida. **Ipsos**, 17 fev. 2020. Disponível em: https://www.ipsos.com/pt-br/evaristo-costa-e-celebridade-mais-influente-do-brasil-rodrigo-faro-mais-conhecida: Acesso em: 5 jan. 2020.

"
**CAMPANHAS REALIZADAS A TOQUE DE CAIXA, SEM PREOCUPAÇÃO COM O RESULTADO GERADO, TORNAM O TRABALHO SUBSTITUÍVEL E DESVALORIZADO.**
"

@denerlippert

Outro aspecto que desvaloriza o serviço delas é a qualidade da informação passada no conteúdo. Alguns tipos de conteúdo, como os técnicos, são escritos por jornalistas que recebem as informações do cliente, e isso cria um engajamento muito baixo. A melhor pessoa para produzir conteúdo sobre o mercado de uma empresa são os membros dessa empresa. Um terceirizado, no máximo, vai conseguir fazer uma curadoria, mas dificilmente isso se destacará. E parando para pensar, o que sobra para esse tipo de negócio, então? Apenas produzir vídeos e criar conteúdo. Se a empresa que os contrata não participa ativamente, as estratégias chegam a zero.

## Consultorias

Seu trabalho consiste, basicamente, em analisar se uma empresa está tomando decisões certas e se o negócio está rumando para o lugar ideal. Em resumo: se está sendo lucrativo. Os consultores são profissionais estratégicos porque detêm o conhecimento necessário para indicar o melhor caminho em relação às movimentações do mercado. O resultado gerado por esse trabalho vai muito além do alcance de suas mãos. O auxílio para tomar a decisão correta tem um valor muitas vezes imensurável. Por esses motivos, a lucratividade e o valor gerado por consultorias estratégicas são muito grandes. O problema com esse modelo de negócio é que sua atuação é apenas consultiva, apontando apenas o que deve ser realizado. A consultoria não executa, ou seja, ela aponta, mas não faz.

## Assessorias

Esse modelo conta com todos os pontos positivos da consultoria, porém com um acréscimo: a execução. Para ficar mais fácil de entender, pense em uma assessoria de investimento. Quem a procura busca ajuda estratégica de um assessor que vai dizer quais são as melhores decisões para investir seu dinheiro e obter lucro. Além de mostrar as estratégias, o assessor também vai fazer as operações necessárias para alcançar o objetivo do cliente. O assessor de marketing é muito parecido, só que não coloca dinheiro no mercado de ações ou em outro investimento, mas no marketing da empresa do cliente, posicionando-se como uma prestação estratégica de serviços. Por isso, considero esta a melhor opção de modelo de negócio.

Assim como uma consultoria, empresas de assessoria têm profissionais com o conhecimento necessário para tomar decisões acertadas, que gerem valor para o cliente. A diferença em relação às consultorias é que a assessoria não apenas toma decisões, também executa muitas delas para o cliente. Suas decisões são pautadas não apenas no briefing, mas em uma análise estratégica. Há coisas que o cliente executaria melhor do que a empresa de marketing, como produção de conteúdo (afinal, quem melhor do que ele para conhecer seu próprio negócio?). Nessas áreas, a assessoria não mete a mão, apenas planeja. Mas existem outras áreas em que o cliente não tem competência para atuar (ou se tivesse, gastaria muito) e, nesse caso, a assessoria age também como executora. Funciona como se fosse um departamento de marketing terceirizado, entregando seu know-how estratégico para auxiliar na tomada de decisão e, ao mesmo tempo, executar boa parte do que foi decidido. Tais empresas são extremamente raras e, uma vez que a relação com o cliente esteja estabelecida, tornam-se insubstituíveis. É nesse modelo que acreditamos que o Cientista do Marketing Digital® deve atuar, tornando-se um assessor na implementação e profissionalização de um processo de vendas por meio da internet. É esse modelo que procuramos construir na V4.

O mais importante que você precisa procurar nesses modelos é eliminar os conflitos de interesse. As agências obviamente são as que tem mais conflitos de interesse, já que a sua remuneração se relaciona com o gasto do cliente e não com o seu resultado. As assessorias têm modelos mais alinhados, como os de remuneração 100% variável ao resultado que geram para os clientes. Um dos cases mais bem-sucedidos no mundo nesse modelo é a americana Red Ventures, que assessora clientes nas jornadas de vendas através da internet com uma remuneração 100% no risco. A RV aloca o capital dela em mídia, time e em toda a jonarda, o cliente só paga se houver sucesso. Esse modelo acaba tornando a assessoria de marketing muito distante de uma agência e muito mais próxima de um fundo de investimento, modelo esse que eu admiro muito.

## TIME INTERNO VS EXTERNO

Uma dúvida que muitos gestores têm é se o ideal seria não ter fornecedores externos de serviços de marketing e concentrar tudo em um time interno. Porque, afinal, quem nunca teve problema com um fornecedor de serviço de comunicação?

Na prática, nenhuma empresa relevante tem 100% do time interno. O que elas têm é majoritariamente todos os times dedicados. Essa é a grande diferença.

Quando uma empresa contrata um fornecedor externo que disponibiliza um time com diversas especialidades, mas pelo preço de um único profissional, o que esse fornecedor está fazendo é o que chamamos de economia compartilhada. Esse time de profissionais com várias especialidades está sendo fracionado e vendido para mais duas ou três dezenas de empresas, fazendo com que o custo por empresa contratante seja muito baixo. O que é ótimo, já que isso permite que empresas com pouco orçamento consigam ter acesso a muitos serviços complexos.

O ponto negativo disso é a falta de dedicação e atenção. Pensa que uma atividade que necessita de oito horas de trabalho de um profissional, ou seja, um dia de trabalho, em um contrato compartilhado desses vai demorar oito dias para ser feita, já que o profissional só está dedicado ao projeto; todas uma hora por dia. Ou pense na hipótese de que você tem que desenhar um elefante, e tem apenas três minutos para fazer esse desenho, o quão preciso vai ser? Agora, se você tiver que desenhar o mesmo elefante, tendo trinta dias em vez de três minutos, quanta diferença esse tempo dedicado faz na entrega final?

Além das considerações operacionais e econômicas, é importante também levar em conta os aspectos legais e contratuais. Ter uma equipe interna geralmente envolve contratos de trabalho mais tradicionais, com todas as obrigações legais que isso implica. Já a contratação de fornecedores externos pode ser mais flexível, mas também pode apresentar riscos se não for adequadamente gerenciada em termos contratuais. Essa é uma camada adicional de complexidade que não deve ser negligenciada na hora de tomar uma decisão estratégica.

Empresas nas fases mais avançadas do processo de vendas pela internet têm como diferencial não necessariamente a presença de um time inteiro no regime de contrato de trabalho direto, mas, sim, ter todos os fornecedores 100% dedicados. Em vez de contratar uma fração do time, ela contrata todas as posições dedicadas, mesmo sendo por meio de um fornecedor externo. E usa esses fornecedores externos como um facilitador, gestor da burocracia, curadoria de profissionais, redutor de risco e oxigenação de ideias, já que o time tem acesso a muitos projetos.

Isso faz muito sentido quando lembramos de um conceito econômico básico que deu escala ao capitalismo: a divisão do trabalho.

Milton Friedman explicava a divisão do trabalho através do exercício de fabricação de um lápis. Vamos supor que você precise fabricar um lápis. Você consegue? Difícil né. Então como existem tantos lápis disponíveis a um preço baixo? Por causa da divisão do trabalho. Lá atrás, o lápis foi feito de modo artesal por um único indivíduo. Mas, depois, o processo foi dividido: um grupo de pessoas extrai matéria-prima na Ásia; outro, na América Latina; então um outro manufatura, outro distribui, remanufatura, redistribui, vende e, depois de muitas pessoas fazerem tudo isso, um lápis chega na sua mão.

Nos demais processos da empresa, não é diferente. E no marketing, também não. Nas primeiras fases do processo, você mesmo faz tudo. Então contrata um time compartilhado, e, com o passar do tempo, vai precisar de diversas pessoas dedicadas fazendo cada parte do processo. De repente, você vai chegar a ter mais de 400 pessoas só no seu time de marketing, como é o caso da XP Inc., maior cliente da V4 no momento que escrevo este livro.

## AS LEIS DO MARKETING

Agora que você, aspirante a Cientista do Marketing Digital®, entende os diferentes modelos de negócios que existem e quais são os interesses de cada um deles, preciso lhe confessar que, mesmo que o marketing e a publicidade tradicionais estejam em cheque, não há como negar as boas lições que foram deixadas como legado dos publicitários da era de ouro. Entendo que compreendê-las faz parte dos fundamentos de negócios que todo cientista do marketing precisa dominar.

No livro *As 22 consagradas leis de propaganda e marketing*,[22] o autor Michael Newman expõe várias dessas lições que foram criadas a partir do relato de publicitários de renome. Desse total, considero que nove são essenciais e o ajudarão a se tornar um profissional estratégico na empresa. São elas:

---

[22] NEWMAN, M. **As 22 consagradas leis da propaganda e marketing**. São Paulo: M. Books, 2006.

## 1. Simplicidade

Na elaboração de campanhas, é comum optar por ideias complexas. É que, durante muito tempo, acreditou-se que a complexidade tornava a peça publicitária mais valiosa e interessante. Um grande erro. Ao torná-la simples, você permite que o consumidor a entenda melhor e, consequentemente, tenha mais interesse em seu produto. Tornar complexo é o caminho mais fácil: é mais fácil usar termos técnicos e falar muito do produto, o desafio é trabalhar com o essencial do produto e mostrar seu valor de forma simples e direta. Isso, sim, é fundamental.

## 2. Posicionamento

Busque formas de destacar seu produto ou sua marca para atrair o consumidor. E como fazer isso? Trabalhando bem a sua PUV. (Proposta Única de Valor), que nada mais é do que os diferenciais do seu produto. Dessa forma, o consumidor o verá com outros olhos e o reconhecerá, já que não haverá base de comparação. Você é único. Na V4, buscamos nosso diferencial ao trabalhar como uma assessoria e não como uma agência de marketing.

## 3. Consistência

A consistência de uma propaganda em publicidade precisa ser mantida para que o consumidor se lembre da marca. Ter muitas ideias e querer fazer várias coisas diferentes ao mesmo tempo é muito comum no mercado criativo, mas isso pode ser um problema para uma empresa que quer se estabelecer. Nós concordamos com Newman que é preciso ser consistente, ou seja, fazer a mesma coisa durante um longo período de tempo, pois, vendo mensagens recorrentes, o consumidor se lembrará da sua empresa.

Por exemplo, quem não se recorda das propagandas de fim de ano da Coca-Cola? Ou das caravanas de caminhões iluminados? Ano após ano, a marca retorna, seja à TV ou passando na rua da sua cidade, para celebrar o Natal e lembrar que é a época de reunir família e amigos e tomar Coca-Cola na ceia. Já vimos isso tantas vezes que aguardamos essas caravanas ou lembramos da marca quando pensamos em comprar refrigerante "bom" para receber as visitas. É o poder da consistência que faz as pessoas memorizarem a marca. Como aprendemos por repetição ou fortes emoções, esses dois fatores são usados na publicidade para criar propagandas ou ações memoráveis.

## 4. Venda

No fim, tudo se resume a vendas. Se as campanhas não tiverem esse objetivo, não são marketing.

## 5. Emoção e amor

Todos os seres humanos são emocionais e querem ser amados. Esse desejo é a razão pela qual um vírus de computador se espalhou pela internet por meio de um e-mail cujo assunto era "*I love you*" [eu te amo], e infectou 84 milhões de computadores em todo o mundo no ano 2000.[23] Mas o que isso nos diz? Que as pessoas são sociais, emotivas e querem ser amadas. Usar essas características na sua comunicação fortalecerá significativamente o vínculo com o consumidor. Um exemplo é a propaganda de Natal do Supermercado Zaffari, veiculada no Rio Grande do Sul. O grupo não trabalha com preços nos comerciais, mas com mensagens emotivas que, alcançando o consumidor, criam uma ligação com ele, fazendo-o escolher esse supermercado em vez de outros.

## 6. Execução

Toda a equipe do projeto precisa estar envolvida no processo criativo, pois apenas uma pessoa realmente dedicada não o fará acontecer. Com o envolvimento de todos é possível atingir uma ampla variedade de ideias, e a chance de se criar algo bom é maior. Quando somamos a diversidade de visões e referências, há mais espaço para o diferencial ser criado.

---

[23] TAGIAROLI, G. Considerada uma das maiores pragas da internet, vírus "I Love You" completa dez anos. **UOL Tecnologia**, 4 maio. 2010. Disponível em: https://tecnologia.uol.com.br/ultimas-noticias/redacao/2010/05/04/considerada-uma-das-maiores-pragas-da-internet-virus-i-love-you-completa-dez-anos.jhtm. Acesso em: 4 jan. 2021.

## 7. Transgressão

A importância da transgressão está em observar novas oportunidades. Ser diferente dos outros, e não fazer as mesmas coisas só porque funciona, é uma maneira de se destacar. Algumas empresas têm medo da inovação e gostam de seguir pelo caminho da certeza. Isso pode ser uma realidade, porém, uma realidade perigosa, porque elas não serão vistas de forma diferente, parecerão sempre iguais aos olhos do consumidor. Mais complicado ainda é resistir à mudança e ser sufocado por ela ou mudar quando já é tarde demais. No momento em que isso acontece, você chegará à nova realidade não como um pioneiro, mas como alguém que precisou se adaptar depois que todos já fizeram o mesmo.

Em marketing digital, o e-book representa bem o que estou querendo dizer. Todos fazem esse tipo de material, mas é preciso saber o motivo de querer fazer um. A decisão não deve ser tomada com base no já previsível "porque todos fazem", mas sim porque é a melhor escolha para o que você quer transmitir, partindo de uma decisão planejada estrategicamente. Ainda assim, você pode optar por variar, por exemplo, com um *audiobook* ou uma mídia impressa, e aproveitar o formato diferente para o material ser mais atraente em comparação a outros. No canal do YouTube da V4 Company,[24] criamos o quadro "Verdade nua e crua", em que falamos o que não dá certo no marketing digital, um ponto de vista pouco abordado nessa área. É isto que precisamos buscar: novas formas de fazer algo.

Um case que chamou muita atenção, e que serve como um exemplo perfeito, foi a criação da marca de água Liquid Death. O nome "Liquid Death" [Morte Líquida] foi escolhido para chamar a atenção e quebrar as normas convencionais das marcas de água. A embalagem e a imagem da marca lembram muito mais uma cerveja artesanal ou uma bebida energética do que uma água mineral. Liquid Death tem um posicionamento de marca agressivo e irreverente. Seu slogan, "Murder Your Thirst" [mate sua sede], junto com uma série

---

[24] Para saber mais, acesse: https://www.youtube.com/channel/UCIWpwFzc8AEl0eUn2gfsSvw.

de campanhas de marketing ousadas, ajudou a estabelecer a marca como uma escolha não convencional no espaço da água engarrafada. A marca foi criada em 2019, e em 2022 já faturava mais de 130 milhões de dólares.

Eu gosto muito desse case por que se tem algo difícil de vender é água, a maior das commodities. E nesse caso, o resultado espetacular é 100% determinado por causa da narrativa que foi centrada nesse item da transgressão e cem por cento dependente do marketing digital, até mesmo porque, a marca foi concebida na mente do criador que para testar se teria aderência investiu em um comercial no YouTube, que logo viralizou e justificou a produção do produto que começou sendo comercializado apenas na Amazon.[25]

## 8. Relevância

Newman aponta o aspecto da relevância como importante na publicidade.[26] No livro, ele aborda a mídia tradicional, mas o conceito é perfeitamente aplicável também ao digital, pois nossa comunicação será veiculada em um espaço repleto de conteúdos relevantes. Na TV, por exemplo, a propaganda é apresentada nos intervalos comerciais ou dentro dos programas a que o telespectador está assistindo, e em ambos os casos disputam espaço com publicidade de outras marcas igualmente impactantes. Isso também acontece no Facebook e no Instagram, onde você precisa disputar atenção com vários conteúdos relevantes para aquele usuário. Por isso, o seu precisa ser ainda mais interessante e relevante para poder aparecer e captar a atenção do usuário.

## 9. Negatividade

Esse é um ponto polêmico, pois existe uma crença de que não se pode usar palavras negativas na comunicação. Porém, Newman aponta que a negatividade não é, necessariamente, ruim. Pelo contrário, pode até ser boa, pois as pessoas prestam atenção a coisas

---

[25] Se quiser conferir o comercial, acesse: https://www.youtube.com/watch?v=EeRADNpdKD4.
[26] NEWMAN, M. *op. cit.*

negativas. Portanto, criar um conteúdo negativo como "não faça isso na sua empresa", pode ser mais atraente do que uma frase positiva como "faça tal coisa", já que, pelo medo de ser prejudicado, seu cliente tentará evitar a todo custo tomar decisões erradas e, se você oferece algo que possa ajudá-lo nisso, com certeza ele gostará de saber o que é.

## O NEGÓCIO É VENDER

Olhando as nove leis essenciais que acabei de apresentar, uma resume bem o que falamos até aqui: vendas. Nesse novo panorama do marketing – ou, na realidade, no panorama em que o marketing sempre deveria ter existido –, o que vale é a conversão em vendas que a campanha criada gerará. E o que diferencia a agência, a produtora ou a consultoria que trabalha no modelo tradicional da proposta que trago neste livro são as vendas. Assim como eu, você também está interessado em vender mais. E é disto que vamos falar. O nosso negócio é aumentar as vendas dos nossos negócios. Esse deve ser o objetivo final do Cientista do Marketing Digital®, pois os bons resultados dos clientes, ou seja, as vendas, são o que mantém o negócio funcionando e, consequentemente, faz os clientes permanecer em sua carteira. Uma assessoria nunca erra? Claro que erra. O foco deve ser sempre a venda, mas se um produto que tem boas previsões começa a dar indícios de que não vai emplacar, como cientista de marketing, você terá a capacidade de parar no momento certo e repensar sua estratégia.

Lembre-se constantemente de que este é o marketing a ser aplicado na sua empresa ou nas empresas que você atende: o foco é sempre o resultado final, mesmo que precise voltar atrás uma ou duas vezes. O McDonald's, depois de mais de trinta anos com uma agência de publicidade tradicional, decidiu seguir uma nova abordagem, contratando uma agência focada no digital e no marketing de dados.[27] Com foco em

---

[27] APÓS 35 anos, McDonald's troca de agência nos EUA. **Meio&Mensagem**, 30 ago. 2016. Disponível em: https://www.meioemensagem.com.br/home/comunicacao/2016/08/30/apos-35-anos-mcdonalds-troca-de-agencia-nos-eua.html. Acesso em: 30 dez. 2020.

performance e resultados, provavelmente a rede manterá sua posição de destaque no segmento de fast-food. É bom saber que, independentemente da empresa, mesmo que seja uma agência, o importante é adaptar-se às novas exigências.

Se o McDonald's, que, assim como a Apple, vende seus produtos mesmo sem nenhuma campanha publicitária no ar, está preocupado com estratégias e análise de dados, por que você ainda precisa se apoiar no marketing tradicional? Mude a sua cabeça. **O marketing não é abstrato. Ele é real e científico.** No próximo capítulo, você vai aprender como se tornar um cientista do marketing e por que essa formação o colocará à frente da concorrência.

> "HOJE O CLIENTE NÃO QUER ALGO LINDO, QUER ALGO QUE O CONECTE EM NÍVEL PESSOAL, QUER SE SENTIR PARTE DA COMUNIDADE, REPRESENTADO PELA MARCA."

@denerlippert

# CAPÍTULO 4

# TORNANDO-SE UM CIENTISTA DO MARKETING DIGITAL®

Você já entendeu que o Cientista do Marketing Digital® é um profissional estratégico e que seu objetivo é fazer as empresas crescerem, vendendo por meio da internet. Também entendeu que ele não é um operador de ferramentas, mas um assessor que compreende todo o contexto do negócio e cria soluções digitais que geram resultados para os clientes. O que diferencia, portanto, esse profissional de tantos outros que se dizem especialistas em marketing digital é o seu conhecimento amplo das ciências da ação humana, principalmente da economia comportamental e do neuromarketing, além dos processos criativos e negócios, é claro. Assim, neste capítulo, falaremos sobre esses e outros aspectos para que você entenda exatamente como é possível iniciar o processo para se tornar um Cientista do Marketing Digital®. E saiba: é o pensamento científico que o fará ser estratégico.

Ao aplicar ciência ao marketing digital, o profissional gera mais ganhos e retém clientes. E isso se dá por um motivo simples: ele agrega valor ao que é produzido. Enquanto Cientista do Marketing Digital®, você não se apresentará para o cliente como um profissional operacional, contratado apenas para fazer um site ou alguns posts para redes sociais. Em vez disso, avaliará inúmeras variantes, por exemplo: vale a pena ter um prejuízo inicial para adquirir um cliente que, no longo prazo, trará mais valor para a empresa do que o custo de aquisição desse cliente em relação à rentabilidade geral do negócio? Ou então: é melhor criar um canal no YouTube ou apostar em um e-commerce, o que vai gerar resultados para a empresa? Essas perguntas precisam ser feitas antes da tomada de decisão, já que existem incontáveis estratégias possíveis e situações específcas para a aplicação de cada uma delas. Vale lembrar também que esse processo é pautado na estratégia que garantirá resultado para o negócio, fazendo com que o retorno líquido seja bem superior ao que você ou o departamento de marketing da empresa custará para ele. E ainda arrisco dizer que o Cientista do Marketing Digital® é o novo dono do marketing, pois é o profssional que domina as mais diversas áreas que levam ao sucesso das vendas no mundo digital.

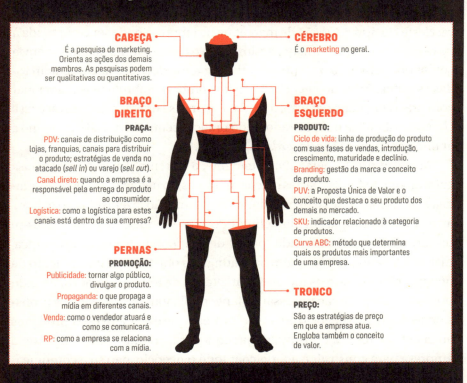

**CABEÇA**
É a pesquisa de marketing. Orienta as ações dos demais membros. As pesquisas podem ser qualitativas ou quantitativas.

**CÉREBRO**
É o marketing no geral.

**BRAÇO DIREITO**
PRAÇA:
PDV: canais de distribuição como lojas, franquias, canais para distribuir o produto; estratégias de venda no atacado (sell in) ou varejo (sell out).
Canal direto: quando a empresa é a responsável pela entrega do produto ao consumidor.
Logística: como a logística para estes canais está dentro da sua empresa?

**BRAÇO ESQUERDO**
PRODUTO:
Ciclo de vida: linha de produção do produto com suas fases de vendas, introdução, crescimento, maturidade e declínio.
Branding: gestão da marca e conceito de produto.
PUV: a Proposta Única de Valor e o conceito que destaca o seu produto dos demais no mercado.
SKU: indicador relacionado à categoria de produtos.
Curva ABC: método que determina quais os produtos mais importantes de uma empresa.

**PERNAS**
PROMOÇÃO:
Publicidade: tornar algo público, divulgar o produto.
Propaganda: o que propaga a mídia em diferentes canais.
Venda: como o vendedor atuará e como se comunicará.
RP: como a empresa se relaciona com a mídia.

**TRONCO**
PREÇO:
São as estratégias de preço em que a empresa atua. Engloba também o conceito de valor.

A imagem acima representa o que eu chamo de anatomia do marketing, e explica o papel dessa área dentro das outras competências do negócio.

Antes de qualquer coisa, você, como o "órgão" tomador de decisões estratégicas para o negócio, não pode cair na "Miopia em Marketing", que é um conceito que indica o erro das empresas ao se concentrarem demais nos produtos, negligenciando as necessidades e desejos dos consumidores. Theodore Levitt alertou dos perigos desse enfoque excessivo no produto.

Alinhado a isso, o livro *Working Backwards*,[28] referente à abordagem da Amazon, sugere começar com o cliente e trabalhar de trás para frente no desenvolvimento de soluções.

Agora, imagine uma empresa como um organismo complexo, semelhante ao corpo humano. Cada parte, seja um órgão ou membro, exerce uma função crucial. No contexto empresarial, eles representam as diferentes áreas do negócio. Todas as áreas têm um valor igual em termos de importância, mas cada uma tem uma função distinta. Elas devem trabalhar em harmonia para garantir o bom funcionamento da "entidade" corporativa. Neste cenário, a função de marketing na empresa pode ser comparada à do cérebro no corpo humano. Assim como o cérebro toma decisões e envia comandos para todo o corpo, o marketing toma decisões que orientam todas as outras áreas do negócio. E, assim como o cérebro precisa funcionar com precisão e consideração, o marketing precisa operar com perspicácia e clareza, evitando a miopia e adotando práticas centradas no cliente, como a abordagem *working backwards* da Amazon.

Para a empresa operar eficientemente, o "cérebro" (marketing) precisa garantir que todas as "partes do corpo" (áreas do negócio) estejam alinhadas com os interesses e necessidades do cliente. Ao fazer isso, e ao evitar a armadilha da miopia em marketing, o "corpo" empresarial pode mover-se harmoniosamente, com cada "parte" desempenhando sua função única, mas trabalhando em conjunto para atingir os objetivos de crescimento da organização. Por isso os maiores marketeiros de todos os tempos, no meu ponto de vista, não são necessariamente publicitários, mas, sim, os profissionais dentro do negócio em diversas áreas que escolhem estar próximos ao clientes e ter uma postura empreendedora, criando e direcionando a empresa para construir e aperfeiçoar todo o negócio, não só a comunicação, de maneira que seja melhor para o cliente. Pois o cliente é o mandante, o ponto de partida, e o papel do profissional empreendedor é alocar os recursos do negócio (os demais órgãos e membros desse organismo) daneira a servir melhor esses consumidores, com o menor custo para a companhia e por um período maior.

---

[28] BRYAR, C.; CARR, B. **Working backwards**: insights, stories, and secrets from inside Amazon. Nova York: St. Martin's Press, 2021.

> **O MAIOR DESPERDÍCIO É FALAR COM O PÚBLICO ERRADO OU FALAR ERRADO COM O PÚBLICO CERTO.**

@denerlippert

Agora você começa a compreender que a marca Cientista do Marketing® foi criada por conta dos desconfortos com os modelos tradicionais do mercado, dos quais falamos no capítulo anterior, que eu acredito precisarem dessa atualização. Quando comecei a atuar no marketing, senti falta desse pensamento científico. Tudo era feito na base do achismo, e isso me incomodava. Com esses princípios conseguimos crescer, e vou mostrar como isso é possível para você também.

## PROFISSIONAL GENERALISTA

Em algum lugar do passado, quando a mídia se limitava a rádio, TV, jornal e uma ou outra revista, o processo de tomada de decisão de compra era linear, simples e direto, como mostra a figura a seguir. Bastava criar e veicular um anúncio na TV que ele ativaria o funil de vendas:[29]

**CONSIDERAÇÃO > INTERESSE > DESEJO > AÇÃO**

O papel do publicitário era fazer o melhor comercial possível e ponto final. Nesse cenário, destacavam-se os profissionais especialistas. Cada um tomava conta de uma parte do processo dentro de uma linha de produção.

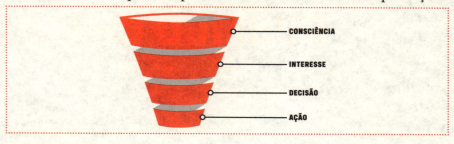

Mas o processo mudou completamente. Ele se transformou no que conhecemos como *non-linear marketing* ou marketing não linear, um processo amplo e complexo – para não dizer caótico, muitas vezes. O funil tradicional de vendas morreu. E não me refiro apenas à campanha da TV

---

[29] Funil de vendas é uma estratégia estruturada em estágios que compreende toda a jornada de compra de um cliente em potencial. (N.E.)

que resultava em vendas, mas também às ações digitais, como comprar um anúncio no Google Search, esperar que o cliente se cadastre a partir desse anúncio e depois compre o produto ou serviço. Isso não existe mais.

Agora, o processo é outro. Pense que você foi em um festival de música, lá, tem contato com a marca de um banco, passa a seguir essa marca no Instagram e, depois de três meses, vai no Google, busca por banco e abre uma conta nesse mesmo banco, quem trouxe a venda? O Google vai dizer que foi ele, mas será que foi o evento ou o conteúdo no Instagram que você acompanhou nesse meio tempo? Na prática é assim que acontece:

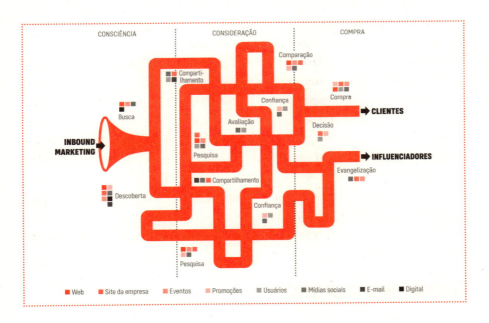

Diante desse cenário, um dos maiores desafios do marketing não linear é a atribuição da conversão. Ou seja, estamos falando da impossibilidade de saber exatamente qual foi o gatilho que direcionou o cliente para a compra, pois esse processo não é mais sequencial como antes, e acontece simultaneamente em diversas plataformas, com informações provenientes de diferentes canais e, assim, não é possível rastrear exatamente qual foi o canal que direcionou ao resultado.

O motivo pelo qual o Cientista do Marketing Digital® precisa ser um profissional mais generalista e menos especialista é a natureza do processo de tomada de decisão que envolve as mais diversas áreas e situações, fazendo com que os profissionais transitem entre áreas diferentes o tempo inteiro e saibam aplicar uma metodologia eficiente para buscar constantemente a maximização dos resultados. Embora o foco esteja nas mídias digitais (on-line), ele deve compreender também os canais off-line, ou seja, tudo aquilo que está fora da internet e pode ser integrado aos canais digitais quando necessário. Apesar dos canais digitais serem eficientes e mais acessíveis, não é possível menosprezar o poder das mídias tradicionais. Um anúncio na TV funciona, e sabemos disso. Entretanto, sua eficiência e acessibilidade são limitadas, e é justamente por esse motivo que é interessante focar o digital. Ou até mesmo associar o digital ao off-line na mesma campanha.

Importante frisar que todo esse processo passa muito pelas mídias, mas, não se resume a isso. Muitas vezes a mídia vai trazer um cliente, mas um CRM, por exemplo, é o que vai trazer lucro para o negócio. Os investimentos no digital que o cientista pode optar por fazer vão além de mídias.

A decisão, porém, caberá ao Cientista do Marketing Digital®, que, conhecendo a ciência humana e sendo detentor de um pensamento científico, saberá o momento certo de apostar nas alternativas que trarão mais resultado.

## PENSAMENTO CIENTÍFICO

Mas o que é, afinal, o pensamento científico que ajuda o Cientista do Marketing Digital® a encontrar as melhores soluções para seus clientes? Quando falamos de pessoas e vendas, estamos falando especificamente de entender as necessidades e buscar melhores respostas para as questões que surgem. Assim, pensar cientificamente é trazer ao cotidiano o ato de pensar criticamente e questionar tudo o que possa surgir.

Com esse pensamento associado ao método científico – que vamos explorar no próximo capítulo – e apoiando-se nas questões da ciência humana, como economia comportamental e neuromarketing, o cientista embasa suas estratégias. Ele se baseia não em achismos, mas nas principais teses científicas da ação humana que o ajudam a entender o ser humano, seus hábitos e seu comportamento, algo que permeia o marketing a todo momento.

Ele não é um ferramenteiro, aquele profissional que sabe apertar um ou outro botão no Facebook. Isso é algo muito superficial e, por consequência, menos eficaz. O trabalho do Cientista do Marketing Digital® está pautado em mover o ser humano e fazer determinada ação acontecer. Neste caso, as compras. Portanto, se enquanto profissional você não compreender como a mente humana funciona e os impactos dela no mercado, seu trabalho não terá resultado.

Sei que há quem vá questionar, falando que isso tudo é bobagem, afinal, a internet é feita de números e outras métricas que ajudam a embasar as decisões de marketing digital. Eu, entretanto, tenho uma visão diferente: de que adianta tantos números se o profissional não trabalha olhando para o resultado em vendas? A internet está cheia de algoritmos, mas, sem o conhecimento científico, eles se tornam desconexos ou continuarão servindo apenas para fazer um post bonito ou ganhar *views* no YouTube.

Se você chegou até aqui é porque tem vontade de aprender mais e entender o marketing como ciência. Para isso, iniciaremos conhecendo a economia comportamental e o neuromarketing para seguirmos com os próximos passos.

## ECONOMIA COMPORTAMENTAL

A economia comportamental, primeiro fundamento que o Cientista do Marketing Digital® precisa dominar, é a ciência interdisciplinar que combina as áreas de Psicologia, Ciências Sociais, Neurociência e Economia e que se concentra na análise psicológica por trás das decisões de cada indivíduo.[30] Em outras palavras, essa área estuda como e por que as pessoas gastam dinheiro.

---

[30] ISMERIM, F. Afinal, o que é essa tal de economia comportamental? **Geekonomics**, 20 ago. 2018. Disponível em: https://geekonomics.com.br/2018/08/o-que-e-economia-comportamental. Acesso em: 4 fev. 2020.

Até 1960, acreditava-se que as pessoas tomavam decisões racionais no momento da compra de qualquer bem ou serviço, ponderando prós e contras e decidindo comprar ou não apenas depois dessa análise. A economia comportamental, porém, mostrou que as coisas não funcionam bem assim. As pessoas avaliam, sim, racionalmente sua decisão, mas descobriu-se que fatores sociais, cognitivos e emocionais igualmente influenciam as decisões de consumo.[31]

Estudar esse tipo de comportamento se tornou o interesse acadêmico de duas mentes-prodígio da Universidade de Israel: Amos Tversky e Daniel Kahneman. Os dois psicólogos, a partir dos anos 1970, aventuraram-se no campo da economia e começaram a fazer uma série de experimentos, tentando descobrir em quais situações as pessoas agiriam de modo contrário ao que era considerado racional. Os testes que eles realizaram tornaram-se famosos e trouxeram à tona uma série de contradições no processo de decisão do ser humano (erros que todos cometiam, inclusive os professores que estudavam e propunham o modelo racional como o mais adequado para explicar as nossas decisões). Eles descobriram que, em situações em que há ausência de informações e necessidade de solução de problemas muito complexos em pouco tempo, o cérebro toma alguns atalhos para poupar tempo. Essa reação também tem a ver com autoproteção: quando vemos pessoas fugindo de algo, automaticamente tendemos a fugir também. Reagimos assim sem pensar muito, quase que por instinto, como se fôssemos programados para agir dessa forma em determinadas situações.[32]

Tversky e Kahneman descobriram que o ser humano lida com a complexidade da vida lançando mão de heurísticas – um processo cognitivo para tomada de decisões não racionais. Esses processos ignoram parte das informações já estabelecidas a fim de possibilitar

---

[31] BULCÃO, M.D.F. **Economia comportamental e sua aplicação às estratégias de preços das empresas**. Rio de Janeiro: Pontifícia Universidade Católica do Rio de Janeiro, 2013. Disponível em: http://www.econ.puc-rio.br/uploads/adm/trabalhos/files/Melina_Bulcao.pdf. Acesso em: 6 jan. 2021.

[32] *Ibidem.*

escolhas mais rápidas e fáceis.³³ Pense na heurística como se fosse um código de um programa de computador, em que nossa mente seria o software programado com uma lógica "SE – ENTÃO". Por exemplo: "SE observarmos um monte de pessoas fugindo de algo, ENTÃO devemos fugir também". Outro exemplo interessante é a heurística do afeto, descoberta pelos dois pesquisadores: "SE gostamos de alguém, ENTÃO teremos maior tendência a aceitar suas ideias".

**COMO SERES HUMANOS, SABEMOS QUE NEM TODAS AS NOSSAS IDEIAS TÊM LIGAÇÃO COM A LÓGICA, E O MESMO ACONTECE QUANDO OUVIMOS AS PESSOAS DE QUEM GOSTAMOS.**

Elas podem ter ideias que não são boas ou não fazem muito sentido, mas, por causa da nossa relação de afeto, a tendência é as avaliarmos sob uma perspectiva mais positiva, tentando encontrar razão (onde não há) para aceitá-las.

Não é à toa que tanto marcas quanto políticos utilizam pessoas de quem gostamos (atores, personagens ou esportistas) para divulgar as suas causas e nos fazerem pensar como eles. Aqui, citamos apenas dois exemplos didáticos de heurísticas, no entanto, os cientistas já mapearam diversos deles. Nosso cérebro tem inúmeros "programas" rodando, que são os nossos modos de reagir automaticamente a várias situações. Talvez você já tenha ouvido falar deles antes, porém com outro nome. Heurística, portanto, é o termo acadêmico para se referir ao que costumamos chamar de viés cognitivo, também conhecido como gatilhos mentais, no vocabulário mais popular.

No marketing, esse viés cognitivo pode ser utilizado para criar campanhas mais persuasivas e com grandes chances de sucesso. Para que você consiga utilizar esses gatilhos mentais com o objetivo de influenciar pessoas a comprar, explicarei os principais vieses

---

³³ BULCÃO, M.D.F. *op. cit.*

que todo Cientista do Marketing Digital® deve conhecer e como aplicá-los.

## Mera exposição

Familiaridade gera simpatia, então, quanto mais vemos algo, mais confiança temos naquilo. Exposição repetida funciona para gerar simpatia, mesmo que nenhuma outra informação seja adicionada, por isso esse viés cognitivo é chamado de "mera exposição". A simples exposição, repetidas vezes, de seu produto ou serviço ao consumidor gerará uma familiaridade que o fará preferi-lo aos dos seus concorrentes.

**Aplicação:** sabe aqueles anúncios que nos perseguem pela web? Eles podem parecer chatos, mas funcionam. Quanto mais exposição você conseguir dar ao seu conteúdo, mais familiaridade vai gerar, e mais propenso o consumidor ficará a escolhê-lo. Portanto, redistribua seu conteúdo em diversas plataformas e procure expor seus anúncios mais de uma vez aos mesmos usuários. O Facebook, inclusive, mensura isso com um indicador de frequência, que diz quantas vezes o anúncio foi exibido ao mesmo usuário – você deve utilizar isso a seu favor.

## Aversão à perda

As pessoas não gostam de perder, especialmente coisas que estão próximas às suas necessidades de sobrevivência e perpetuação da espécie, como dinheiro e segurança. Assim, ao enfatizar que o consumidor está perdendo ao deixar de ter o produto, você capta a atenção de seu cliente e desperta nele uma necessidade urgente de consumo.

**Aplicações:** crie campanhas que chamem a atenção para algo que pode ser ruim para o consumidor e, ao fim, dê a ele a solução do problema. Uma campanha de muito sucesso realizada pela V4 Company tinha como título: "Quatro motivos pelos quais sua empresa vai quebrar". Com certeza, ninguém quer que sua empresa quebre, e esse título ativa justamente esse gatilho mental. Criamos uma *landing page*[34] listando razões comuns pelas quais empresas quebram, e ao fim, havia uma chamada para a ação, mais conhecida como *call to action*, indicando o software de gestão de nosso cliente, que evitaria os problemas que fazem as empresas quebrarem. A campanha foi um sucesso e teve uma taxa de clique nove vezes maior do que outras em que tínhamos utilizado o mesmo formato de *landing page*, porém sem um uso tão explícito de vieses cognitivos. Quando o usuário chegava no *call to action*, sua atenção já havia sido capturada, e ele já estava engajado com o conteúdo, pronto para aceitar a solução de nosso cliente.

## Autoridade

Uma figura de autoridade aumenta a probabilidade de as pessoas agirem de forma obediente, acreditando no que ela diz. Quando um médico, por exemplo, pede para você tirar a camisa, respirar fundo e expirar, você o faz, não é mesmo? Por mais ridículo que seja, você obedece, pois ele é autoridade no que faz. Você presume que o médico tem conhecimento na área e que tem lógica seguir o que ele disse. É assim que esse viés opera, acatando as opiniões de figuras de autoridade.

**Aplicação:** na V4, utilizamos o viés da autoridade em nosso *podcast ROI Hunters*, entrevistando pessoas reconhecidas no mercado para que, de alguma forma, a autoridade delas se transfira para nós. Também aproveitamos esse viés para nos posicionar como autoridade, apresentando nossa experiência na área. Uma estratégia que funciona bem para fazer lançamentos para clientes de moda é contratar alguma influenciadora ou celebridade para vestir a roupa do cliente. Depois, o objetivo é postar em todas as redes sociais e usar a autoridade para influenciar a decisão de compra do usuário.

## Reciprocidade

Quem recebe um favor sente-se obrigado a devolver a generosidade. Portanto, ofereça algo ao seu cliente. Pode ser um brinde, uma

---

[34] *Landing pages* são páginas da web que têm foco exclusivo na conversão de clientes para uma ação específica, por exemplo, fazer um cadastro. (N.E.)

amostra do produto ou um conteúdo grátis. Assim, você estará preparando o consumidor a devolver-lhe a generosidade comprando o seu produto ou serviço.

**Aplicação:** crie uma *landing page* em que a pessoa se cadastra para ganhar uma amostra grátis do seu produto. Além de dar à empresa os dados de cadastro desse potencial cliente, a ação faz uso do viés da reciprocidade. Ao receber o produto em casa, o consumidor se sente obrigado a devolver a generosidade comprando-o na próxima oportunidade. Outra ação bastante comum na internet e que realizamos muito aqui na V4 Company é fornecer conteúdo grátis, como e-books. Mas por quê? Além de nos posicionar como autoridade, geramos um sentimento de reciprocidade em quem baixa o livro que, inconscientemente, desejará devolver a cortesia. Há ainda outros exemplos, como os sorteios e jogos sem custo nas redes sociais, que fazem com que os participantes acabem comprando no e-commerce logo na sequência. Clínicas de estética e academias também costumam oferecer avaliações gratuitas para se beneficiarem desse viés.

## Coerência

Pessoas desejam ser coerentes em suas palavras e ações. Robert Cialdini, em seu livro *As armas da persuasão*,[35] afirma que, após realizarmos uma opção ou tomarmos uma posição, nos deparamos com pressões pessoais e interpessoais exigindo que nos comportemos de acordo com esse compromisso.

**Aplicação:** na V4 Company, fizemos uma campanha para uma academia que oferecia uma semana de aulas de natação apenas pelo valor da compra da touca e dos óculos. Depois da primeira semana, o número de pessoas que fechava um plano era muito grande, visto que haviam se comprometido com os acessórios e queriam ser coerentes com a decisão de se tornarem mais saudáveis.

---

[35] CIALDINI, R. **As armas da persuasão**. Rio de Janeiro: Sextante, 2012.

## *Escassez*

Trata-se da tendência de superestimar o valor de algo quando ele é raro ou está acabando. Mas, para dar certo, precisa ser real. Nunca diga, por exemplo, que a promoção está acabando se ela não estiver, de verdade, com um prazo final legítimo. Caso o cliente perceba, você entrará em descrédito.

**Aplicação:** use gatilhos como "apenas X unidades disponíveis!", "faltam poucos dias para terminar", "somente X pessoas podem participar". Em cursos presenciais ou on-line, é muito comum vermos um número limite de alunos por turma, porque isso cria um sentimento de urgência, além de aumentar a percepção de valor, pois o que é pouco disponível é visto como mais valioso. É comum que sites de varejo exibam alertas sobre poucas unidades disponíveis. A Amazon, por exemplo, mostra um aviso com o número exato de unidades sobrando no estoque, quando este está próximo de acabar. Abaixo do alerta, há ainda uma frase que alerta sobre a escassez permanente: "Não sabemos quando teremos este produto novamente". Essa chamada gera urgência e aumenta a percepção de valor por meio da escassez.

## *Prova social*

Decidimos se um produto ou serviço é bom quando descobrimos o que as outras pessoas acham dele. Mas o que isso quer dizer efetivamente? Explico! Sabe quando você está em uma roda de amigos e percebe que um deles comprou um tênis que você estava querendo muito, mas estava em dúvida sobre a qualidade, tempo de entrega etc.? Pois é. Ao ver o produto com outra pessoa e perguntar as impressões dela sobre a compra, qualidade e entrega, você está exercendo o poder da prova social, isto é, validando opiniões a partir do que outras pessoas estão falando. O mesmo princípio vale para quando buscamos as avaliações e comentários de outros usuários sobre produtos específicos.

**Aplicação:** com esse viés em mente, indicamos que todas as empresas gravem ou colham depoimentos com clientes falando bem de seus produtos e serviços, insiram-nos sempre no topo da página e os compartilhem nas redes sociais. Pessoas confiam em avaliações de outras pessoas, sejam boas ou ruins. Por isso, também é importante cuidar da maneira como sua empresa é avaliada no Google Places, Facebook e outras plataformas, como o Reclame Aqui.

## Afeição

Somos mais propensos a ser influenciados pelas pessoas de que gostamos. Mas como fazer as pessoas gostarem mais de nós (ou da nossa empresa)? Há fatores que sempre influenciam e são importantíssimos nesse sentido, como beleza, similaridade e cooperação. Ao otimizar esses fatores, você cria uma relação de afeto com o seu cliente ou seguidor, logo, se tornará muito mais influente.

**Aplicação:** esteja sempre apresentável quando for falar com seu cliente. Um cabelo arrumado e uma roupa adequada têm efeito positivo imediato nas pessoas. O mesmo deve ser feito na sua página na web, nas redes sociais e no espaço físico, se houver: mantenha-os esteticamente bonitos. Outra coisa que desperta afeição é a similaridade: "Você é canhoto? Nossa, eu também sou!". Quanto mais pontos em comum você conseguir encontrar com uma pessoa, mais ela tende a gostar de você. Elogios também ajudam a gerar afeição, assim como cooperação. Você pode cooperar com seus clientes ao demonstrar que tem o mesmo objetivo que eles: fazer a empresa deles crescer. Demonstre uma preocupação genuína com coisas que importam para ele, e isso o fará desenvolver afeição por você.

## Simplicidade

As pessoas tendem a preferir aquilo que é fácil de compreender. Portanto, se você encontrar maneiras de simplificar a forma como apresenta seus produtos, venderá melhor. É aquela máxima: menos é mais.

**Aplicação:** apresente soluções simples para o seu cliente. Uma *landing page* bem otimizada deve apresentar apenas três opções: comprar o produto; continuar rolando a página, lendo mais informações até ter aprendido o bastante para comprar o produto; e, caso não for comprar o produto, sair da página. Isso implica que você deve remover toda a navegação, bem como links de redirecionamento, e manter apenas links de *call to action*. Por quê? Para simplificar, já que menos opções disponíveis facilitam a escolha. Outra estratégia de simplificação são os filtros. No varejo, por exemplo, quando há muitos itens para escolha, o usuário fica sobrecarregado de informações. Tivemos um caso desses aqui na V4 Company, com um cliente que possuía uma loja de moda com muitos itens. Para deixar a navegação mais simples, implementamos um filtro logo na entrada do site que já direcionava e diminuía as opções que o cliente teria de avaliar para comprar, simplificando o processo de compra. Outra estratégia que tem funcionado na V4 Company é o WhatsApp Link to Chat. Essa ferramenta permite que, com apenas um clique, o usuário entre em contato com um vendedor, simplificando o processo de compra e aumentando as conversões.

### Ancoragem

Diz respeito a algo – âncora – que é lançado em uma ocasião só para que as pessoas façam seu julgamento de valor com base em alguma referência. Levando esse viés em consideração, os marqueteiros criam a chamada "terceira opção irrelevante", para que o preço dos produtos anteriores pareça mais barato.

**Aplicação:** pense na pipoca que você compra na entrada do cinema. A tabela mostra duas opções: pipoca grande (por R$ 8,00) e pipoca pequena (por R$ 3,00). A tendência é que as pessoas escolham o tamanho pequeno, certo? No entanto, se colocarmos uma opção *decoy* (inglês para "chamariz" ou "isca") de tamanho médio, custando R$ 7,00, as pessoas passam a escolher o tamanho grande, porque a diferença de preço entre o médio e o grande é tão pequena que vale mais a pena comprar este último. E elas simplesmente esquecem o tamanho pequeno – em outras palavras, passam a achar a opção grande barata por comparação. Estratégias com opções *decoy* são usadas a todo momento na internet. Você vai adquirir um plano de uma plataforma ou de um curso que quer fazer. Geralmente, encontra três opções de pacotes, algo como *Basic*, *Standard* e *Platinum*. Mas uma delas é a chamada terceira opção irrelevante, está ali apenas para levantar a âncora dos preços e fazer a opção intermediária parecer mais barata.

Esses vieses cognitivos mostram que não é apenas a qualidade do seu produto ou serviço que importa, mas também como ele é apresentado aos clientes. O mesmo produto ou serviço pode gerar mais ou menos interesse dependendo apenas de como você conseguir enquadrá-lo para o seu público. Ao criar páginas e argumentos de venda, você deve utilizar ao menos alguns desses vieses, pois tenho certeza de que isso aumentará o seu poder de persuasão.

Expliquei aqui dez vieses cognitivos, mas existem centenas. E cada vez esse número cresce mais, pois pesquisadores de todo o mundo descobrem outros e também aperfeiçoam as suas teses a todo momento. Isso prova que o Cientista do Marketing Digital® precisa ser um pesquisador constante, atualizando-se regularmente do que existe de mais avançado no estudo da ação humana.

## NEUROMARKETING

O segundo fundamento que o Cientista do Marketing Digital® precisa entender é o neuromarketing, campo de estudo que une marketing e neurociência. Ao longo do tempo, o campo da economia comportamental se estabeleceu academicamente, porém o avanço tecnológico abriu as portas para possibilidades de estudos nunca antes imaginadas. O que antes conseguíamos saber apenas por meio de questionários e estudos indiretos passou a ser medido com ferramentas que mensuram reações fisiológicas como atividade cerebral, movimento dos olhos, excitação e muito mais.

A partir daí, os marqueteiros passaram a utilizar aparelhos de exames médicos nas pesquisas de marketing. Por exemplo, é possível medir os batimentos cardíacos de uma pessoa, usando um aparelho de eletrocardiograma, enquanto ela assiste a um comercial de TV. Isso fornece dados interessantes sobre o impacto que aquela peça publicitária causa no consumidor. Com o tempo, os experimentos foram ficando mais complexos e medições com outros métodos, como eletroencefalografia (que mede atividade cerebral), pupilometria (que mede a dilatação da pupila) ou *eye tracking* (que registra para onde estamos olhando), foram incluídos nos estudos de marketing, para entender a mente do consumidor.

O uso dessas ferramentas permite que tenhamos uma ideia de como o consumidor está sendo emocionalmente impactado pelas peças de marketing. Isso tem valor, já que, muitas vezes, o consumidor nem sabe dizer como está sendo afetado por um comercial. A partir do neuromarketing é possível saber, precisamente, suas emoções, reações e sentimentos em cada cena assistida. Com esses dados, é possível traçar estratégias que estimulem determinadas áreas do cérebro de acordo com o resultado esperado pelo cliente, gerando mais valor aos produtos e serviços.

No Brasil, ainda existem poucos laboratórios especializados em testar as peças publicitárias por esse viés. Essas empresas selecionam pessoas para fazer parte dos testes e, a partir das análises, geram um relatório mostrando quais peças de marketing funcionam melhor para o público selecionado. Todos os insights gerados por esses experimentos podem ser muito úteis e extremamente valiosos, porém o custo para realizar esse tipo de ação ainda é muito alto. Mas entender o neuromarketing e saber o valor das emoções diante da publicidade associado aos vieses cognitivos da economia comportamental ajudará o Cientista do Marketing Digital® a planejar as melhores estratégias para ao cliente.

Neste capítulo, eu me propus a mostrar os fundamentos para se tornar um Cientista do Marketing Digital®, mas caberá a você fazer a sua parte. É importante que você entenda que esse processo é uma aprendizagem contínua, já que os privilégios da era da informação trazem consigo também uma série de desafios. Não podemos apenas fazer um curso ou ler um livro sobre determinado tópico e achar que, de fato, conhecemos tudo sobre aquele assunto. Atualmente, tudo se transforma a uma velocidade vertiginosa, e, assim sendo, o diferencial está com aqueles que possuem um hábito de estudo constante.

Agora, vamos partir para mais uma parte dessa formação: a impor- tância de seguir um método para otimizar seu trabalho. Nas próximas páginas, vou apresentar o Método V4, que o ajudará a vender o seu produto, vender para mais pessoas, vender mais vezes e vender pelo maior valor. Está preparado? Vamos comigo!

"
# O TRABALHO DO CIENTISTA DO MARKETING DIGITAL® ESTÁ PAUTADO EM MOVER O SER HUMANO E FAZER DETERMINADA AÇÃO ACONTECER.

"

@denerlippert

# CAPÍTULO 5

# A IMPORTÂNCIA DE UM MÉTODO

Nós não nos autodenominamos Cientistas do Marketing Digital® à toa. Nós nos chamamos assim porque aplicamos o pensamento científico. Vejo que o mercado está cheio de especialistas em marketing, pessoas que se dizem entendidas do assunto, mas o que fazem é aplicar fórmulas prontas, esperando um bom resultado para o seu cliente. Prometem aumentar o alcance nas publicações, o número de inscritos e de *views* no canal do YouTube e as curtidas nos posts do Instagram. Mas será que é isso mesmo que o cliente quer? Posso afirmar que, muitas vezes, não. O que ele quer é aumentar as vendas, ou seja, o profissional de marketing digital tem que mirar nas vendas e usar os recursos digitais para chegar ao seu objetivo. Percebe que não estamos falando apenas de focar as ferramentas? Elas não trarão o resultado que realmente está por trás do pedido dos clientes. E os clientes, por sua vez, esperarão um resultado irreal que, na maioria das vezes, é decepcionante.

Isso acontece pela falta de estratégia de vendas na proposta desse especialista, consequência também da inexistência de embasamento científico para criar tais ações. E aí voltamos ao que falei no parágrafo anterior. Esse profissional não é um especialista, mas um aplicador de fórmulas prontas, um ferramenteiro, em linguagem mais simples.

Aqui na V4 Company, desprezamos fórmulas prontas que não tenham nenhum embasamento científico. Por isso, criamos o Método V4. Mais à frente, vou mostrar como ele funciona. Mas, antes disso, preciso que você entenda o que é um método científico e por qual motivo ele é tão importante na área de marketing.

A palavra método vem do grego *methodos*, composta por *meta* – através de, por meio de –, e *hodos* – caminho. Assim, usar um método é tentar achar um caminho pelo qual se possa alcançar objetivos projetados.[36] É claro que, para cada área específica, estamos falando de objetivos diferentes. No caso do marketing digital, falamos sobre aumento de receita e geração de lucro, pois procuramos o caminho para chegar a elas.

Como todo método bem-estruturado, estamos falando aqui de processos que envolvem inúmeras opções. Ou seja, haverá uma direção, entretanto, você é quem controlará as variáveis e, ao menor sinal de falhas, poderá novamente tomar as rédeas da situação e ajustar o que for necessário.

Outro ponto importante a ser ressaltado é que, para que o método seja científico, ele precisa ser testado e comprovado. Isso é importante, principalmente, quando há muitas ideias contraditórias a respeito do mesmo assunto, algo comum no mercado do marketing digital – vários gurus, cada um fazendo uma proposta mais atraente do que a outra. Quem tem razão? Quem está fazendo o certo? Em vez de entrar em uma argumentação sobre esses pontos, prefiro me basear em teste e comprovação. Faz mais sentido, não é mesmo?

É importante ressaltar, contudo, que não inventei nada. Tudo o que você encontrará a partir de agora é fruto de estudo, pesquisa, busca e comprovação a partir de premissas que já existiam no mercado. É preciso buscar ajuda quando não temos todas as respostas! Há séculos, os filósofos já propunham o uso da dialética – contraposição e contradição de ideias – para resolver questões como essas. O filósofo Aristóteles, por exemplo, criava uma série de hipóteses baseando-se em discursos e testava a sua validade e coerência.[37] A partir dessa contraposição de probabilidades, ele deduzia os princípios que mais faziam sentido. Essa é uma das primeiras manifestações conhecidas do que hoje chamamos de método científico. Sua aplicação acontece, geralmente, em cinco etapas:

[36] MÉTODO. *In*: DICIONÁRIO Etimológico. Disponível em: https://www.dicionarioetimologico.com.br/metodo. Acesso em: 8 jan. 2020.

[37] ARISTÓTELES e educação. **Gestão escolar**. Disponível em: http://www.gestaoescolar.diaadia.pr.gov.br/modules/conteudo/conteudo.php?conteudo=520. Acesso em: 04 fev. 2021.

**1. OBSERVAÇÃO:** o cientista observa algo que acontece no plano da realidade, por exemplo: uma maçã cai, e ele vê.

**2. PROBLEMATIZAÇÃO:** o cientista se questiona por que a maçã caiu. Algo deve fazer com que isso aconteça. O que seria?

**3. HIPÓTESE/DEDUÇÃO:** a partir do problema, ele cria hipóteses para a explicação do fenômeno. Exemplo: será que existe uma força invisível que puxa todas as coisas para o chão da Terra?

**4. EXPERIMENTAÇÃO:** ele faz experimentos e observa os resultados. No caso da maçã, analisa a queda e observa o princípio operando na queda de outros objetos.

**5. CONCLUSÃO:** com base na experimentação, conclui se a hipótese inicial estava correta ou não. No caso de Newton, que comprovou a força da gravidade quando viu uma maçã cair de uma árvore, a hipótese estava correta.[38]

Ao longo da história, o método científico foi se popularizando e, em razão do seu vigor e exatidão, foi aplicado extensivamente às *hard sciences*, que são as ciências voltadas ao estudo do mundo natural, como a física, a química, a biologia e a astronomia.[39] Esses estudos deram origem a vários avanços tecnológicos de hoje. Porém, essa metodologia pode ser aplicada também para a compreensão do comportamento humano. E é neste ponto que ela se torna útil para nós, marqueteiros. Veremos a seguir!

---

[38] REDAÇÃO GALILEU. Newton criou Teoria da Gravidade durante quarentena da peste bubônica. **Revista Galileu**, 22 mar. 2020. Disponível em: https://revistagalileu.globo.com/Ciencia/noticia/2020/03/newton-criou-teoria-da-gravidade-durante-quarentena-da-peste-bubonica.html. Acesso em: 4 fev. 2021.

[39] AMPESC. O que são as hard sciences? **G1**, 17 jan. 2019. Disponível em: https://g1.globo.com/sc/santa-catarina/especial-publicitario/ampesc/admiravel-mundo-novo/noticia/2019/01/17/o-que-sao-as-hard-sciences.ghtml. Acesso em: 7 jan. 2021.

"
**AQUI NA V4 COMPANY, DESPREZAMOS FÓRMULAS PRONTAS QUE NÃO TENHAM NENHUM EMBASAMENTO CIENTÍFICO. POR ISSO, CRIAMOS O MÉTODO V4.**
"

@denerlippert

## A LÓGICA DA AÇÃO HUMANA

O economista austríaco Ludwig von Mises é considerado o pai da praxeologia. Mas o que é essa teoria e o que ela tem a ver com este livro? A praxeologia – *praxis* = ação e *logia* = ciência –[40] busca explicar a estrutura lógica da ação humana, entendendo o que leva as pessoas a agir diante das mais diversas situações.

Em sua pesquisa, Mises não conseguiria usar a mesma lógica de um estudo com agentes naturais, que possibilitariam uma resposta exata – isso porque seu objeto de estudo, o ser humano, é influenciado por fatores externos que ele não podia isolar. O que ele fez, então, foi criar uma linha de pensamento por meio da observação da realidade e comparar as hipóteses que explicavam as ações que ele observou para chegar às conclusões que tinham mais coerência. Com essa linha dedutiva, ele conseguiu uma resposta incontestável, provando a sua tese científica.

E o que ele provou? Que o ser humano age. Ok, até aí não há novidades, mas quando Mises se refere à ação, não está falando de ações fisiológicas, como quando o coração acelera em uma situação de perigo. A ação humana de que Mises fala é o esforço proposital para se sentir satisfeito.[41] Ou seja, é um reflexo da manifestação da vontade humana movida pela necessidade de encontrar algo mais satisfatório em uma situação menos satisfatória.

De acordo com a praxeologia, agimos com base em três aspectos:

1. **INSATISFAÇÃO:** o que nos faz agir é o desconforto com nosso estado atual.

2. **FUTURO:** além do desconforto, precisamos de uma imagem mental de uma situação melhor.

3. **AÇÃO:** tendo essa visão de futuro, precisamos saber que ação tomar para alcançar uma situação melhor e sair do estado de insatisfação.

---

[40] FREITAS, R. L. Arte: uma práxis humana. **SCIAS - Arte/Educação**, v. 2, n. 2, p. 100–114, 2014. Disponível em: https://revista.uemg.br/index.php/scias/article/view/482. Acesso em: 26 dez. 2023.

[41] MURPHY, R. Praxeologia – A constatação nada trivial de Mises. **Mises Brasil**, 19 jun. 2010. Disponível em: https://www.mises.org.br/Article.aspx?id=230. Acesso em: 8 jan. 2021.

# "MARKETING É UMA COISA FÁCIL DE ENTENDER, MAS MEGA DIFÍCIL DE SE FAZER."

@denerlippert

Portanto, do ponto de vista de Mises, são os problemas que nos movem para tomarmos atitudes que nos fazem bem, indo de um estado de insatisfação para a satisfação.

Vamos levar essas constatações para o marketing. Como marqueteiros, criamos motivos para a ação das pessoas. E fazemos isso justamente elaborando estados de insatisfação. Ora, se eu me incomodo em não ter o tênis do anúncio, preciso comprar um. A pessoa pode nem precisar desse acessório, mas, com o estímulo correto, passa a desejar um.

Vamos imaginar uma viagem para Orlando, nos Estados Unidos, para conhecer os parques da Disney. A pessoa talvez nem queira ir à Disney, mas cria a vontade de ir se eu, como marqueteiro, a fizer acreditar que se sentirá muito mais feliz se for para lá. As fotos de outras pessoas ou de amigos brincando nos parques e se divertindo criam a imagem de um futuro melhor. O estado atual dela, que antes era de satisfação em não viajar ou não conhecer a Disney, agora se tornará de insatisfação frente à felicidade que imagina alcançar viajando para os Estados Unidos. Tendo plantado essa ideia na cabeça dela, se eu disser para tomar a decisão de comprar meu pacote de viagens para a Disney, ela executará essa ação, pois deseja alcançar esse futuro imaginado.

Essa maneira de entender o comportamento humano faz sentido a partir da análise de Mises, pois você observa todas as ações que toma no dia a dia e percebe que, de alguma forma, elas se encaixam nesse padrão.

Os três aspectos da praxeologia – plantar uma insatisfação, fornecer a visão de um futuro melhor e indicar qual ação a pessoa deve tomar para alcançar o futuro desejado – criam as premissas do método que guiará a abordagem de comunicação em vários âmbitos, como o planejamento de uma campanha ou a redação de uma peça publicitária. Um exemplo: tempos atrás, a Wise Up, escola de idiomas, lançou uma campanha que se estruturava da seguinte maneira:

1. **Mostrava uma pessoa depressiva, que havia sido demitida do trabalho. Um estado de insatisfação inicial. E não importa se você não está na mesma situação, a campanha plantava o medo de que você poderia entrar nesse cenário a qualquer momento caso não se prevenisse.**

2. **A propaganda mostrava que a demissão havia acontecido porque aquela pessoa não sabia inglês. É a apresentação do futuro que ela devia ter construído para evitar esse cenário ruim. Se soubesse inglês, ela estaria feliz e esses problemas não teriam acontecido.**

3. **E então vem a solução. Qual ação ela precisava ter executado para alcançar o futuro esperado? Fazer o curso de inglês da Wise Up, obviamente. Ainda que você não esteja enfrentando os mesmos problemas que o personagem da propaganda, a campanha funciona.**[42]

O cenário de insatisfação apresentado é bem factível e poderia acontecer com qualquer um. Com base no medo, você age para evitar um possível cenário de insatisfação. Percebe como praticamente toda as campanhas que funcionam utilizam os princípios de praxeologia de Mises? Aliás, quase todos os comerciais percorrem esses três aspectos.

Outra parte da teoria fala dos motivos que levam as pessoas a agirem e sempre mudarem. O medo e a insatisfação são o que as movem e, por isso, como Cientista do Marketing Digital®, você também deve adequar a sua abordagem buscando uma resposta melhor do consumidor, procurando entender o caminho mais funcional aos seus propósitos, ou, então, encontrando a saída para utilizar o método científico corretamente. Mas lembre: o propósito é influenciar para vender e adquirir resultados.

## O MÉTODO V4

Para o método que apresentarei a partir de agora, seguiremos os conceitos da teoria dialética de Aristóteles – testar as hipóteses e achar as melhores respostas – e da teoria da praxeologia de Mises – seres humanos agem com um propósito: para aliviar uma sensação de desconforto ou para alcançar um estado desejado de satisfação. Para chegar ao embasamento final, usei meu conhecimento empírico e testei diversas hipóteses, pensando em estratégias diferentes para verificar se aquilo realmente

---

[42] WISE Up | Esteja pronto para os oportunidades. 2017. Vídeo (1min). Publicado pelo canal Wise Up Brasil. Disponível em: https://www.youtube.com/watch?v=Ak4s7wum16s. Acesso em: 26 dez. 2024.

funcionava. E, assim como na teoria de Mises, cheguei a um método irrefutável. Por esse motivo, tenho muito orgulho de afirmar que o Método V4 é uma maneira muito efetiva de crescer as vendas, receita e lucro de um negócio. Isso prova que ele é *praxeologicamente* correto.

Os primeiros insights do método surgiram quando tive minha empresa incubada na faculdade. Naquela época, o foco da V4 Company era o mercado de moda, e foi após essa experiência com o varejo que eu e a equipe que atua comigo observamos a necessidade de criar um método e também testar como ele deveria funcionar. Eu estava nos primeiros anos da minha empresa, mas já tinha a clareza do que queria para ela: torná-la a maior referência em marketing digital de alta performance. Mas sempre me deparava com um problema muito comum no meio corporativo: a necessidade de ganhar escala. Esta é a base de qualquer negócio. Quando você cria um processo que consegue replicar uma, duas, centenas, milhares de vezes a mesma fórmula, sua empresa consegue crescer com mais segurança, ganhar escala e adquirir ótimos resultados.

Portanto, para alcançar a minha ambição – crescer exponencialmente –, eu teria que criar um método. Eu e a equipe nos perguntávamos: "O que faria qualquer tipo de negócio vender por meio da internet e em qualquer lugar do mundo? Qual deveria ser o padrão?". Com essas questões em mente, e dentro do ambiente acadêmico formal no qual a V4 estava incubada, partimos para a pesquisa. Buscamos todo o conhecimento disponível sobre o assunto e pesquisamos sobre como os grandes *players* do mercado operavam. Queríamos saber, por exemplo, se a maneira como a Amazon vendia por meio da internet tinha alguma relação com a maneira como a lojinha da esquina vendia. Também estudamos como aplicar, nos negócios locais que atendíamos, os insights da Amazon que havíamos descoberto.

Pesquisamos muito, descobrimos as dores das empresas, criamos muitas hipóteses, fizemos vários experimentos, e a resposta que encontramos é que era possível, sim, criar um padrão que servisse tanto para as grandes empresas como para os pequenos negócios. O que faltava era apenas padronizar esse processo.

**Veja bem:** o que fizemos durante esses anos de testes foi aplicar a metodologia científica. A partir de uma observação (preciso criar um método para ganhar escala), encontramos um problema (como criar uma fórmula replicável para todas as empresas?), criamos a hipótese (o Método V4), testamos empiricamente (com base em nossa experiência), e chegamos à conclusão (o método funcionava para qualquer negócio).

A partir dessas experiências, lapidamos um processo de vendas por meio da internet composto por quatro pilares. São eles:

1. **AQUISIÇÃO.** O que fez o Facebook pagar mais de US$ 19 bilhões pelo WhatsApp, que não tinha nenhuma receita relevante? O que os investidores viram no Nubank para investir mais de US$ 4 bilhões na empresa antes de ela dar algum lucro? Ou o próprio Google, que quando recebeu seus primeiros aportes de investimento mal tinha receita? O que todas elas tinham em comum era uma atual e potencial base de usuários adquiridos e AINDA pouco monetizada. Com as respectivas bases de usuários que essas empresas estavam adquirindo e retendo nas suas empresas, o potencial de transformar isso em lucro era absurdo. Mas note que elas sabem bem separar a fase de aquisição, sabendo que este ainda não é necessariamente o momento de transformar essa base em dinheiro.

2. **ENGAJAMENTO.** Aqui estamos falando sobre fazer o cliente gostar, confiar e desejar os seus produtos ou serviços. Uma loja física pode pensar em fazer uma bela vitrine ou treinar os vendedores para serem simpáticos e cordiais, entre outras estratégias. No ambiente digital, pode-se pensar em conteúdo, imagens, design ou até mesmo facilitar a navegação e demais funcionalidades de um aplicativo ou site. São estratégias diferentes para meios diferentes e que, no fim, geram engajamento.

3. **MONETIZAÇÃO.** É o momento em que o cliente resolve adquirir os seus produtos ou serviços. O momento da conversão envolve fatores como oferta,

preço, gateway de pagamentos (como e onde esse pagamento será processado), principalmente o mix de produtos. A monetização precisa acontecer para que se tenha resultado na estratégia.

**4. RETENÇÃO.** O processo não se encerra na primeira venda, é preciso reter o cliente, fazendo com que ele compre mais vezes e aumente seu CLV (Custumer Lifetime Value), seu ticket médio, ou seja, o valor deixado de margem de contribuição ao longo da vida do cliente com a empresa. Esse pilar é importante porque o custo de aquisição de clientes, também conhecido como CAC, é muito alto e só tende a aumentar. Falaremos mais detalhadamente sobre CAC no **capítulo 6**, entretanto, já vale dizer que é mais barato fazer os clientes que já conhecem comprarem os seus produtos novamente do que gastar para adquirir novos clientes. Ou, até mesmo, é mais barato investir no desenvolvimento de novos produtos para a mesma base de clientes adquiridos do que investir para novos clientes comprarem produtos que já estão na prateleira. Esse quarto pilar é o mais importante e é, sem sombra de dúvidas, o que separa as maiores empresas do mundo das demais.

Nos próximos capítulos, aprofundaremos todos esses indicadores, explicarei como funcionam e como você trabalhará com eles. É perfeitamente possível colocá-los em ação e gerar bons resultados em vendas, qualquer que seja a área do seu negócio ou da empresa em que trabalha.

Ser um Cientista do Marketing Digital® requer dominar esse conteúdo, o que é mais um diferencial desse profissional. Mas não espere que haja um bê-á-bá de cada pilar, ou seja, uma receita de bolo que você possa seguir à risca, sem mudar nada. Esse é o cara que cuida do operacional, lembra? Pense no Método V4 como um esqueleto, um *framework*, uma estrutura. Dentro dele, podem ser aplicadas diversas estratégias adaptadas, característica que torna o processo replicável e adaptável a vários cenários diferentes. Tenha um pensamento crítico, porque essa é a base do método científico e, portanto, a do Cientista do Marketing Digital®.

Já aplicamos o Método V4 em serviços B2C (*business-to-consumer*, em que a empresa vende diretamente para o consumidor final) e B2B (*business-to-business*, em que uma empresa vende seus produtos ou serviços para outra empresa), indústrias, e-commerces e varejos físicos. Em todos eles, fomos bem-sucedidos em algum momento. Isso prova a possibilidade de eficácia da metodologia. Contudo, lembre-se: você precisa ser um agente ativo na hora de aplicá-la. Com o tempo e com mais experiência, você encontrará padrões de entrega que funcionam na maioria dos seus projetos. E é importante falar que o fato de ele funcionar consistentemente não significa que é uma forma de sucesso. Ele pode justificar o sucesso, mas também pode ser o *frame* para identificar a incapacidade de uma empresa de conseguir servir o consumidor da melhor maneira através desses pilares e de seu mix de produtos. Falaremos deles a seguir.

## TENHA SEUS *PLAYBOOKS*

Pense nos quatro pilares como os quatro cantos de um campo que é o jogo do marketing. Os *playbooks* são as jogadas que você escolhe fazer dentro desse campo. Os padrões de execução, isto é, os planos de jogo que funcionam como guia de como executar diversos tipos de projetos. Se você quer dar projeção ao seu negócio, como Cientista do Marketing Digital®, precisa compreender esse conceito e mais: desenvolver seus próprios *playbooks*.

Imagine um jogo no qual você está em um campo aberto e, para ganhar a partida, tem de percorrer os quatro cantos do estádio. Para atingir o seu objetivo, existem inúmeras jogadas e estratégias que podem fazê-lo vencedor. E cada uma dessas jogadas é o que chamamos de *playbooks*, ou seja, estratégias que se mostraram efetivas em determinadas oportunidades, e que você pode usar novamente com grande chance de sucesso, dependendo da necessidade.

Na V4 Company, temos *playbooks* não só para operação e aplicação do método, como também para a gestão da empresa, que vai desde a contratação de pessoas até o desligamento delas. Ao conhecer os *playbooks*, evitamos erros em processos já elaborados, reduzindo, assim, nossas chances de cometer erros. Além disso, a criação de um *playbook* estipula um padrão de qualidade que deve ser seguido por todos os colaboradores.

Existe uma fórmula ideal de *playbook*? Não! O ideal é que cada um crie seus próprios parâmetros. Na V4, o primeiro passo para o desenvolvimento foi entender os nossos principais grupos de clientes com atendimento de sucesso, que também podem ser chamados de *cohorts*. Segundo a nossa amostragem, são eles:

>>> **Service B2C multi-location**: academias, escolas, estéticas, salões e prestadores de serviço que tenham mais de um ponto de atendimento com o cliente.

>>> **B2B Enterprise**: indústrias e empresas de soluções complexas que precisam atingir um público específico e de difícil segmentação.

>>> **E-commerce**: lojas virtuais que normalmente já têm investimento de mídia.

>>> **Retail multi-location**: varejistas físicos com múltiplos pontos de venda que precisam gerar tráfego.

Para esses quatro *cohorts*, foi desenvolvida uma sequência de entregas, aplicada ao longo dos anos. A partir dos resultados, fomos chegando ao modelo de execução que mais funcionava em cada um dos casos.

Caso você não tenha *playbooks* desenvolvidos, considere criá-los e estabeleça um processo de melhoria contínua para eles. Liste os negócios com que suas estratégias mais deram certo e elenque as ações que foram realizadas. A partir daí, passe a replicá-las, observando a taxa de sucesso. Mas, caso o projeto não venda de maneira satisfatória, pare e avalie a situação. Deve haver algum problema no *playbook* utilizado e, portanto, ele precisa ser revisto com base nos quatro pilares novamente. A metodologia que criamos é poderosa; o único cuidado é avaliar e respeitar os pilares para que ela seja eficiente. Caso você não faça isso, ela não funcionará. E essa afirmação vale também para a interpretação desse pilar, ou seja, se o seu *playbook* de acordo com a metodologia não está dando certo, é preciso avaliar se você interpretou todos os pilares de maneira correta e se os está aplicando adequadamente. No site da V4 Company, disponibilizamos, gratuitamente, uma série de *playbooks* para você conhecer.

https://www.v4.company/livro/

Para acessar os *playbooks* disponibilizados é muito fácil! Basta apontar a câmera do seu celular para o QR Code ao lado.

## NENHUMA VERDADE É ABSOLUTA

Como você viu, a busca por respostas nunca para e, assim, os *playbooks* nunca estão prontos, pois, toda vez que os aplicamos, também colocamos estresse sobre eles, ou seja, questionamos o que está ali. Estamos constantemente pensando em como atualizá-los com base nessa nova experiência. É um ciclo de melhoria baseado em pensamento científico e buscando sempre uma resposta melhor.

Essa busca por ser sempre melhor também acontece com o Método V4. Sabemos que ele é eficiente e que gera bons resultados. Não tem como crescer sem passar pelos quatro pilares. Mas o ser humano é movido por propósitos, como vimos na praxeologia. Levando em consideração, então, que o propósito é a intenção de fazer ou deixar de fazer alguma coisa,[43] podemos dizer que somos influenciados por fatores externos, que mudam nossos pensamentos a qualquer momento. E esse é o verdadeiro motivo que faz com que as fórmulas prontas não funcionem.

---

[43] PROPÓSITO. *In:* MICHAELIS. São Paulo: Melhoramentos, 2023. Disponível em: https://michaelis.uol.com.br/moderno-portugues/busca/portugues-brasileiro/proposito/. Acesso em: 26 dez. 2023.

**SENDO ASSIM, A IMPREVISIBILIDADE HUMANA É FATOR FUNDAMENTAL QUANDO ESTAMOS FALANDO DE VENDAS E PESSOAS. ISSO PODE DIFICULTAR O SEU TRABALHO? SIM, MAS FAÇA COMO NÓS. OS DESAFIOS VENCIDOS EM CADA PROJETO FORAM NOS AJUDANDO A APRIMORAR E CONSOLIDAR OS QUATRO PILARES DO MÉTODO V4.**

Como um bom Cientista do Marketing Digital®, questione, repense, crie novos *playbooks*, meça resultados. Mas não desista. Você já tem o entendimento das ciências humanas – economia comportamental e neuromarketing – e um método em mãos testado e comprovado. Isso lhe dará segurança para rever seus parâmetros, criar novas estratégias e mudar quando não entregar o resultado esperado. Toda empresa que vende o faz sob os quatro pilares que compõem o método que apresentei, portanto, se você estiver insatisfeito com os seus resultados em vendas, revise as informações que veremos nos próximos capítulos. Provavelmente, existe uma falha no processo. E este livro vai ajudá-lo nesta tarefa, por isso, use-o como um *checklist* para revisar todo o seu processo de marketing.

Já destaquei nesta obra e volto a repetir: meu desejo é formar não um profissional operacional, mas um profissional estratégico, aquele que implementa um processo de vendas por meio da internet, trabalha de forma inteligente, gera mais resultado, tem mais valor, cobra mais caro sem, necessariamente, trabalhar mais. Quer ser esse profissional? Então, venha comigo que está na hora de aprender a colocar em prática cada um dos pilares do que vimos até agora.

"

# O MAIOR PROJETO SOCIAL DA HISTÓRIA É O CAPITALISMO. A GERAÇÃO DE RECEITA É O VEÍCULO PARA A MOBILIDADE SOCIAL. E ESSE É O PAPEL DO CIENTISTA DO MARKETING.

"

@denerlippert

# CAPÍTULO 6

# PRIMEIRO PILAR: AQUISIÇÃO

Imagine que eu encontro você e faço a seguinte proposta: "Então, eu acabei de voltar de São Paulo, e a turma do Iguatemi da Faria Lima me ofereceu uma loja sem custo de aluguel, bora montar um negócio comigo lá?" Essa proposta soa esquisita, mas, sabendo que o Iguatemi da Faria Lima é um dos melhores shoppings do Brasil, você vai ficar interessado, não é mesmo? Mas por que isso soa tão interessante, e o que tem a ver com tudo que vimos até aqui? Independentemente do varejo que escolhermos colocar naquele ponto, o negócio vai ter sucesso. É tanto fluxo, tanto fluxo de altíssima qualidade, que praticamente qualquer loja que colocarmos ali vai dar certo. Na cidade em que você mora deve ter uma loja horrorosa no centro, naquela rua mais clássica e mega movimentada, e que está sobrevivendo lá há 20 anos. Por quê? Porque o fluxo é tanto que os gestores podem fazer tudo errado, mas ainda dá certo.

Portanto, mais do que saber se o ponto é espaçoso ou bonito, você precisa saber como é a circulação de pessoas naquela rua ou naquele corredor, caso a loja esteja em um shopping. Isso é o tráfego que vai gerar a aquisição de público, isto é, o movimento de pessoas que passam pela sua loja a todo o momento. No marketing digital, a definição é a mesma. A diferença acontece pelo fato de não estarmos falando do espaço físico, mas do virtual. Já a movimentação se refere aos usuários que navegam pela página, seja em um site, um blog ou um perfil nas redes sociais. Um bom tráfego adquire leads – ou clientes potenciais – e permite ainda estreitar o relacionamento com eles, diferenciando um negócio do outro, fazendo com que valha mais que o concorrente. Ele é tão importante que é o ponto de partida de toda a estratégia de marketing e também o primeiro pilar do Método V4.

Você já se perguntou o que faz uma loja popular de bairro, que fica lotada o dia todo, ser mais lucrativa do que lojas gigantes do shopping? A resposta é o tráfego. O valor desses negócios está no número de pessoas que acessam esse local todos os dias.

Você pode ter o melhor negócio do mundo em suas mãos, mas, se não tiver tráfego que adquira público constante, fracassará. Você pode ter um negócio meia-boca, mas se ele tiver adquirido público, terá algum sucesso, nem que seja vendendo-o para o Facebook, como foi com o WhatsApp. Com certeza você já viu alguma loja caindo aos pedaços, com péssimo atendimento e ignorando todas as premissas de retenção de clientes, mas mesmo assim, funcionando por anos, certo? Ela se mantém aberta simplesmente porque tem o mais importante: pessoas passam por lá.

Foi por esse motivo que o WhatsApp foi vendido por 19 bilhões de dólares em 2014.[44] Nessa época, o aplicativo tinha 450 milhões de usuários ativos. Sete anos depois, em 2020, já eram 2 bilhões de usuários e, certamente, o aplicativo valia muito mais que o investido.[45] Com a sua audiência, que é a moeda mais importante do capitalismo, ele tem valor. Aliás, muito valor.

Um dos projetos em que atuamos ao longo desses anos e que é o exemplo perfeito disso é o Spotify. Se o aplicativo não tivesse a opção freemium, nunca teria acumulado mais de 300 milhões de usuários, o que permitiu que 150 milhões fossem pagantes. A divisão da aquisição para depois pensar a monetização é muito clara aqui nesse caso. Tanto que na nossa experiência atuando nesse projeto nunca fomos cobrados pela geração de receita. A empresa sabia que se nos cumpríssemos o objetivo de conseguir

---

[44] DA REDAÇÃO. Facebook compra app de mensagens instantâneas WhatsApp por 19 bilhões de dólares. **Veja**, 19 fev. 2014. Disponível em: https://veja.abril.com.br/tecnologia/facebook-compra-app-de-mensagens-instantaneas-whatsapp-por-19-bilhoes-de-dolares. Acesso em: 10 jan. 2021.

[45] REUTERS. WhatsApp atinge 2 bilhões de usuários. **Folha de S.Paulo**, 12 fev. 2020. Disponível em: https://www1.folha.uol.com.br/mercado/2020/02/whatsapp-atinge-2-bilhoes-de-usuarios.shtml. Acesso em: 10 jan. 2020.

mais usuários, o próprio aplicativo monetizaria uma parcela deles, o que o mercado hoje chama de Product Led Growth (PLG).

Outra categoria de negócio muito relevante na V4 são os bancos. Qual você pensa que é o retorno sobre o investimento em mídia (ROAS) direto de uma campanha para o mercado financeiro, sendo que o cliente não paga nada para abrir uma conta na XP, por exemplo? O retorno direto é zero. O banco foca adquirir novos correntistas, e a monetização dessa base vai ser tratada mais para frente na jornada e também logo mais neste livro.

E não estou falando algo abstrato. Testar o impacto da aquisição é muito simples. Experimente colocar no ar uma loja virtual com os melhores produtos e a melhor tecnologia, mas sem qualquer esforço de aquisição. Nem preciso pensar muito para falar o resultado: ela não venderá. Ficará perdida em meio a tantas outras lojas virtuais que existem na internet. Mas experimente fazer um post dos produtos que estão na loja virtual e usar o mesmo valor que aplicou em tecnologia para propagar o alcance desse post dentro da rede. Em poucas horas, você terá mensagens de pessoas interessadas em comprar seus produtos. Isso acontece porque você aumentou o esforço de aquisição da página. Obviamente, o resultado dependerá dos seus esforços também nas outras estratégias que estimulam a venda, entretanto, a aquisição é importantíssima nessa equação. Por isso, a primeira etapa que um Cientista do Marketing Digital® precisa dominar é a geração de aquisição de um negócio.

Com isso em mente, nós mudamos na V4 a forma que avaliamos o time de vendas, por exemplo. Primeiro, mudamos o nome dele para time de aquisição, já que o objetivo quando um lead chega para falar com nosso time de vendas, e ele ainda não é um cliente ativo na V4, é tirar o máximo de dinheiro desse cliente. Mas antes é preciso checar se ele é um cliente com potencial de Lifetime Value, e fazemos isso a partir, principalmente, do tamanho do faturamento da empresa. Em seguida devemos fazer com que o lead compre o melhor produto para ele, não importa a margem ou a receita que isso vai gerar no longo prazo, pode até dar prejuízo no curto prazo para a V4. O objetivo aqui é adquirir uma base boa para a empresa monetizar com um outro time de vendas que atua só na base de clientes ativos, de que falaremos no terceiro pilar.

Não avaliamos esse time de aquisição pela receita que ele traz em MRR (receita recorrente mensal), mas pelo faturamento dos clientes que ele traz. Criamos uma pontuação por faixa de faturamento, por exemplo: a empresa que fatura até R$ 5 milhões/ano vale 5 pontos; uma que fatura entre R$ 5 milhões e R$ 10 milhões vale 10 pontos; entre R$ 10 milhões e R$ 50 milhões, 30 pontos; entre R$ 50 milhões e R$ 100 milhões, 50 pontos. Assim, no final do periodo de avaliação, olhamos para quantos pontos o Account Executive fez, mostrando a qualidade da base de clientes que ele adicionou na empresa, sem considerar a receita e a margem no curto prazo.

Com isso você vai perceber que quem masteriza que o objetivo é adquirir uma base sem necessariamente monetizá-la no curto prazo consegue, muitas vezes, vários diferenciais competitivos. O próprio Nubank, quando começou, tinha um único produto, que era o cartão de crédito. Sem ser banco na época, o produto era péssimo do ponto de vista de *unit economics*, mas, do ponto de vista de um produto bom para adquirir base, ele era excelente. Com o passar do tempo, o Nubank pegou essa base adquirida com um produto financeiramente ruim e passa a oferecer produtos mais lucrativos para a empresa. Produtos que foram desenvolvidos enquanto se adquiria essa base de clientes.

Em casos de extremo sucesso dessa estratégia, a empresa consegue alcançar o Walled Garden (Jardim Murado), situação em que atrai os clientes para um jardim muito bonito, que na prática é um prejuízo para a empresa no curto prazo, mas, uma vez dentro desse jardim, o cliente percebe que ele é murado e não consegue mais sair dali. É nessa hora que a empresa inverte o prejuízo do culto de aquisição e estica o CLV do cliente ao máximo. O maior exemplo disso na história do capitalismo é a Apple.

## CANAIS DE AQUISIÇÃO

Existem diversos canais em que você pode concentrar seus esforços para aumentar a aquisição: investir em marketing viral ou apostar em caminhos off-line, um bom trabalho de Relações Públicas, palestras e feiras de negócios. Outro canal para aumentar o tráfego e a aquisição são as vendas *outbound*, ou prospecção ativa, na qual o vendedor prospecta o cliente por telefone ou em visitas presenciais. Pode até parecer antiquado nos dias atuais, mas ligar para centenas de clientes para fazer vendas ou bater de porta em porta ainda dá resultado. Esse canal é vantajoso por dois grandes motivos: um deles é quando se tem um mercado endereçável muito restrito, como acontece em muitas empresas que vendem B2B ou B2G. Nesses casos, o *outbound* alinhado com estratégias de ABM (Account Based Marketing), que é o marketing focado em algumas poucas contas, tende a ser mais eficaz. Outro motivo é quando você não quer o risco de investir tanto sem alta probabilidade de retorno e tem a possibilidade de formar uma mão de obra para esse trabalho de vendas ativas com custos fixos baixos. Isso possibilita um custo de aquisição de cliente, que é controlado e pós-pago, o que favorece o seu fluxo de caixa, item esse que às vezes é mais importante do que um CAC baixo, já que a empresa pode não ter capital para sustentar um fluxo de caixa negativo. Um exemplo desse tipo de estratégia foi adotado pela rede de escolas de inglês Wise Up. Ela nasceu em 1995, em uma sala alugada no Rio de Janeiro, e cresceu durante quase vinte anos por meio de vendas ativas, até ser vendida, em 2013, por quase 1 bilhão de reais.[46]

Apesar dos resultados satisfatórios, as aquisições *outbound* podem demorar para dar resultado. E tempo custa dinheiro, principalmente na era digital, em que a internet tem potencial gigantesco para fazer as vendas acontecerem. Portanto, em muitos casos, o melhor é investir em estratégias digitais para aumentar tráfego e conseguir adquirir mais. Como já falamos, o mundo é não linear, e uma presença digital influencia diretamente na taxa de sucesso de uma estratégia de *outbound*. Entre as várias estratégias possíveis, cinco são usadas com mais frequência: SEM; SEO; Social e Display Ads; blogs nichados e influenciadores; e programa de afiliados. Explicarei cada uma delas a seguir, entretanto, antes de começarmos, acho importante ressaltar que canais, ferramentas e estratégias mudam a todo momento. Ano que vem ou em alguns meses, pode surgir algo novo, e o objetivo é estar atento a essas novidades.

---

[46] BERNARDO, J. V. Fundador da Wise Up transforma empresa em mina de dinheiro. **Forbes**, 20 jul. 2019. Disponível em: https://forbes.com.br/escolhas-do-editor/2019/07/fundador-da-wise-up-transforma-empresa-em-mina-de-dinheiro. Acesso em: 10 jan. 2020.

Por isso, o Cientista do Marketing Digital® deve sempre ficar de olho nas movimentações do mercado e pesquisar muito sobre o assunto. Também vale sempre consultar os manuais ou centrais de ajuda das próprias ferramentas, como Facebook e Google, para se atualizar das métricas e estratégias. Mantenha-se um eterno aprendiz, pois este é o único caminho para a perenidade nesse mercado. Sabendo disso, vamos entender como funcionam os principais canais.

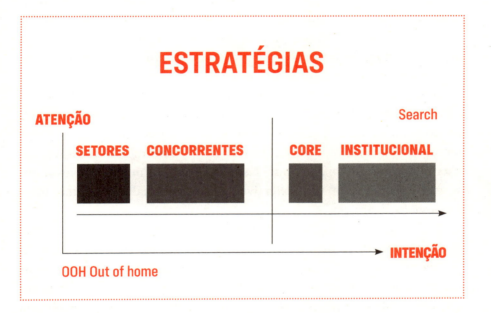

Antes de escolher quais canais de aquisição você vai priorizar, é importante pensar na sua relação de intenção e atenção do público conforme o quadrante acima.

Em um eixo, você tem muita ou pouca atenção, e, no outro, muita ou pouca intenção. Qual combinação tende a trazer mais clientes mais rápido? No quadrande superior direito estão os clientes que querem, têm intenção e estão prestando atenção. Um exemplo é SEM ou SEO: clientes que estão pesquisando nos mecanismos de busca estão prestando atenção e querendo o produto. Agora, o que queremos evitar são canais que estão no quadrante inferior esquerdo. Exemplo: outdoor e panfleto. Ninguém quer algo especificamente quando avista um outdoor. Então, na maior parte dos casos, não vai fazer sentido priorizar isso. Lógico que o contexto é rei aqui, e cada caso é um caso. Vamos tomar o Uber como exemplo. Para o aplicativo, um outdoor em aeroporto pode fazer muito sentido, pois está diretamente ligado ao principal caso de uso do produto pelo consumidor, que é o deslocamento logo após o desembarque.

Analisando outros casos de uso, pense em uma campanha em redes sociais, como o Instagram. Neste canal, o usuário pode não ter uma alta intenção inicial, pois está lá majoritariamente para se entreter e socializar. No entanto, quando bem segmentadas e com um conteúdo envolvente, essas campanhas podem capturar a atenção dos usuários e, eventualmente, gerar uma intenção de compra. Este seria um quadrante de alta atenção, mas intenção variável.

Dentro do universo dos casos de uso, temos que pensar neles como histórias detalhadas que descrevem como um produto ou serviço é usado no contexto da tarefa de um cliente. Eles não são apenas descrições técnicas, mas retratos da jornada do cliente. No mundo do software, por exemplo, um caso de uso pode descrever como um usuário acessa um serviço específico em um aplicativo, passo a passo, detalhando as interações e expectativas.

Outro exemplo é o e-mail marketing direcionado para clientes que já mostraram interesse em um produto, mas não finalizaram a compra. Eles já têm uma intenção evidente, mas o e-mail serve para recapturar sua atenção, destacando um caso de uso específico para o produto em questão. Pode ser uma descrição de como o produto facilita uma tarefa diária, ou talvez como ele se encaixa em um estilo de vida desejado.

A televisão, por sua vez, pode ser um canal de alta atenção quando se trata de um programa popular ou evento ao vivo, mas a intenção pode ser baixa. Aqui, o poder de um comercial que destaca um caso de uso específico com que as pessoas se identificam pode transformar um telespectador desinteressado em um cliente potencial.

Cada interação ou ponto de contato em sua estratégia de aquisição deve, idealmente, alinhar-se com um ou mais casos de uso, mostrando claramente ao cliente como o produto ou serviço se encaixa em sua vida e resolve seus problemas. Além disso, entender profundamente os casos de uso do seu produto pode revelar oportunidades para novos produtos, serviços ou melhorias, baseando-se diretamente nas necessidades e desejos do cliente e ampliando oportunidades de expandir o CLV (valor do cliente no tempo).

Em resumo, ao planejar a estratégia de aquisição e escolher os canais, a incorporação e compreensão dos casos de uso é fundamental. É questão de não apenas alcançar as pessoas, mas comunicar-se de modo que mostre claramente como seu produto ou serviço enriquece a vida delas.

Sabendo disso, a seguir vamos entender como funcionam os principais canais, em ordem de prioridade e com base no nosso esquema de priorização de atenção *versus* intenção.

## 1. Search Engine Optimization (SEO)

São as ações que você executa para que sua página apareça mais facilmente no Google e em outros mecanismos de busca, como o Bing e até no YouTube. Como é um tráfego orgânico, ou seja, você não paga para ter esse privilégio, a maneira de aparecer antes de outros na busca de termos relacionados ao seu negócio é tentar manipular o algoritmo.

O problema do SEO é que você precisa de tempo para otimizar as suas páginas e tornar seu conteúdo relevante, portanto, ele demora para dar resultado. Por outro lado, uma vez que esse objetivo é atingido, é possível aparecer mais vezes para os usuários e com custo zero.

Uma das principais maneiras de enganar o sistema é por meio da publicação de conteúdo. Isso porque o Google usa algoritmos para apresentar os melhores resultados para cada busca, com base, principalmente, no conteúdo que o site tem. Critérios como volume, formatação e frequência com que as palavras-chave (termos que se repetem e que são usados pelos usuários quando buscam um assunto na internet) aparecem no título, resumo e conteúdo da página são fundamentais para o bom posicionamento.

Esse conteúdo relevante pode ser compartilhado por meio de um blog ou pelas redes sociais, além do YouTube. A rede de vídeos é um dos melhores ambientes para se trabalhar, porque você não precisa se preocupar com aspectos tecnológicos para colocar o conteúdo no ar, apenas precisa dominar o que vai falar. Outra vantagem é que é mais fácil atrair usuários para assistir a vídeos de cinco a dez minutos do que para ler artigos com cerca de 2 mil palavras. Uma estratégia que costuma dar certo é usar os vídeos e associá-los aos textos. Na V4, nós produzimos os vídeos como conteúdo principal, o *core*, e depois os transcrevemos para o nosso blog. Dessa maneira, conseguimos alcançar um tráfego ainda maior e agradar tanto quem gosta de vídeos como quem prefere ler o conteúdo.

Mas dá para sair produzindo qualquer conteúdo? É claro que não. Você precisa dominar o assunto e criar algo que realmente se diferencie do que já existe e que interesse ao usuário. Não dá para falar sobre o que você quer, é preciso falar sobre o que o seu público quer ouvir ou ler. Você pode abordar assuntos que são importantes no seu mercado ou falar de algo que está chamando a atenção e que todos estão comentando naquele momento, os chamados assuntos quentes. Para não errar nesse conteúdo e perder tempo produzindo algo que não chamará a atenção do usuário, o melhor é fazer pesquisas para descobrir temas.

E como fazer a pesquisa? **A maneira mais simples é perguntando, por meio de enquetes pelas redes sociais.** Também dá para usar o Google Trends (ferramenta do Google que mostra o volume de buscas por determinados temas, separados por região ou categoria); o planejador de palavras-chave (ferramenta do Google Ads que mostra o número absoluto de buscas por determinado termo baseado no histórico da plataforma); o answerthepublic.com (que entrega para qualquer termo que você quiser, em diversas línguas, uma série de sugestões de pautas prontas baseadas nas buscas dos usuários); ou pesquisar o que perfis do mesmo segmento que o seu estão produzindo por meio do Semrush, Moz ou Ahrefs, que dão informações dos sites concorrentes.

Uma vez definido o tema do seu conteúdo, desenvolva o roteiro e a estrutura do assunto que vai abordar. Ele deve ser dividido em três atos: começo, meio e fim. Pode parecer simples, mas era exatamente assim que Steve Jobs preparava as apresentações da Apple.[47] Para cada ato, determine um objetivo. Vou dar alguns exemplos.

---

[47] 18 TÁTICAS para fazer uma grande apresentação como Steve Jobs. **Época Negócios**, 29 out. 2012. Disponível em: https://epocanegocios.globo.com/Inspiracao/Carreira/noticia/2012/10/18-maneiras-de-fazer-uma-apresentacao-como-steve-jobs.html. Acesso em: 11 jan. 2020.

"

**TAMBÉM USE UM APELO EMOCIONAL. EMOÇÕES COMO RAIVA, ALEGRIA, MEDO, TRISTEZA, NOJO E AMOR SEMPRE GERAM CLIQUES.**

"

@denerlippert

**Primeiro ato:** trazer um contraste; **segundo ato:** mostrar um passo a passo; **terceiro ato:** fazer um *call to action* – o famoso "clique aqui para saber mais, cadastre-se, ganhe um e-book, torne-se membro da nossa comunidade". Lembre-se de criar conexão com o seu público logo no início e de trazer novidades. Se você apresentar as mesmas coisas que as pessoas já veem com frequência em outros sites ou blogs, o cérebro vai ignorar aquela informação que deixará de ser atrativa para o usuário. Também use apelo emocional. Emoções como raiva, alegria, medo, tristeza, nojo e amor sempre geram cliques.

Além do conteúdo, outra maneira bem interessante de construir audiência orgânica é fazendo com que links externos apontem para o seu site. Essa ação, chamada *link building*, acontece quando um site ou um portal relevante dá uma informação e coloca o link do seu site nessa página. Quanto mais vezes isso acontecer, mais chances de seu site aparecer organicamente nas primeiras colocações de busca.

Por trás disso está o PageRank, algoritmo utilizado pelo Google para posicionar sites entre os resultados de suas buscas e medir a relevância de páginas. Ele vasculha a internet, de link em link, construindo uma base de dados e classificando os resultados mais relevantes para os usuários. A lógica é bem simples: se muitos sites ou páginas importantes linkaram o seu canal em uma publicação, o algoritmo entende que o seu domínio deve ter alguma relevância, significando claramente uma transferência de autoridade. Portanto, construir o máximo de links de qualidade para ser relacionado ao seu negócio o tornará mais relevante para o algoritmo. Daí, suas chances de aparecer nos primeiros lugares da busca aumentam cada vez mais.

Entretanto, isso é um grande desafio, porque conseguir um link não é fácil e não há garantia de que você conseguirá se ranquear. Há perfis que pagam *guest post* (artigos de convidados e conteúdo trocado com outros sites) para, teoricamente, conseguir mais links. Eu não acho que esse investimento valha a pena, pois existem outras ações que podem ser tomadas e funcionam melhor.

A primeira delas é construir links ancorados em sites pequenos dentro de áreas com baixo PageRank e utilizar ferramentas como o Dino. com.br para impulsionar essas postagens. O Dino e outras ferramentas como ele funcionam como propulsores de conteúdo para melhorar a visibilidade dos links que você está fazendo e, assim, ranquear melhor as publicações nas ferramentas de busca. Eles publicam os seus artigos automaticamente em sites de grande acesso e distribuem esse conteúdo para um *mailing* de jornalistas, otimizando a visualização e divulgando com mais intensidade o que foi publicado. Além de ser uma tática simples, é também um investimento de baixo custo e com bom resultado.

A segunda alternativa é se oferecer como produtor de conteúdo para outros blogs. Você escreve um artigo no seu blog e coloca links para cerca de dez sites como fontes e citações ao longo do seu texto. Depois, envia esse artigo por e-mail para todos os portais que você citou, se apresentando, informando sobre a citação e se colocando à disposição para escrever uma versão exclusiva do artigo, mostrando que o conteúdo pode ser relevante para a audiência dele. Isso aumenta a sua rede de contatos e traz bons resultados para a visibilidade da sua página.

Por fim, a terceira tática é uma das ações mais caras e demoradas, que é a assessoria de imprensa. Esse tipo de empresa tem relacionamento com os veículos de mídia e consegue produzir pautas relevantes para inserir o seu negócio na imprensa. Apesar de essas publicações não colocarem links para seu site, outros portais podem se interessar pelo conteúdo, e você também pode usar o que foi publicado na sua página de vendas, trazendo autoridade para o seu negócio, o que ajuda a aumentar o seu tráfego.

Em poucas palavras, podemos dizer que o SEO é uma maneira de ranquear o seu conteúdo para que você tenha uma visualização melhor nas ferramentas de busca, fazendo o seu tráfego aumentar e, consequentemente, o seu resultado. Neste tópico, deixei apenas algumas das alternativas para que você melhore essa métrica, entretanto, é importante ressaltar que esse cuidado deve ser tomado para que você atinja os seus objetivos.

## 2. Search Engine Marketing (SEM)

Search Engine Marketing ou SEM são aqueles anúncios pagos que aparecem nas primeiras colocações quando você faz uma busca de algum termo ou assunto no Google. Este é um dos mais populares canais de tráfego da internet e com resultado a curto prazo.

A precificação desses anúncios no Google Ads é baseada nos moldes de um leilão: quem paga mais leva mais. Você pode anunciar qualquer palavra-chave – ou *keyword* – dentro do sistema de busca do Google, e pode ser apenas uma palavra, como "encanador", ou uma combinação, como "tênis Nike".

O valor é cobrado por clique, também chamado de preço por clique (CPC, sigla em inglês para *cost per click*), e representa uma vantagem para o contratante, pois, se ninguém clicar, você não paga. O valor varia conforme o número de anunciantes daquele termo, sendo que quanto mais pessoas anunciarem a mesma palavra-chave, mais concorrida e cara ela se torna. Além do valor que você dá neste leilão virtual, o Google avalia outros fatores para saber se você tem mérito para aparecer nas primeiras colocações. O principal é a qualidade do anúncio e da página de destino. Portanto, investir em SEM pode ser uma boa alternativa principalmente para quem procura resultados no curto prazo, mas é preciso ficar atento: não basta colocar toda a sua grana em marketing para dar o maior valor no leilão, você tem de investir no seu site também. Se ele está desorganizado, demora para carregar, o conteúdo não está alinhado com a palavra-chave buscada, as pessoas não ficarão muito tempo nele depois da busca, você está jogando dinheiro no ralo.

### 3. Marketplaces e Retail Ads

Dentro do vasto universo dos canais de aquisição, os marketplaces surgem como uma poderosa opção. Para quem é leigo no assunto, marketplaces são plataformas on-line onde vários vendedores oferecem seus produtos ou serviços, em um espaço compartilhado, similar a um shopping center virtual. Amazon, eBay e Mercado Livre são exemplos populares. Mas por que esse canal é tão relevante na lógica de priorização que discutimos? Vamos explorar os potenciais dele.

》 **Alto tráfego e visibilidade: marketplaces já possuem uma base estabelecida e frequente de consumidores. Isso significa que, ao listar um produto ou serviço ali, ele é instantaneamente exposto a um vasto público, aumentando as chances de venda.**

>>> **Intenção de compra:** diferentemente de um usuário casual navegando nas redes sociais, visitantes de marketplaces geralmente já estão no modo de "compra", com uma intenção clara. Eles estão ali para pesquisar, comparar e adquirir produtos ou serviços.

>>> **Confiança e credibilidade:** muitos consumidores se sentem mais confortáveis comprando através de marketplaces renomados devido à segurança percebida, políticas de devolução e avaliações de outros compradores.

>>> **Redução de barreiras de entrada:** para novas empresas ou marcas, estabelecer um site de e-commerce próprio pode ser caro e desafiador. Marketplaces oferecem a infraestrutura necessária, facilitando o processo de venda on-line.

>>> **Casos de uso variado:** dependendo do produto ou serviço, diferentes marketplaces podem ser mais adequados. Por exemplo, restaurantes vão preferir plataformas como Rappi e iFood, enquanto vendedores de eletrônicos vão se inclinar para a Amazon ou Mercado Livre. Cada plataforma atrai um tipo específico de consumidor, muitas vezes já alinhado com um caso de uso particular do produto.

No entanto, é fundamental considerar que os marketplaces também têm suas particularidades. Eles cobram comissões sobre as vendas, e a competição dentro da plataforma pode ser intensa. Além disso, o relacionamento direto com o cliente é, em certa medida, intermediado pelo marketplace, o que pode limitar as oportunidades de branding e ampliação do CLV.

Em conclusão, os marketplaces, como canal de aquisição, apresentam um potencial significativo, especialmente para empresas e vendedores que desejam menor risco, já que o custo de aquisição é todo pós-pago, mas aqui é importante tomar cuidado. Os marketplaces não querem que você os desentermediem. Por essa razão, a porcentagem que você paga para ele caso sempre venda para aquele cliente acaba se tornando CMV (custo da mercadoria vendida) e vai afetar mais a sua linha de SG&A (despesas administrativas, de vendas e gerais) do que se você tivesse usando esse valor em canais onde conseguiria fazer mais vendas para esse cliente sem ter que investir novamente para cada uma delas acontecer. Caso você consiga usar o marketplace como um CAC, exemplo típico são as OTA (Online Travel Agency) como o Booking. Lá o cliente conhece a sua empresa e, nas próximas compras, você disponibiliza um motor de reservas próprio, com taxa menor, assim poderá tornar seu CLV muito mais expressivo.

Ainda dentro do marketplace, um opção mais recente são os chamados Retail Ads, que nada mais são que um extensão natural do motivo que fez esses sites se tornarem o que são: sua gigante audiência. E ela agora pode ser acessada através da compra de anúncios dentro da plataforma, o que já fez a Amazon se tornar a terceira maior empresa de mídia digital, só perdendo para o Google e o Facebook. A lógica desse canal funciona na mesma linha da mídia programática que vou explicar melhor para você ao longo deste capítulo.

## 4. Retargeting

À medida que mergulhamos mais fundo nos canais de aquisição e nas estratégias que potencializam o alcance e a conversão, o retargeting (ou remarketing) se destaca como uma abordagem altamente eficaz. Mas, o que é retargeting e por que ele é tão importante?

Para simplificar, imagine que você visita uma loja on-line e observa um par de sapatos de que gosta, mas, por alguma razão, decide não comprá-lo naquele momento. Dias depois, enquanto está navegando em outro site ou rede social, você vê um anúncio para aquele mesmo par de sapatos. Esse é o retargeting em ação.

Imagina que depois de ter empregado todos os itens anteriores mais todos os outros que você já faz no seu negócio, quantos clientes você já adquiriu, mas dos quais ainda não converteu a atenção, que não converteu em um *app install*, um lead ou até mesmo uma primeira venda? Essa é a oportunidade que temos aqui. Agora, vamos contextualizar os potenciais desse canal:

> **》》 Reengajamento de clientes potenciais: nem todo cliente está pronto para comprar na primeira visita. O retargeting permite que marcas**

reconectem-se com usuários que demonstraram interesse, mas não finalizaram uma ação desejada, seja uma compra, inscrição ou qualquer outro objetivo.

≫ **Maximização do ROI de publicidade:** ao focar indivíduos que já mostraram interesse, o retargeting geralmente obtém taxas de conversão mais altas do que campanhas publicitárias genéricas, tornando o investimento em publicidade mais eficiente.

≫ **Segmentação precisa:** as campanhas de retargeting podem ser altamente segmentadas. Por exemplo, uma marca pode criar campanhas diferentes para usuários que abandonaram o carrinho de compras, visitaram uma página específica ou pesquisaram um termo particular.

≫ **Lembrança de marca:** mesmo que o usuário não converta imediatamente após ver um anúncio de retargeting, a repetida exposição à marca ou produto aumenta a lembrança e fortalece seu reconhecimento.

≫ **Casos de uso personalizado:** com base no comportamento do usuário, os anúncios de retargeting podem ser personalizados para mostrar casos de uso específicos do produto ou serviço que podem ser mais relevantes para aquele indivíduo.

Porém, como toda estratégia, o retargeting deve ser usado com moderação e precisão. Excesso de exposição pode levar à "fadiga de anúncio", na qual os usuários se tornam insensíveis ou irritados com os anúncios repetitivos. Além disso, é crucial garantir que os dados dos usuários sejam manuseados com privacidade e em conformidade com as regulamentações.

Em resumo, o retargeting é uma ferramenta poderosa no arsenal de marketing, permitindo que as marcas se reconectem e reengajem com um público que já mostrou interesse. Com uma execução cuidadosa e consideração pelo usuário, pode ser uma estratégia altamente eficaz para impulsionar conversões e estender o CLV.

Só que para conseguir executar o canal de retargeting, temos a premissa de que você conhece a tecnologia de mídia programática.

## Mídia progmática

A mídia programática é a automação da compra e venda de espaços publicitários on-line, geralmente ocorrendo em tempo real. Ao contrário dos métodos tradicionais, que envolvem negociações manuais e seleção de espaços, a mídia programática usa softwares e algoritmos para otimizar essa aquisição. O grande diferencial aqui é a capacidade de direcionar anúncios a públicos específicos com base em dados e comportamentos, assim como os casos de uso discutidos anteriormente. Portanto, em vez de um anúncio genérico atingindo uma ampla audiência, a mensagem pode ser personalizada e exibida para um usuário que já mostrou, por exemplo, interesse em produtos ou serviços semelhantes, potencializando ainda mais as estratégias de retargeting e maximizando o valor do ciclo de vida do cliente.

Na mídia programática você também precisa escolher os "placements", que são os espaços específicos onde os anúncios podem ser exibidos. Esses placements são diversificados e abrangem uma ampla gama de formatos e plataformas. Alguns dos mais comuns em mídia programática incluem:

» **Display/web banners:** são os anúncios gráficos padrão que você vê em sites, variando em tamanho e formato, como leaderboard, skyscraper, rectangle, entre outros.

» **Vídeo:** anúncios em vídeo que podem aparecer antes (pre-roll), durante (mid-roll) ou depois (post-roll) de conteúdos em vídeo em plataformas como YouTube, Vimeo e sites de notícias.

» **Mobile:** anúncios especialmente formatados para dispositivos móveis, incluindo banners, vídeos e intersticiais que aparecem em aplicativos ou páginas web móveis.

» **Native Ads:** anúncios que se misturam ao conteúdo editorial do site, geralmente rotulados como "promovido" ou "patrocinado", mas que têm uma aparência e sensação semelhantes ao conteúdo ao seu redor.

>>> **Áudio:** anúncios veiculados em plataformas de streaming de música ou podcasts, como Spotify, SoundCloud e Apple Music.

>>> **Social media:** anúncios veiculados em plataformas de mídia social como Facebook, Instagram, Twitter, LinkedIn, entre outras. Estes podem ser em formato de post, stories, carrossel, entre outros.

>>> **Rich media:** anúncios interativos que podem incluir vídeo, áudio ou outros elementos que incentivam os usuários a interagir e se envolver.

>>> **Anúncios intersticiais:** aparecem entre as páginas ou seções de um aplicativo ou site, geralmente ocupando toda a tela.

>>> **Publicidade em CTV (Connected TV) e OTT (Over-the-Top):** anúncios em plataformas de streaming de vídeo, como Netflix, Hulu, Amazon Prime e outras que são acessadas via TVs conectadas ou dispositivos de streaming.

Ao selecionar placements para uma campanha de mídia programática, é essencial considerar o público-alvo, o objetivo da campanha e o tipo de conteúdo que será mais eficaz em cada espaço.

A tecnologia por trás da mídia programática permite uma segmentação refinada, nesse caso falamos especificamente da segmentação de retargeting, mas podemos usar a mídia programatica para outras segmentações, como veremos a seguir.

## 5. Lookalike: públicos semelhantes

Continuando nossa jornada pelos canais de aquisição e estratégias de marketing, é essencial destacar as campanhas de "lookalike" (semelhantes) como uma técnica avançada que se beneficia da análise de dados e da automação. Mas o que exatamente são campanhas de lookalike e como elas se encaixam no contexto que discutimos até aqui?

Campanhas de lookalike baseiam-se na identificação e segmentação de novos públicos que compartilham características, comportamentos e interesses semelhantes a um público já existente e valioso para uma marca. Em outras palavras, se você já tem um conjunto de clientes que considera ideal, as campanhas de lookalike permitem que você alcance outras pessoas que "se pareçam" com esse grupo ideal.

Dentro do mundo da mídia programática, onde a compra e segmentação de anúncios é altamente automatizada e baseada em dados, as campanhas de lookalike surgem como uma extensão natural. Utilizando plataformas avançadas, os anunciantes podem alimentar o sistema com informações sobre seus melhores clientes, e a plataforma identificará automaticamente novos segmentos de público que correspondem a esse perfil.

Além disso, ao considerar estratégias como retargeting, onde o objetivo é reengajar usuários que já mostraram interesse, as campanhas de lookalike funcionam como uma ponte para a aquisição de novos clientes. Se o retargeting busca reconectar-se com quem já demonstrou interesse, o lookalike busca encontrar novos indivíduos que possivelmente terão os mesmos interesses.

Refletindo sobre a importância dos casos de uso discutidos anteriormente, as campanhas de lookalike podem ser ainda mais eficazes quando alinhadas a cenários específicos. Por exemplo, se uma marca observou que um segmento de clientes frequentemente compra produtos de uma determinada categoria, as campanhas de lookalike podem ser usadas para encontrar novos clientes com inclinações semelhantes.

As campanhas de lookalike representam uma fusão da tecnologia moderna com a sabedoria tradicional de marketing que sugere que os melhores novos clientes são aqueles semelhantes aos melhores clientes atuais. Integrando esta abordagem às estratégias de mídia programática, retargeting e compreensão de casos de uso, os anunciantes podem não apenas melhorar o alcance e a relevância de suas campanhas, mas também otimizar a eficiência de seus gastos em publicidade, garantindo que a mensagem certa chegue às pessoas certas no momento certo.

## 6. Interesses amplos e mais programática

A mídia programática revolucionou a forma como a publicidade digital é negociada e entregue, transformando-se em um mundo de automação, precisão e eficiência sem precedentes. Mas, para realmente entender esse domínio, precisamos desvendar seus componentes-chave:

- » **DSP (Demand Side Platform):** plataforma que facilita a compra automática de anúncios para os anunciantes. Temos como exemplo o Google Display & Video 360.

- » **SSP (Supply Side Platform):** ferramenta para editores venderem espaço publicitário automaticamente. O Google Ad Manager é um exemplo dessa ferramenta.

- » **Ad Exchange (bolsa de publicidade):** é um mercado digital em tempo real para comprar e vender inventário de mídia. Temos como exemplo disso o DoubleClick da Google.

- » **Ad Network (rede de publicidade):** empresa que atua como intermediária, conectando anunciantes a sites e aplicativos relevantes. Temos como exemplo o Google AdSense.

- » **DMP (Data Management Platform):** plataforma que coleta e organiza dados de várias fontes para melhor segmentação dos anúncios. O Oracle BlueKai é um exemplo desse tipo de plataforma.

- » **CDP (Customer Data Platform):** foca os dados do cliente para criar um perfil unificado e proporcionar experiência personalizada. Temos como exemplo o Segment.

- » **Trading Desk:** serviço, muitas vezes gerenciado por agências, especializado em otimizar compras de mídia programática. O Xaxis do grupo WPP é um exemplo desse tipo de serviço.

**»** **Viewability e Brand Safety Tools: ferramentas que garantem a visibilidade dos anúncios e que eles apareçam em contextos seguros e relevantes. Como o exemplo: Integral Ad Science.**

O Google, além de ser um motor de busca dominante, é uma potência em mídia programática com ferramentas como Google Display & Video 360 (DSP), Google Ad Manager (SSP) e Google AdSense (Ad Network). Enquanto isso, o Facebook, uma das maiores plataformas de mídia social do mundo, possui uma plataforma publicitária robusta que abrange não apenas o Facebook, mas também o Instagram e o Messenger. Através da sua Audience Network, o Facebook expande seu alcance publicitário para além de sua plataforma principal, aproximando-se do modelo de rede de publicidade.

Com todo esse arsenal podemos segmentar praticamente tudo o que quisermos, selecionando características amplas do público como idade, gênero, região, selecionar páginas em que assuntos que esse público demonstrou interesse e que tem relação com os casos de uso identificados na sua base de clientes, e até mesmo automatizando tudo isso com integrações entre CDP e DMP com as DSPs.

Uma vez identificada uma aposta de segmentação ampla que possa fazer sentido no seu negócio, você vai selecionar os placements que já citamos e o local em que o anúncio vai aparecer para esse público amplo. O mais comum sendo o Social e Display Ads, clássicos anúncios gráficos que aparecem na internet, ou seja, imagens com informações sobre a sua empresa, produto ou serviço em formato de banner.

Grandes portais, sites e blogs podem optar por veicular anúncios por meio da mediação do Google AdSense e outras SSPs. O mais interessante nesse serviço é a possibilidade da veiculação de anúncios em sites de terceiros associados ao Google ou nos próprios ambientes do Google, como YouTube e Gmail. Além do Google, também dá para gerar tráfego por meio de display no Facebook. A vantagem dessa rede social é o número de informações que as pessoas fornecem para a plataforma, assim, os anúncios em display ganham uma efetividade incrível, pois a plataforma conhece os seus usuários e seleciona melhor quem o receberá, de acordo com o objetivo de quem contrata o serviço.

Mas, para essa estratégia ser efetiva, requer otimização constante. Ou seja, você precisa monitorar esses anúncios e renovar as estratégias ou implementar novos métodos para melhorar o que não está funcionando. Enquanto a campanha roda, cheque os indicadores de desempenho e acompanhe a evolução. Com base neles, você saberá quais anúncios estão convertendo e os melhores públicos. A partir dessas informações, você age, substituindo os anúncios ruins por outros, inspirados naqueles que funcionaram. A melhor periodicidade de adição de anúncios é semanal, visto que isso lhe dará tempo para testar e, consequentemente, reunir dados suficientemente confiáveis.

## 7. Blogs nichados de terceiros, influenciadores e eventos

A utilização desses meios como canal de tráfego é uma estratégia extremamente eficaz. Você pode anunciar em um blog que tenha relevância para o público que quer atingir, caso ele venda espaço de publicidade, ou pode usá-los como transferência de autoridade para a sua marca, dependendo da importância da página. Neste caso, o que você veicula não é um anúncio, mas um conteúdo pago, como um artigo. Assim, você mostra sua autoridade dentro de um site ou blog com muita audiência e, ao final do texto, coloca o link de seu serviço ou produto. Por exemplo: pense em uma empresa que comercializa roupas esportivas. Ela pode produzir um conteúdo que será publicado em um blog fitness com bastante relevância, mostrando as roupas mais adequadas para cada esporte, a melhoria de performance associada à roupa certa e mostrar os modelos de uma nova coleção. No fim do texto, coloca o link de sua loja virtual. Efetivo, não é mesmo? O leitor já estará com tudo: as informações, as comprovações e o link de compra para colocar em prática o que acabou de aprender.

O grande lance dos influenciadores ou mídias de nicho é não os usar apenas como uma ação de branding, mas como um canal. O ideal é que você consiga um retorno do investimento direto da ação ou consiga captar a audiência dele para poder usar por um período de tempo maior do que o da ação. Essa captação da audiência acontece quando o usuário do blog no qual você publicou o texto passa a seguir o seu perfil em uma rede social ou deixa o contato em um grupo de WhatsApp ou e-mail da sua marca, gerando, assim, um lead.

Um aspecto relacionado a isso com o qual você precisa tomar cuidado é não investir em um canal ou influenciador que tenha audiência, mas não engajamento. Falaremos mais sobre engajamento no próximo capítulo, entretanto, o alerta já pode ficar aqui. É muito comum encontrarmos perfis nas redes sociais com muitos seguidores, mas sem engajamento ou poder de infuência sobre a audiência. Nesse caso, é preferível que você invista em algum microinfluenciador com audiência menor, porém com grande influência sobre seu público.

Na V4 usamos muito esse canal não só para nós como para nossos clientes. Em 2023, por exemplo, começamos a patrocinar o PrimoCast, até então o podcast de negócios mais ouvido no Brasil. Só que em vez de o host Thiago Nigro somente falar da V4, nós começamos a fazer programas temáticos onde eu vou como convidado e levo comigo algum outro cliente ou influenciador do nosso meio, tirando muito mais proveito do canal.

Além disso em alguns nichos podemos considerar que um grande influenciador é os eventos daquele setor, seja uma CCXP, no contexto B2C, ou um VTEXDay, no contexto B2B. No caso da V4, chegamos a conquistar mais de R$ 450 mil de receita recorrente nova em um único trimestre oriunda de estratégia em eventos. O princípio dessa ativação é parecido com o que fazemos no Primo Cast, não basta apenas aparecer a marca no evento ou um simples stand sozinho, idealmente precisamos fazer parte do evento, seja como produtor ou como atração, colocando algum sócio como palestrante.

## 8. Programa de afiliados

Esse canal é semelhante ao anterior, muda apenas a maneira como você o explora. Em vez de contratar o influenciador ou criar uma campanha com um portal, você abre um canal de indicação de seus produtos para qualquer interessado. Esses indivíduos serão os responsáveis por criar novas campanhas e distribuir o conteúdo, usando Social Ads ou outra ferramenta, para indicar o seu produto ou serviço. Ou seja, outra pessoa anuncia por você. Quando uma venda é feita por meio do link do afiliado, ela ganha uma comissão por isso, como um vendedor virtual.

Uma boa estratégia é usar os próprios influenciadores como afliados. Em geral, é utilizado um cupom de desconto ou uma página específica para o afliado, em que cada compra pode ser rastreada e, assim, é possível que o negócio saiba exatamente de qual afiliado foi a venda e distribua a comissão.

A vantagem para a empresa é que ela deixa de ter um custo fixo ao contratar essas pessoas. Em vez de pagá-las para anunciar seus produtos, independentemente se as vendas vão aumentar ou não, você as paga a cada produto vendido por meio do seu blog ou rede social, ou seja, o valor a ser pago para o parceiro é proporcional às vendas realizadas.

## QUAL É O MELHOR CANAL?

Lembra quando falei que não existia receita de bolo? Pois é! Não tem como eu afirmar aqui, sem ver seu contexto, qual vai ser o melhor canal para você. Na prática, você vai precisar testar seguindo essas orientações e encontrar aquele que tem o melhor CLV. Caso você seja um assessor ou tenha múltiplas unidades de negócio, seus resultados também variarão bastante a depender do contexto, porque, nesse jogo, o contexto é rei.

Alguns profissionais de marketing digital apostam em um único canal como solução. Assim, colocam todas as suas fichas – ou a maioria delas – em SEO, por exemplo. Ou põem dinheiro em SEM, apostando atrair tráfego.

Até acho que o retorno pode acontecer, mas prefiro não seguir essa linha de pensamento. A explicação é simples: se minhas aquisições tiverem como fonte um único canal e, por algum motivo, outra rede social despontar, acabando com a que eu tinha boa parte das minhas aquisições, meu canal desaparecerá em um piscar de olhos. Isso significaria perda significativa de vendas para o negócio do dia para a noite. Isso mesmo. No digital, as mudanças se popularizam muito rápido. E perder suas vendas em 24 horas pode ocorrer, sim!

É justamente por esse motivo que sempre busco ter fontes diversificadas. É o mesmo que acontece em um investimento financeiro. Você não coloca todo o dinheiro que tem em um único ativo, mas diversifica seus investimentos para ter mais segurança. Assim, caso algum canal sofra uma desvalorização rápida, sua perda não será tão significativa. Essa busca pelo equilíbrio também acontece no marketing digital.

No momento de escolher quais canais serão usados – apostando na diversificação deles –, é preciso entender a relação entre o Lifetime Value (LTV) e o custo de aquisição de cliente (CAC), que vai gerar o nosso Customer Lifetime Value (CLV), do que falaremos a seguir.

## Custo de aquisição do cliente (CAC)

Calcular o custo de aquisição de um cliente (CAC) é vital para avaliar o ROI (Retorno sobre o Investimento) de suas campanhas de marketing. O ROI indica o benefício obtido em comparação ao investimento realizado. Ele é determinado pela relação entre o lucro proveniente desse investimento e seu custo inicial. Paralelamente, o ROI deve ser ponderado em relação à TIR (Taxa Interna de Retorno) do investimento em marketing e à taxa mínima de atratividade da empresa. É crucial entender que a TIR indica a rentabilidade projetada de um investimento. Já a taxa mínima de atratividade define o retorno mínimo esperado de um projeto. Esses conceitos ajudam a garantir que os esforços de aquisição estejam em sintonia com as metas financeiras de longo prazo da organização.

Neste ponto, você pode se sentir frustrado, pensando que, ao escolher estudar marketing, sua rotina seria passada no Photoshop. No entanto, a realidade aponta para o Excel. Esta é a vivência do Cientista do Marketing. Um livro intitulado "Contabilidade para marketeiros" seria um complemento ideal a este, mas, até o momento, não foi escrito. Entre as áreas complementares de conhecimento que você precisa dominar para adotar uma postura estratégica, e não meramente operacional, destaco as finanças. Vejo frequentemente profissionais de marketing confundindo conceitos básicos, como SG&A e COGS, ou desconhecendo totalmente temas como alocação de capital, a diferença de um DRE para um DFC, fluxo de caixa e payback. Se você se identifica com isso, sugiro que busque no YouTube vídeos explicativos sobre os termos com os quais não está familiarizado.

Compreender essas nuances é fundamental, especialmente quando consideramos que o marketing, em particular a aquisição, geralmente concentra um dos maiores orçamentos de uma empresa. Para que esse valor não seja meramente uma despesa, mas sim um investimento estratégico, não basta apenas afirmar nos corredores que marketing é investimento. É preciso comprovar. E, para isso, você deve dialogar com o diretor financeiro, entender a TIR da empresa e a taxa mínima de atratividade que as opções de investimento disponíveis oferecem. Assim, você pode almejar superá-las. E, devo ressaltar, muitas vezes, ultrapassar essas metas é mais simples do que parece – a questão é que muitos profissionais desconhecem como realizar os cálculos corretos.

Assim, CAC é a soma dos custos de marketing e custo de venda (como mídia e comissão de vendedores), divididos pelo total de novos clientes adquiridos em determinado período.

**CAC = (custo de marketing + custo de venda) / total de novos clientes**

**Exemplo:** um e-commerce de calçados investiu R$ 10 mil por mês em mídia e pagou R$ 8 mil em comissões de vendedores nesse mesmo período para adquirir 376 novos clientes. Somando a mídia, mais a comissão e dividindo pelo número total de clientes adquiridos, tenho um CAC médio de R$ 47,80.

Essa métrica é fundamental para que você saiba exatamente qual é o valor médio gasto na aquisição de cada cliente, considerando determinado período. Entretanto, ela sozinha não funcionará para que você entenda o investimento como um todo. Seguiremos, então, ao próximo tópico.

## CLV = LTV - CAC

LTV (Lifetime Value) é o principal indicador a ser encontrado para, por fim chegar ao Customer Lifetime Value (CLV), que é o valor que o cliente de fato gera para a companhia ao longo do tempo. O valor vitalício, em tradução literal, é uma métrica utilizada para calcular a média de valor que clientes trazem para o seu negócio. Em outras palavras, podemos falar que é o lucro bruto de um comprador durante todo o seu relacionamento com a empresa.

PRIMEIRO PILAR: AQUISIÇÃO

Essa é a equação geral do CLV:

$$CLV = \sum_{t=0}^{T} \frac{(Pt - Ct)}{(1 + i)^t} - CAC$$

* Pt = preço ao consumidor em t
* Ct = custo total de servir o cliente em t
* Rt = taxa de retenção em t
* AC = custo de aquisição
* T = horizonte de tempo para o CLV

Para chegar ao resultado do CLV, vamos precisar subtrair o CAC do LTV do cliente. Calcular o LTV é uma tarefa que envolve considerar não apenas as receitas projetadas de um cliente, mas também os custos associados e o valor do dinheiro no tempo. Em outras palavras é uma maneira de calcular quanto um cliente trará para sua empresa durante o tempo que ele permanecer como seu cliente. Imagine que você tenha uma loja, e quer saber quanto cada cliente que entra pela sua porta vale para você ao longo dos anos. Não apenas quanto ele gastará hoje, mas em todas as suas futuras visitas. Esse cálculo é chamado de LTV, ou Valor Vitalício do Cliente.

Pense no seguinte cenário: você é dono de uma loja de roupas, e um cliente chamado João entra e compra uma camiseta por R$ 50. Essa não é a primeira vez que João visita sua loja, e você sabe que ele provavelmente voltará. Então, surge a pergunta: "Quanto João valerá para minha loja durante toda a sua vida de compras?". Esse cálculo é o que chamamos de LTV. Saber esse número vai responder quanto precisamos projetar gastar em CAC para adquirir mais clientes como o João e comparar se esse LTV em relação ao CAC trás um ROI ou um CLV melhor que as opções disponíveis, comparando a taxa mínima de atratividade que você discutiu com o diretor financeiro ou que você mesmo comparou com as demais opções do negócio e do mercado.

Parece complicado? Vamos entender juntos:

$$LTV = \sum_{t=0}^{T} \frac{(P_t - C_t)}{(1 + r_t)^t} - CAC$$

- $p_t$ representa o preço pago pelo consumidor no período específico t, indicando a receita gerada por esse cliente. Imagine que seja o valor que João gasta em um determinado momento. Se em janeiro ele gastou R$ 50; em fevereiro, R$ 80; e em março, R$ 70, esses são os valores de $p_t$ para cada mês. Somados vão nós dar um ARPU (Avarege Revenue Per User) de R$ 200,00.

- $c_t$ corresponde ao custo total de servir esse cliente no mesmo período t. Isso pode abranger despesas como suporte ao cliente e outros custos operacionais relacionados. Normalmente, a empresa o visualiza através da sua margem de contribuição (Gross Margin).
- $r_t$ é a taxa de desconto aplicada no período t, refletindo o valor do dinheiro ao longo do tempo. É usado para ajustar os fluxos de caixa futuros ao valor presente. O dinheiro hoje não tem o mesmo valor que terá daqui a cinco ou dez anos. Pense na inflação. O que R$ 50,00 compra hoje não será o mesmo que comprará em 2030. Este conceito, chamado "valor do dinheiro no tempo", é o $r_t$. Se você pagou R$100,00 para adquirir um cliente que vai trazer uma margem de contribuição de R$ 878,00 ao longo de trinta meses, você precisa trazer esses 878 para o presente (Valor Presente Líquido, VPL). A depender do tempo e da taxa de desconto a que a inflação está suscetível, pode ser que mesmo tendo um valor maior que o CAC, no tempo, ele pode não pagar o custo de aquisição porque foi deteriorado pela inflação
- **CAC** é o custo de aquisição do cliente, que foi explicado anteriormente, e toda essa conta aqui é para saber se fizemos um bom negócio pagando esse valor pelo cliente.
- **t e T:** o primeiro representa cada período individual no horizonte de tempo, enquanto T é o horizonte total para o qual você deseja calcular o LTV. Basicamente, estamos olhando para cada momento (ou período) em que o cliente faz uma compra e somando tudo até o último período que estamos considerando. Aqui, olhamos para cada compra de João (cada "momento") e somamos tudo.

Então, basicamente, pegamos o que o cliente paga menos o que gastamos para atendê-lo, consideramos como o valor do dinheiro muda ao longo do tempo, e depois subtraímos o que gastamos para atraí-lo inicialmente. O resultado nos mostra quanto vale esse cliente ao longo do tempo.

A beleza do LTV é que ele nos dá uma visão mais profunda. Não se trata apenas do que ganhamos hoje, mas do valor total que um cliente trará. E isso é crucial para decidir quanto gastar para atrair novos clientes e garantir que o negócio cresça de forma saudável.

Imagine que em um período de 3 meses o dinheiro perde 5% de seu valor a cada mês (essa é uma taxa exagerada para fins de exemplo), é o conceito da "taxa de desconto".

1. Janeiro:
   - João comprou (Receita): R$ 50,00
   - Custo da camiseta (COGS): R$ 20,00
   - Lucro (Gross Margin): R$ 30,00
   - Como janeiro é o primeiro mês, ou seja, o mês zero, tempo zero, não precisamos descontar.

2. Fevereiro:
   - João comprou (Receita): R$ 80,00
   - Custo dos produtos (COGS): R$ 30,00
   - Lucro (Gross Margin): R$ 50,00
   - Agora, considere a perda de valor de 5%. Isso significa que R$ 50,00 em fevereiro valem apenas: $R\$ 50 \div (1 + 0,05) = R\$ 47,62$. no valor de janeiro.

3. Março:
   - João comprou (Receita): R$ 70,00
   - Custo dos produtos (COGS): R$ 25,00
   - Lucro (Gross Margin): R$ 45,00
   - Aqui, temos dois meses de desconto: $R\$ 45 \div (1 + 0,05)^2 = R\$ 40,82$ no valor de janeiro.

Total de receita sem taxa de desconto: R$ 50 + R$ 80 + R$ 70 = R$ 200,00

LTV Total de Lucro (ajustado para o valor de janeiro): R$ 30 (janeiro) + R$ 47,62 (fevereiro ajustado) + R$ 40,82 (março ajustado) = R$ 118,44.

Custo de aquisição (CAC): R$ 200,00.

Então, para calcular o CLV agora, subtraímos o CAC do LTV:

LTV-CAC = R$ 118,44 - R$ 200,00 = -R$ 81,56

Neste exemplo simplificado, o delta do LTV/CAC, ou seja o CLV, de João seria de -R$ 81,56 ao longo de três meses. Isso significa que, considerando o custo de aquisição e os custos de produção, a loja está tendo prejuízo com João, sem perspectivas de breakeven. Para tornar o relacionamento lucrativo, a loja precisaria aumentar a retenção e a frequência de compra de João, reduzir o CAC e/ou os custos de produção.

Mesmo sendo evidente que a loja está tendo um prejuízo em sua relação com ele. No entanto, para compreender totalmente a eficácia de nossos esforços de marketing e vendas, devemos calcular o ROI, que nos ajuda a avaliar o retorno gerado por cada real investido.

O ROI é calculado usando a seguinte fórmula:

$$ROI = \frac{(\text{Ganho obtido} - \text{Custo do investimento})}{\text{Custo do investimento}}$$

Para calculá-lo, basta comparar quanto ganhou (ou perdeu) com o quanto gastou. O ROI é uma maneira diferente e complementar ao CLV para expressar esse lucro em relação ao quanto você gastou.

Vamos ao exemplo do João:
1. O que você ganhou com ele ao longo do tempo?
   - Depois de considerar todos os gastos e a perda de valor do dinheiro (por causa da inflação e outros fatores), você acabou ganhando de lucro bruto um total de R$ 118,44.
2. Quanto gastou para conseguir esse cliente (João)?
   - Você gastou R$ 200,00 para trazer o João para sua loja. Esse é o seu CAC.
3. Agora, a fórmula simples:

- Subtraia o que gastou do que ganhou: R$ 118,44 - R$ 200,00 = -R$ 81,56. Ou seja, você teve uma "perda" de R$ 81,56 com o João.
- Sendo um ROI igual ao ganho obtido de R$ 118,44 subtraído pelo CAC de R$ 200,00, divido pelo CAC de R$ 200,00, você tem um ROI de -0,41. Ou seja para cada real investido, você perdeu R$ 0,41.

> - Para encontrar o ROI em porcentagem, subtraia lucro do investimento e divida pelo investimento multiplicando por cem: [(R$ 118,44 - R$ 200,00)/R$ 200,00] x 100 = -40,8%. Ou seja, você perdeu 40,8% do valor.

Portanto, o retorno foi negativo em 40,8%. Isso significa que, para cada real que você investiu no João, você perdeu pouco mais de 40 centavos.

Uma vez feita toda essa análise, o Cientista do Marketing® consegue tomar decisões mais acertadas para geração de valor para a empresa.

Um primeiro insight que fica claro é que mais vale um ROI menor em um período menor do que um ROI maior porém em um período maior. Mais tempo significa mais perda do valor do dinheiro no tempo além de aumento do risco de perda do cliente ou aumento dos custos ao longo do tempo. Por isso é importante buscar estratégias que extraiam o máximo de LTV no menor tempo possivel. Já vi algumas vezes empresas tomando a decisão de baixar ticket médio e oferecer um modelo de assinatura, com a expectativa de ter recorrência, porém, o efeito prático é oposto do esperado. Isso acontece porque o cliente não necessariamente retém, e ainda você tem pouco valor reconhecido no curto prazo, e ninguém calcula a perda do valor do dinheiro no tempo.

Seguindo no contexto do exemplo, estando nessa situação, qual ação você tomaria?

Veja o resultado que duas hipóteses poderiam gerar a partir do cenário atual do João para a empresa, e você vai entender qual seria a melhor.

## 1. Promoção de upselling com desconto:

> - Cenário: a empresa implementa uma oferta – na compra de 2 camisetas, a terceira tem 70% de desconto.
> - Ação específica: João, em sua próxima visita, decide comprar duas camisetas por R$ 100,00. Ele adiciona uma terceira camiseta de R$ 50,00, mas, com o desconto, paga apenas R$ 15,00 por ela. Total gasto: R$ 115,00.

- Custo dos produtos (COGS): R$ 45,00.
- Lucro dessa compra (Gross Margin): R$ 70,00.
- Descontando a inflação (5%) dos três meses seguintes: R$ 70/(1 + 5%) 3 = R$ 60,47.

Totalizando o lucro ajustado para os quatro meses (considerando os valores que já tínhamos): R$ 30,00 + R$ 47,62 + R$ 40,82 + R$ 60,47 = R$ 178,91. Se subtrairmos o CAC (R$ 200,00), temos um LTV/CAC de -R$ 21,09. Claramente, a opção 1 não deveria ser executada.

## 2. Programa de indicação

- Cenário: a empresa lança um programa em que, para cada amigo indicado que faça uma compra de R$ 50,00 ou mais, o cliente recebe R$ 25,00 de crédito em sua próxima compra.
- Ação específica: João indica 4 amigos que compram produtos. Ele acumula R$ 100,00 em créditos.
- Na próxima compra de João, de R$ 250,00, ele usa seus créditos e paga apenas R$ 150,00.
- Lucro dessa compra (Gross Margin, com 36% de margem sobre o valor total de R$ 250,00): R$ 90,00.
- Descontando a inflação (5%) dos quatro meses subsequentes: R$ 74,04.

Agora, totalizando o lucro ajustado para os 5 meses: R$ 30,00 + R$ 47,62 + R$ 40,82 + R$ 60,47 + R$ 74,04 = R$ 252,95.

Dividindo o CAC (R$ 200,00) deste LTV, temos um LTV/CAC: 1,26 ou de R$ 52,95 de lucro, demonstrando que a estratégia de indicação foi eficaz em reverter o prejuízo inicial e gerar lucro sobre o cliente João. Além disso, essa estratégia transformou o João em canal com teoricamente CAC ZERO nos amigos que ele indicou e compraram. Vamos dizer que o VPL do ARPU (Receita Média por Usuário) das indicações do João foi de R$ 50. Com uma Gross Margin de 60%, temos R$ 30,00 de LTV adicionado para cada indicação. O que leva o ROI sobre os R$ 200,00 investidos na aquisição do João gerarem mais de R$ 120,00 de LTV. Isso indica um retorno sobre o investimento de quase 100%! Que empresa tem uma taxa mínima de atratividade de 100% no semestre? Que outra opção para alocação de recursos da companhia em todo o mercado entregam um ROI melhor que esse? Por isso, feito do jeito certo, o marketing é o melhor investimento do mercado.

Mas pode ser que a estratégia de tentar reverter o prejuízo com o João através do programa de indicação não seja factível. Uma outra opção além dessa, ou de tentar ampliar a gross margin ou antecipar a receita no tempo sem desconto, seria tentar buscar canais que tragam clientes parecidos, mas com CAC menor.

Vamos dizer que o João foi um cliente adquirido através do Google Search, que nos custou R$ 200,00 para ser adquirido. Como vimos anteriormente, considerando a margem de lucro e a perda de valor do dinheiro ao longo do tempo, tivemos um prejuízo de R$ 81,56 em um período de três meses com ele.

Após análises internas, a equipe de marketing decide alocar parte do orçamento para o Facebook Ads, buscando diversificar os canais de aquisição e testar a eficácia em relação ao Google Search.

## Resultado do teste com Facebook Ads

Custo de aquisição (CAC) via Facebook Ads: R$ 25,00.
Agora, considerando que o comportamento de compra dos novos clientes é semelhante ao do João:
Total de receita em três meses: R$ 200,00 (R$ 50,00 + R$ 80,00 + R$ 70,00).
Total de lucro (ajustado para o valor de janeiro): R$ 30,00 (janeiro) + R$ 47,62 (fevereiro ajustado) + R$ 40,82 (março ajustado) = R$ 118,44
Ao dividirmos o CAC do Facebook Ads (R$ 25,00) deste valor:
LTV/CAC: (R$ 118,44/R$ 25,00) = 4,7X

Portanto, a margem de lucro por cliente adquirido através do Facebook Ads seria de R$93,44 ao longo de 3 meses, contrastando fortemente com o prejuízo de R$ 81,56 do cliente adquirido pelo Google Search.

Ao diversificar os canais e testar o Facebook Ads, a empresa conseguiu reduzir drasticamente seu CAC e obter um ROI positivo. Essa mudança de estratégia gerou um lucro significativo em relação ao canal anterior. Portanto, é crucial para as empresas testar regularmente diferentes canais e estratégias para otimizar seus esforços de marketing e garantir a aquisição rentável de clientes.

Agora você tem um conhecimento fundamental para o jogo do marketing:

> » **Marketing nada mais é do que a arbitragem de LTV sobre CAC.**
>
> » **Essa é a prova real do marketing e o seu lema daqui para a frente vai ser viver por um CAC baixo e um LTV alto. O jogo infinito em busca disso.**
>
> » **Como vimos no simulado, existem vários caminhos desmembrando nosso LTV e atuando ao longo dele pra maximizar valor no tempo ou atuando em canais para reduzir o CAC. São infinitas as possibilidades para entregar um ROI melhor.**

Ao longo da nossa jornada juntos, você ouvirá muitas vezes sobre o ROI. Essa é uma métrica essencial quando se trata de avaliar o sucesso de um investimento. No entanto, há diferentes maneiras de interpretá-lo, e quero que você entenda ambas.

## 1. ROI em formato percentual

Quando falamos de ROI em termos percentuais, estamos basicamente medindo quanto do investimento inicial conseguimos recuperar ou lucrar.

Imagine que você investiu R$ 100,00 em uma campanha publicitária e, como resultado, obteve R$ 200,00 em LTV ou lucro bruto. Seu lucro líquido, portanto, é de R$ 100,00. Para calcular o ROI em termos percentuais, você usaria a fórmula:

$$ROI\,(\%) = \frac{(Lucro - Investimento)}{Investimento} \times 100$$

Nesse caso, o ROI seria de 100%, indicando que você duplicou seu investimento.

## 2. ROI em formato de múltiplo do investimento

Outra forma de olhar para o ROI é como um múltiplo do investimento inicial. Nesse formato, estamos mais interessados em saber quantas vezes recuperamos o valor que investimos.

Usando o mesmo exemplo, o cálculo do ROI seria:

$$ROI = \frac{Retorno\ total}{Investimento}$$

Isso nos daria um ROI de 2, significando que recuperamos duas vezes o valor que investimos inicialmente, uma vez para recuperar o investido e mais um para pôr no bolso dos acionistas.

Como saber se meu ROI é interessante em relação às médias de mercado? Como parâmetro, você pode seguir o gráfico abaixo:

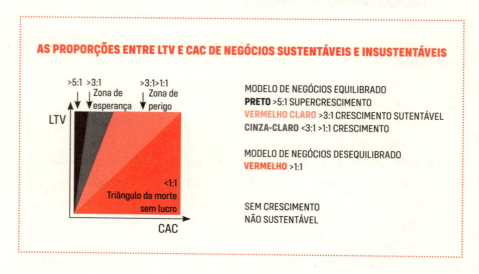

Como mostra a figura, um LTV/CAC ou ROI em múltiplo abaixo de 1 significa prejuízo, ou seja, a empresa está investindo mais do que lucrando. Quando é 1, ela atingiu o ponto de equilíbrio. Acima de 1, é lucro. Um ROI considerado excelente pelo mercado é 3.

Agora, vamos analisar os dados do João no contexto desse parâmetro.

**1. Google Search:**
LTV = 118,44
CAC = 200
ROI = 118,44/200 = 0,59
Isso significa que a empresa estava recebendo de volta apenas 59,22% do que investiu, resultando em prejuízo. Portanto, o valor de LTV/CAC está abaixo de 1, confirmando o que foi dito: a empresa está investindo mais do que está lucrando.

**2. Facebook Ads:**
LTV = 118,44
CAC = 25
ROI = 118,44/25 = 4,74
Isso indica que a empresa obteve um retorno de quase cinco vezes o valor do seu investimento. Para cada real investido, o ROI é de 373,8%. Esse valor de LTV/CAC está acima de 3, o que é considerado excelente pelo mercado.

O caso do João ilustra vividamente a diferença entre um investimento não rentável e um altamente rentável. No canal do Google Search, a empresa teve um LTV/CAC abaixo de 1, significando prejuízo. Por outro lado, ao mudar para o Facebook Ads, a empresa não apenas superou o ponto de equilíbrio (LTV/CAC = 1), mas alcançou um LTV/CAC que é considerado excelente pelo mercado (acima de 3). Isso destaca a importância de avaliar continuamente os canais de marketing e estar disposto a ajustar a estratégia quando necessário.

Porém, quando um projeto tem um LTV/CAC muito alto, cabe ao Cientista do Marketing Digital® também avaliar a situação. Isso pode significar que a empresa está investindo pouco para adquirir clientes, e que ainda tem espaço para crescer mais se aumentar os investimentos. Fazer isso baixará o LTV/CAC e por consequência o ROI da empresa? Sim, mas, mesmo que ele seja mais baixo, o resultado líquido será maior devido à escala.

Suponhamos que a empresa lá do caso do João estava inicialmente investindo R$ 20 mil no Facebook Ads com aquele CAC de R$ 25,00. Com isso, ela poderia adquirir 800 clientes (20.000 ÷ 25). Considerando o comportamento de compra semelhante ao do João, cada cliente proporcionaria um lucro de R$ 93,44 (já descontado o CAC). Assim, o lucro total para o investimento inicial seria:

**800 clientes x R$ 93,44 = R$ 74.752 de lucro**

Com um ROI inicial de 373,8% ou um LTV/CAC 3,73 vezes o investimento inicial.

No novo cenário, a empresa decide investir mais fortemente e aumenta seu orçamento para R$ 200 mil. Com esse aumento de investimento, o CAC sobe para R$ 35,00 devido a vários fatores, como maior competição e saturação do público-alvo. Com esse novo CAC, a empresa adquire 5.714 clientes (200.000 ÷ 35).

O LTV (retorno bruto) gerado por um cliente se manteve em R$ 118,44 ao longo de três meses, resultando em um lucro bruto total de R$ 676.766 (5.714 clientes x R$ 118,44).

Subtraindo o investimento inicial de R$ 200 mil desse montante, obtemos um lucro líquido de R$ 476.766,00. Ao dividir esse lucro líquido pelo investimento inicial, chegamos a um ROI de cerca de 238,4% (R$ 476.766 ÷ R$ 200.000) e um LTV/CAC de 3,4.

Embora esse ROI e respectivamente o delta de LTV/CAC seja menor do que no cenário inicial, o lucro líquido aumentou consideravelmente.

Para quantificar esse aumento, comparemos os lucros líquidos dos dois cenários: o lucro do segundo cenário (R$ 476.766,00) é aproximadamente 6,4 vezes maior que o do primeiro (R$ 74.752,00). Isso significa que, embora a eficiência do investimento tenha diminuído, o volume de lucro absoluto aumentou significativamente. Portanto, para os acionistas e para a saúde financeira da empresa em geral, esse aumento no lucro absoluto, mesmo com um ROI menor, pode ser uma decisão estratégica vantajosa.

## CONSIDERAÇÃO E AQUISIÇÃO

Outros fatores que também precisam ser considerados nesta etapa é a divisão das fases de consideração e a aquisição. O esforço de consideração e concientização da marca pura e simples muitas vezes pode ser uma estratégia que faz sentido. Só que isso depende da consciência do consumidor, de que vamos falar mais para frente. Aqui basicamente estamos falando de ações em que você expõe a marca para que público a conheça. Para que, na sequência, a aquisição de fato em forma de lead entre para converter essa consideração. As duas abordagens de consideração e aquisição estão relacionadas, mas é preciso observar que as pessoas não compram de quem elas não conhecem. Por isso, deve-se avaliar que em muitos casos você vai primeiro focar uma consideração "superficial" para depois adquirir esses leads.

Por exemplo, no projeto relacionado ao Spotify, boa parte do orçamento de mídia era destinado à exposição da marca e consideração. O objetivo era atingir o maior número de pessoas pelo menor custo de visualização possível. Somente depois dessa etapa é que entrava uma campanha de aquisição para transformar as pessoas alcançadas em usuários, fora a etapa de monetização de que ainda vamos tratar.

Geralmente, dividimos 30% da verba de mídia para consideração e 70% para aquisição. Na hora de traçar a estratégia, **lembre-se de que tentar fazer campanhas diretas para monetizar um público não adquirido pode encarecer seu CAC**. Por isso, recomendamos que você, primeiro, avalie se faz sentido fazer campanhas de consideração desse público. Uma vez que eles conheçam a empresa, a chance de conversão é maior, justamente porque as pessoas confam naquilo que elas já conhecem. Assim, vão comprar dessa empresa e não daquela de que eles pouco têm conhecimento.

O próximo passo, ainda antes de entrar fundo na monetização, é aumentar o engajamento, o segundo pilar do Método V4, que você aprenderá no capítulo a seguir.

# CAPÍTULO 7

# SEGUNDO PILAR: ENGAJAMENTO

Depois de garantir a aquisição nos seus canais, chegou a hora de partir para o segundo pilar do Método V4: o engajamento. Engajar usuários significa envolvê-los de maneira natural com o seu produto ou serviço, fazendo com que percebam o valor da sua oferta. A isso, chamamos de nível de consciência do usuário. Quanto menor o nível de consciência, menor o engajamento. Então, o que o Cientista do Marketing Digital® tem de fazer é aumentar essa consciência até que o possível cliente perceba quanto precisa daquele produto e tome a decisão de compra. Sendo que esse processo já começou na aquisição.

O usuário engajado é aquele que curte e comenta as publicações do seu canal, acessa diariamente seu app e cumpre com sua NSM, baixa os produtos que você oferece gratuitamente. O próximo passo nesse relacionamento é adquirir o que você vende. Portanto, não adianta achar que conseguir muitos usuários na sua rede social ou pessoas que acessam o seu site é garantia de vendas. Se não houver engajamento, aquele esforço anterior para aumentar a aquisição vai por água abaixo.

O engajamento vem após a aquisição, porque aqui estamos desenhando uma trajetória para as pessoas que entram em contato com você. Uma etapa leva a outra. Não adianta ir da aquisição à monetização, porque essa relação direta de compra e venda de um produto já deixou de existir há tempos. Se você ainda acha que ter a melhor ou maior loja do shopping basta para ter boas vendas, saiba que esse é um pensamento atrasado. O consumidor está muito mais atento em relação ao que uma loja ou marca representa ou pode oferecer a ele. Quanto antes conseguir engajar o usuário, mais rápido essa jornada será concretizada. Aproveitando a comparação com uma loja física, o engajamento é aquilo que chama a atenção do cliente que está trafegando no corredor ou na rua em que a loja se encontra. O que atrai esse cliente? Uma vitrine bonita e impactante, um layout de loja agradável, um bom aroma que vem de dentro, o atendimento cordial dos vendedores. Já no meio digital, o engajamento no seu site ou nas redes sociais pode acontecer de diversas maneiras. Vamos começar pelas mais simples.

>>> **USABILIDADE:** o usuário deve conseguir navegar facilmente em seus ambientes.

>>> **TEMPO DE CARREGAMENTO:** a sua página deve carregar rápido. Se ela demora mais do que três segundos para carregar, o seu engajamento cai drasticamente.

>>> **UX (*USER EXPERIENCE*):** é a preocupação da empresa com a experiência do usuário nos seus ambientes digitais. O design que mais agrada e é funcional para os clientes, a interação prática com as páginas do site que o leve rapidamente para onde ele quer ir, uma maneira eficiente de acionar o SAC, um link em destaque para ir direto para as promoções. Tudo isso ajuda a aumentar a percepção de valor da empresa.

>>> **DEPOIMENTOS:** um dos gatilhos mentais ou vieses cognitivos mais aplicados para gerar engajamento é a prova social, como visto no capítulo 4. Você pode fazer isso publicando em suas páginas depoimentos, em forma de texto e vídeo, de consumidores que já atendeu.

>>> **VSL (*VIDEO SALES LETTER*):** trata-se de um vídeo que mostra ao consumidor as informações de determinado produto. O ideal é que, além das informações, também sejam inseridos depoimentos para aumentar a percepção de valor do usuário.

**≫ CONTEÚDO:** textos relevantes, com assuntos atuais ou algo que ajude o usuário é uma das melhores formas de engajamento. Vamos falar mais sobre isso à frente.

## SITE NÃO FUNCIONA: TRABALHE COM *LANDING PAGE*

Outra maneira de engajar o usuário é criando os chamados ambientes de conversão. O melhor ambiente desse tipo é a *landing page*. Diferente de uma home page (página de entrada do seu ambiente digital) ou de um hotsite (página dentro de um site criada para veiculação de campanhas sazonais), as *landing pages* são ambientes separados de seu site, totalmente focados em conduzir o usuário que acessou a página para uma ação de conversão, que pode ser o cadastro do e-mail para receber um e-book, um botão de compra ou um cupom de desconto. Na *landing page*, não há navegação, links externos ou menus cheios de opções, por isso, funciona tão bem com publicidade PPC (*pay-per-click* ou custo por clique, em que você só paga caso o usuário clique no link). Você levará um público já segmentado em seu tráfego para o ambiente de engajamento. Além disso, a taxa de conversão é altíssima nesse tipo de página.

Elas levam vantagem sobre os sites tradicionais, quando a ideia é engajar o usuário, porque são específicas e vão direto ao assunto. Sites são generalistas e não criam afinidade com o usuário. O assunto principal da *landing page* está diretamente relacionado ao produto ou serviço que se quer apresentar: quanto mais complexo e caro o seu produto, maior será a sua página. Ela deve funcionar como uma reunião presencial, mas em ambiente on-line. Mostre os argumentos pelos quais o usuário deve fazer o cadastro ou ganhar o cupom de desconto, quebrando objeções e demonstrando o valor de sua solução de acordo com a necessidade do usuário.

Para isso, o cuidado com o conteúdo da *landing page* é fundamental. Diferente do que é criado para um blog ou um site, esse tipo de página exige conteúdo sucinto, porém, ao mesmo tempo, relevante para impulsionar uma ação do usuário. Ele tem que se sentir atraído a sair de onde está, como do *feed* do Facebook, e ir para outro ambiente. Para isso, aposte na clareza de informações, em bons argumentos, em um título chamativo e em uma imagem condizente com o assunto da página, eliminando tudo que possa distrair o usuário. Uma orientação importante: se o seu produto ou serviço é complexo, utilize exemplos e dicas visuais.

Imagine a seguinte situação: você vende uma cadeira que se transforma em uma escada. Dificilmente conseguirá demonstrar todas as suas vantagens e funcionalidades apenas com uma boa *copy,* que é como chamamos o texto de vendas elaborado para suas ações de campanha (da *landing page* aos e-mails que produzir). Mas pode apostar em outras mídias, como um GIF mostrando a transformação do produto, um vídeo curto ou um depoimento de alguém com autoridade falando sobre a cadeira, enfim, o que funcionar melhor com o seu público. Essa clareza também vale para a chamada de ação do público, o CTA. É a orientação para a conversão que você deseja que seu público realize, ou seja, o botão de clique. Ele deve estar visível e direcionar o usuário para a ação rapidamente. E por que isso? Se o usuário já está interessado o suficiente, irá direto para a ação.

**E mais:** apesar de parecerem chamativos, evite os jargões de vendas e superlativos, como "a maior promoção de todos os tempos". Essa linguagem é muito usada pelos varejistas – e lá devem continuar. Em vez disso, use argumentos convincentes e verídicos, que conversem com o seu público.

## TESTE A SUA *LANDING PAGE*

Depois do planejamento e da execução, vem o momento da otimização da *landing page*. Esse é o período mais longo e com mais opções de caminhos para seguir, por isso as métricas do tráfego e a sua persona (o público que você pensa em atingir) orientarão boa parte do trabalho. E não há outra maneira de otimizar se não testando. Isso mesmo: você precisa testar a *landing page* e analisar o resultado para saber se tudo está correndo como planejado. Lembre-se de que o processo é sempre vivo, um ciclo de melhorias que fará você aprender muito durante a jornada.

"
**ESTAMOS SEMPRE
A UMA IDEIA,
UM CRIATIVO,
UM NOVO LAYOUT
DE DISTÂNCIA
PARA MULTIPLICAR
NOSSO ROI.**
"

**@denerlippert**

Um dos testes mais eficientes é o chamado teste A/B. Nele, você utiliza duas versões de uma mesma página, com um elemento diferente entre elas e verifica em qual delas a taxa de conversão é maior. Outro teste bem comum é o de usabilidade, que indica como os usuários navegaram na página. Com o auxílio de ferramentas como CrazyEgg, VWO e AttentionWizard, você poderá captar essas informações, entender como acontece a navegação e coletar insights valiosos de como está a percepção dos clientes sobre os elementos. Em outras palavras, você saberá o que está dando certo e o que ainda pode melhorar.

Ainda existe um teste que você faz facilmente e nem precisa de tecnologia. O teste de cinco segundos consiste em mostrar a página para uma pessoa durante esse tempo (e somente isso) e depois indagá-la sobre o conteúdo visto. Perguntas que são feitas:

- Qual é a oferta desta página?
- Qual é o preço do produto?
- Qual é o ramo da empresa?
- Você sabe qual é o objetivo desta campanha?

O mais importante é ver se a pessoa que visualizou a página por cinco segundos consegue entender a sua proposta logo de cara, sem precisar pensar muito.[48] Com as respostas desse voluntário, você consegue saber o quanto a sua página está correspondendo às expectativas. Caso ele não consiga responder alguma dessas perguntas, faça mudanças na página. É melhor ter um pouco mais de trabalho na fase inicial do que descobrir, quando for analisar os dados de conversão e depois de ter feito todo o investimento, que a *landing page* não deu os resultados esperados.

Falando em resultados, como você faz para analisar se a *landing page* está convertendo? Só olha os números finais? Há quem se contente em ter apenas essa informação, mas o Cientista do Marketing Digital®, não. Veja essas duas análises.

---

[48] A ferramenta Usability Hub, disponível em https://fivesecondtest.com, oferece esse serviço gratuito.

**≫ ANÁLISE 1:** "Minha *landing page* está dando certo, mas não sei bem por quê".

**≫ ANÁLISE 2:** "O *bounce rate*[49] está altíssimo em comparação com a média do mercado porque a nossa oferta está escondida dentro da página, muito abaixo do *fold*".[50]

Garanto que a análise 2 é melhor e mais esclarecedora. Então, quando for realizar as suas análises é importante ficar atento a alguns pontos. Para descobrir esses números, recomendamos o uso do Google Analytics, base para qualquer análise de tráfego em sua *landing page*. O Analytics provê uma infinidade de ferramentas que, se bem implementadas, trazem dados inestimáveis para as suas análises. Você consegue saber desde o dispositivo que o consumidor usa para navegar na internet até o fluxo de navegação dentro de seu ambiente. Esses dados são valiosos para melhorar a otimização da sua página.

A ferramenta ainda permite avaliar o *bounce rate*, a taxa de rejeição, que ajuda a compreender se os usuários estão entendendo a sua mensagem e se ela é relevante o suficiente para eles ficarem em seu ambiente. Também apresenta dados sobre de onde vem o tráfego do seu ambiente digital. Isso permite ajustá-lo de acordo com as preferências dessas pessoas. Um usuário vindo do Twitter talvez esteja buscando certo tipo de linguagem diferente da daquele que vem de uma busca orgânica do Google. Utilize essa informação para desenvolver soluções customizadas, entregando o conteúdo da melhor maneira possível.

## BOAS PRÁTICAS PARA A CRIAÇÃO DE *LANDING PAGES* (E AQUELAS NÃO TÃO BOAS ASSIM)

Ainda que você entenda o que são *landing pages*, como criá-las e a importância delas no engajamento do cliente, há certos detalhes que só

---

[49] *Bounce rate* é a taxa de rejeição. Refere-se àqueles usuários que entram e saem da página rapidamente, sem interagir com o conteúdo. (N.E.)

[50] O *fold* é a parte de uma página que fica visível no monitor do usuário sem rolar para baixo. (N.E.)

se aprende com anos de prática. Então, vou dividir com você o que eu aprendi desde que comecei neste mercado e que chamo de boas práticas de *landing pages*. Vamos lá:

>>> **SEO SEMPRE:** não importa se o conteúdo é resumido, cada acesso orgânico será uma grande economia em campanhas pagas. Por isso, use sempre as palavras-chave.

>>> **REVISE TUDO ANTES DE COLOCAR A PÁGINA NO AR:** os textos, as imagens, a responsividade, os links e o que mais for possível. Faça o que estiver ao seu alcance para não perder credibilidade com o usuário, em especial por conta de erros que poderiam ser facilmente evitados com uma boa olhada.

>>> **COLETE APENAS DADOS NECESSÁRIOS:** pedir muitos dados ao usuário cria uma barreira entre ele e o seu conteúdo, então, se não há motivos para coletar informações (como idade ou local de trabalho), não pergunte.

>>> **JAMAIS USE *SPAM*:** nunca pratique *spam* com os e-mails e demais dados recebidos. É incrivelmente nocivo para a imagem da sua empresa. Se a sua campanha se destinar à geração de leads, deixe claro que é possível se descadastrar facilmente e a qualquer momento. Essa pode ser a diferença entre o usuário duvidar de suas intenções ou se cadastrar sem receio nenhum de *spam*.

>>> **SEM *POP-UP*, POR FAVOR:** essa é uma péssima prática. Além de atrapalhar a navegação do usuário, o *pop-up* desvia a atenção do objetivo de sua *landing page*.

>>> **NÃO USE MÚSICAS OU JINGLES:** não estamos mais em 2002, então, caso você vá utilizar um vídeo com reprodução automática, considere reduzir o volume previamente para 50% ou deixá-lo apenas indicando a opção de volume. É melhor o usuário aumentar o volume do

seu vídeo do que ser surpreendido por barulhos totalmente inesperados no escritório.

>>> **DIGA A VERDADE:** a credibilidade de sua empresa está em jogo, então, não a estrague por causa de provas sociais falsas ou valores inchados.

# LINHA EDITORIAL E IDENTIDADE VISUAL

Na criação de *landing pages*, falamos um pouco sobre conteúdo. Mas não é só nessa ferramenta que ele é tão importante. O conteúdo permeia, praticamente, todas as ações de engajamento. Por isso, fazer uma produção de conteúdo regular e relevante é fundamental, independentemente da plataforma que você utilizar.

Para criar um conteúdo relevante, é preciso seguir uma organização que começa na linha editorial adotada, passa pelo assunto que será abordado, pela linguagem e tom usados e pelo seu posicionamento. Na V4, adotamos como linha editorial falarmos de vendas por meio da internet e usamos um tom questionador, mas sempre procurando trazer um contraponto. Um exemplo é o nosso quadro "Verdade nua e crua" no YouTube, em que rebatemos as falsas promessas do mercado. Escolhemos esse posicionamento porque desejamos ser diferentes. Nossa intenção é a de ser desmistificadores das muitas soluções mágicas que existem por aí. Portanto, nosso conteúdo reflete essa linha que adotamos.

Se você estiver liderando um projeto, seu papel como Cientista do Marketing Digital® é definir o porquê da linha editorial, como ela será criada e dar todo o apoio para o time executá-la, porém, não deve produzir as publicações. A produção do conteúdo quem faz é o especialista, a pessoa que mais entende do produto. Como esse trabalho – criar o texto ou vídeo dentro da linha editorial adotada – leva muito tempo, o ideal é que você otimize os recursos e planeje essa ação apenas em quantidade necessária para que o usuário seja engajado rumo à monetização.

Não dá mais para perder tempo – e dinheiro – fazendo um post somente para desejar bom dia para o cliente. Esse post é um conteúdo? Sim. Mas serve para alguma coisa? Não. **O conteúdo deve sempre resolver um problema.**

Ele pode iniciar no bom dia, mas tem que trazer algo além disso. Existem cinco tipos de conteúdo principais que você pode explorar:

1. **TÉCNICO:** textos e vídeos explicativos sobre seus produtos ou serviços com caráter técnico e foco em um público especialista. Esses posts são importantíssimos para que você mantenha o status de autoridade no assunto, demonstrando expertise e sendo relevante para o público.

2. **PROVA SOCIAL:** *cases* de sucesso de seu negócio, sempre focando o benefício que trouxe ao cliente. Esse conteúdo se aproveita do viés cognitivo da prova social.

3. **REFERÊNCIA:** depoimento de pessoas que são autoridades em sua área de atuação para endossar o seu trabalho. Assim, você estará transferindo a competência dessas pessoas para a sua empresa. Outra forma de causar esse efeito, mas com menor intensidade, é por meio de posts citando referências de sua área.

4. **INSPIRACIONAL:** conteúdos motivacionais. Pode ser um vídeo ou postagens menos elaboradas, com apenas uma frase, por exemplo: "Vamos lá, vamos vencer!". Esses conteúdos geram muitos *likes* e compartilhamentos e são úteis para aumentar a audiência do canal.

5. **COTIDIANO:** posts e vídeos que mostram o cotidiano e bastidores da empresa. A ideia é humanizar o seu personagem (aquela pessoa ou aquelas pessoas que representam a empresa) e gerar mais afinidade com o público.

Além dos posts, você pode pensar em produzir *audiobooks* e e-books. Essa é uma boa estratégia de aquisição e engajamento e lança mão do gatilho de reciprocidade, que abordei no **capítulo 4**. Seguindo essa linha editorial, o que se espera é que o usuário tome aquela marca como autoridade.

Outra playbook que eu posso compartilhar aqui é o checklist do conteúdo.

- ⟩⟩⟩ **Público ganhou algo com isso?**
- ⟩⟩⟩ **Não pode ser só gozando ou falando de si.**
- ⟩⟩⟩ **Tem PHC (Pergunta, História e Conteúdo)?**
- ⟩⟩⟩ **É rápido, raso e resolutivo?**
- ⟩⟩⟩ **Chama atenção rápido?**
- ⟩⟩⟩ **Gera uma emoção forte? Amor, revolta...**
- ⟩⟩⟩ **Dá vontade de salvar, compartilhar ou comentar?**
- ⟩⟩⟩ **Humanizou?**
- ⟩⟩⟩ **Simples simples simples.**

Sempre que for planejar um conteúdo, pense se ele preenche esses requisitos, no mínimo 70% deles. Se não, com certeza não vai ajudar na sua estratégia.

Junto à linha editorial, a estratégia do Cientista do Marketing Digital® também deve contemplar a identidade visual da comunicação da empresa e suas diretrizes de marca. Esse conjunto de regras imprime um padrão que deve ser seguido em todas as criações visuais da empresa, uma vez que as suas peças publicitárias devem ter uma unidade de estilo para que a marca do projeto seja facilmente reconhecida.

**AINDA QUE NÓS DA V4 COMPANY SEJAMOS BEM PRAGMÁTICOS EM RELAÇÃO A ISSO – NÃO ESTAMOS NO MERCADO PARA GANHAR PRÊMIOS POR ARTES MARAVILHOSAS –, ESSES ASPECTOS SÃO DESEJÁVEIS. UMA PÁGINA ESTETICAMENTE BONITA CHAMA A ATENÇÃO DO USUÁRIO E TEM ALTA TAXA DE CONVERSÃO – ESSE, SIM, DEVE SER O SEU FOCO.**

Muitos se enganam ao pensar que o ponto de partida de uma marca são os aspectos estéticos. O ponto de partida de uma marca é a estratégia de negócio. No centro da estratégia do negócio existem seis elementos, divididos em duas categorias: estratégia da empresa e estratégia competitiva.

Na estratégia da empresa, mais da porta para dentro, os três elementos são:

**1. VISÃO:** o mundo que a empresa quer criar.

**2. MISSÃO:** o que a empresa alcança a cada dia a serviço do seu propósito.

**3. PROPÓSITO:** por que a empresa existe.

Na estratégia competitiva, que é mais da porta para fora, os três elementos são:

**1. POSICIONAMENTO:** declaração de diferenciação sobre quem você atende e o que você oferece.

**2. PÚBLICO:** os indivíduos para quem o seu produto/serviço entrega valor no mais alto nível.

**3. PROMESSA:** o que a marca se compromete a entregar todos os dias para seus clientes.

Esses seis elementos formam o centro da roda da sua marca: a estratégia. O Cientista do Marketing Digital® precisa estar muito alinhado na identificação do que o produto ou empresa representa, a quem serve, e por que serve de modo único. A preservação da construção da marca se dá por meio de cada ponto de contato com o consumidor, e constrói um ativo de alto valor e diferencial competitivo no longo prazo.

Com esse centro muito bem alinhado, a roda da marca estará conectada a ele através de três raios superimportantes: identidade, distribuição e governança.

O ponto de partida da identidade estratégica é a personalidade, como a marca soa, como as pessoas a sentem, qual é o sistema de crenças que ela representa. Avalie que as maiores marcas do mundo estão dentro de três categorias: esportes, religião e cultura pop. As pessoas matam por um artista, matam por uma religião e matam por um time de futebol. Isso acontece porque esses são temas que mexem profundamente com o sistema de crenças das pessoas e têm ligação profunda com as suas personalidades. Representam o que elas querem ser naquele campo. A personalidade da marca é um exercício simples. Vamos supor que você esteja em uma sala. De um lado estão pessoas chamadas Apple; do outro, pessoas chamadas Skol. Como elas são? Descreva cada grupo. Tudo se resume a isso.

SEGUNDO PILAR: ENGAJAMENTO

Um ferramenta que pode ajudar você e seu projeto a definir esses aspectos são os arquétipos. Pesquise sobre eles e defina qual se conecta melhor com o centro da sua roda estratégica.

Ainda falando de definição de identidade, precisamos abordar os ativos visuais. O primeiro passo aqui é estudar o manual de identidade visual (MIV) do negócio que você está promovendo. Nele, são definidas as fontes usadas pela marca, o logo e suas aplicações permitidas e as cores que a identificam. É essencial seguir esse manual para que a exposição da marca tenha consistência em todas as peças produzidas e, ao ser repetida constantemente, seja fixada na mente do consumidor. O mais importante é o usuário sentir-se conectado ao navegar em um website ou nas redes sociais de uma empresa. Até mesmo ao ver algum material off-line, o cérebro deve imediatamente associar a algo que já tenha sido visto.

O segundo passo é buscar inspirações no mercado. Basear-se em ideias já existentes não é roubo intelectual, mas a fundação de um processo criativo! Foi por meio desse processo que muitos dos maiores filmes, livros e teorias científicas da humanidade foram produzidos. No livro *Roube como um artista*,[51] o autor Austin Kleon fala que todo processo de criação artística depende de ter outras obras como modelos de inspiração. Tudo parte da combinação de diversos elementos já existentes e, a partir disso, se cria algo original. Portanto, analise o que a concorrência tem feito e siga páginas relacionadas ao negócio ou produto com o qual está trabalhando, criando um portfólio de referências que ajudarão a compor as ações do seu cliente e impressioná-lo com a qualidade de suas criações, seja em uma situação temática, como Dia dos Namorados, Natal, ou em uma peça comum de dia a dia.

O que você não pode ignorar é que todas essas criações do dia a dia devem seguir as diretrizes definidas no MIV, que formam o processo de governança da marca. Isso, muitas vezes, vai burocratizar o processo, mas garantirá a construção de um ativo a longo prazo.

---

[51] KLEON, A. **Roube como um artista**: 10 dicas sobre criatividade. Rio de Janeiro: Rocco, 2013.

E a construção desse ativo de marca vai se dar pela distribuição, mas isso não quer dizer que você vai fazer várias campanhas repetitivas de exposição de logo por aí. A marca não se constrói assim. Uma marca se constrói através das experiências que você proporciona por meio de todos os pontos de contato com o cliente, e não em uma ação isolada. Por isso, a definição da estratégia é o centro que guia a identidade, que será gravada pela estrutura de governança e alcançará o consumidor através da distribuição de todos os pontos de contato que fizerem sentido para ele.

## PROPOSTA ÚNICA DE VALOR

A distribuição também deve contemplar a Proposta Única de Valor (PUV). Por meio dela, a marca tem a chance de mostrar o seu diferencial em relação à concorrência, com algo único, uma novidade que o mercado ainda não tem. Sem uma PUV, o seu negócio é só mais um em meio a muitos outros.

A proposta única de valor da V4 Company, por exemplo, é "criar soluções digitais que geram resultados para todos". Achamos que o mercado vende muito serviço de marketing, mas gera pouco resultado. Por isso, a nossa PUV é vender resultados, em vez de apenas serviços. Mas atenção: a PUV não é o slogan da empresa. Apesar de estarem conectados na mesma ideia, a PUV é estratégica, enquanto o slogan é propaganda. Voltando ao exemplo da V4, nosso slogan é "nosso negócio é vender o seu". Veja bem que, apesar de estarem interligados, são duas propostas diferentes.

Para definir a proposta, saiba qual é o principal valor que a sua empresa entrega, pense sobre o que a diferencia dos concorrentes e expresse-o em uma frase. Deixe clara essa definição para o cliente desde o início do projeto, pois a PUV guiará todo o processo de sua comunicação, já que as produções de marketing são pautadas a partir dos diferenciais.

A PUV deve ser repetida inúmeras vezes em suas campanhas até que o consumidor entenda que a sua solução é a melhor do mercado para resolver o problema dele. É isso que o fará escolher você e não o concorrente. De acordo com a teoria Jobs to Be Done,[52] é justamente essa solução que o cliente busca em um produto. Essa tese explica o comportamento do consumidor a partir de suas necessidades e mostra que quando um cliente compra um produto, ele não quer o produto em si, mas a solução que ele promove, ou seja, o que se propõe a resolver. Diante disso, fica fácil entender porque a PUV deve focar sempre a solução.

Para vendê-la, lembre-se de aplicar os vieses cognitivos de que falamos no **capítulo 4**. O depoimento de um cliente, que é a prova social, por exemplo, funciona superbem no engajamento, assim como a reciprocidade, como propusemos na produção de conteúdo. Outro é a coerência. Se, ao navegar pela página, o usuário se deparar com pequenas perguntas que o forçam a dizer "sim" mentalmente, quando você propuser a solução, ele já terá essa resposta no subconsciente. E estará envolvido, ou seja, engajado com o seu produto ou serviço.

E qual é o próximo passo desse usuário engajado? É comprar o seu produto, o terceiro pilar do Método V4.

---

[52] CASAROTTO, C. Entenda as motivações do seu público com a metodologia Jobs to Be Done. **Rock Content**, 10 abr. 2019. Disponível em: https://rockcontent.com/br/blog/jobs-to-be-done. Acesso em: 15 jan. 2021.

# "FAÇA DE TODO PROBLEMA UMA MELHORIA NO SISTEMA. O CIENTISTA É ANTES DE TUDO UM PESQUISADOR."

@denerlippert

# CAPÍTULO 8

# TERCEIRO PILAR: MONETIZAÇÃO

Responda rápido: qual é o principal objetivo do marketing? Se você ainda está pensando ou respondeu que é fazer propagandas bonitas que chamam a atenção do público, errou. E, provavelmente, precisa começar a ler este livro novamente. Marketing é venda, é geração de receita. E é nisso que consiste o terceiro pilar do Método V4. No primeiro pilar, a aquisição, atraímos o cliente. No segundo pilar, engajamento, o envolvemos e o fazemos confiar na marca. Agora, no terceiro pilar, ele está pronto para comprar mais: chegamos ao pilar da monetização, que envolve todo o processo da intenção de compra até a efetivação da venda. Um usuário que clica em comprar em alguma de suas páginas está na etapa de monetização, assim como um lead que é atendido pela equipe comercial, mas ainda não efetivou a compra, e também um cliente que já está na sua base. A questão com este é: qual é a próxima melhor oferta?

A compra do usuário no ambiente digital, geralmente, é dividida em três fases: lead, oportunidade e venda. No caso de um e-commerce, o lead seria o carrinho; a oportunidade seria o pedido; a venda seria a fatura. O problema é que 50% dos usuários que colocam os pedidos no carrinho não concluem a compra. Do mesmo modo, há aqueles que efetuam o pedido, geram o boleto de pagamento, mas não o pagam. Então, o que fazer? Você precisa aumentar essa conversão, sem ter que voltar às duas etapas pelas quais já passou (aquisição e engajamento).

Não faz sentido ter que gerar mais tráfego para ter mais pessoas na monetização e, assim, aumentar as chances de vender. Se o seu usuário que já foi adquirido está fazendo o pedido, mas não faturando, você precisa aplicar estratégias para aumentar a taxa de conversão de pedidos efetuados.

Uma das primeiras questões a observar é se o caminho do cliente entre fazer o pedido e pagar o produto ou serviço está livre. Ou seja, se não há obstáculos, fricções ou burocracia demais para o usuário. Há e-commerces, por exemplo, que só revelam o valor do frete e o prazo de entrega depois que o usuário se loga, e também os que usam gateway de pagamentos (plataforma que processa os pagamentos recebidos dentro do site) com processos muito complexos. Geralmente, é preciso fazer um cadastro gigante e, só depois disso, colocar os dados do cartão de crédito ou gerar o boleto de pagamento. Se, neste momento, o usuário achar que o processo é muito trabalhoso, ele desiste. Já existem plataformas que permitem preencher os dados do cartão e finalizar o pedido sem fazer um login ou cadastro. Depois, se o usuário quiser acompanhar o pedido ou ter outro contato com a empresa, aí, sim, precisa preencher um cadastro mínimo.

Outro obstáculo no fechamento de um pedido é a falta de atendimento pessoal, essencial mesmo quando a loja é na internet. O cliente pode ter uma dúvida sobre o pedido e, se não consegue a resposta, simplesmente desiste. Agora, imagine outra situação. Ele está fazendo o pedido, aparece a dúvida e ele tem, à sua vista, no site, um número de telefone ou WhatsApp. Ele liga, resolve e, aí, conclui a compra. Provavelmente, se nesse momento ele tivesse que mandar um e-mail e aguardar dias pela resposta, desistiria da compra. Ou melhor, nem mandaria o e-mail. Ter esse atendimento pessoal também ajuda a marca. Por exemplo, quando a operadora de cartão de crédito não autoriza a transação e a compra fica parada ou é cancelada pelo cliente, você pode ligar para ele oferecendo outra forma de pagamento. Se a empresa não tem esse atendimento pessoal, essa compra é perdida.

Ou quando você repara que o produto está parado no carrinho. Vale perguntar por que ele não fechou a compra. Dessa maneira, você aumenta a sua taxa de conversão de pedidos e também retém o cliente.

Esses são alguns problemas que podem acontecer, mas não os únicos. Identificá-los requer mais do que simples observação. É preciso mensurar as vendas geradas pela campanha para encontrar os entraves na jornada do consumidor e resolvê-los o mais rápido possível. Mas, antes, é preciso ficar claro que a conversão ocorre na internet, porém, muitas empresas não vendem *na* internet e sim *através* dela, ou seja, o negócio funciona principalmente via locais físicos, e a internet pode ser a sua maior fonte de tráfego para que os clientes o encontrem. Nesse caso, como mensurar esse resultado que não acontece diretamente no ambiente on-line?

Existem alguns caminhos para achar essa informação. Um deles é criar uma superoferta exclusivamente divulgada no ambiente on-line para levar o cliente até o ponto de venda (PDV). Assim, toda vez que a compra dessa oferta for realizada na loja, podemos atribuí-la ao digital, já que foi divulgada exclusivamente on-line. Algumas vezes, essa superoferta pode ser absurda a ponto de não ter nenhuma margem. E qual é a vantagem para a empresa? É que, chegando lá, o consumidor tem acesso a um *upsell*, ou seja, o vendedor melhora a experiência do comprador levando-o a comprar mais algum produto ou serviço, e gerando boa margem de lucro ao lojista. Com isso, você consegue mensurar as vendas e ainda vender mais para o mesmo cliente.

Outra maneira de mensurar os resultados é gerando demanda por cadastro direto para as lojas físicas. Na V4, criamos uma ação para uma rede de lojas – são 160 espalhadas pelo Brasil – em que investimos R$ 1 milhão em Facebook e levamos os contatos diretamente ao WhatsApp dos vendedores para eles continuarem a abordagem e realizarem a venda. Essa ação gerou mais de R$ 20 milhões em vendas nas lojas.

Quando o Cientista do Marketing Digital® mensura as vendas, ele consegue identificar oportunidades e trabalhar para colocá-las em ação. Se identificar um problema, pode testar maneiras de resolvê-lo ainda dentro da campanha e continuar convertendo vendas.

No fim das contas, o trabalho comumente chamado de CRO (Conversion Rate Optimization) é um trabalho de desatar nós, construir conversas e jornadas. O nosso trabalho como Cientistas do Marketing é construir jornadas que facilitem as compras. Quer ver como funciona? Olha o caso do iFood, que começou com um grande *call center* para onde o consumidor ligava e eles articulavam o pedido com os restaurantes. Hoje, é tudo bem mais simples porque os Cientistas do iFood trabalharam incansavelmente para construir um jornada que conversasse com os casos de uso dos clientes, tendo o mínimo de nós possível. E, acredite, tem muito nó! Desde um trabalho de concierge digital para recuperar carrinhos abandonados até uma análise do *connect rate* da página com o usuário por causa de uma simples alteração de servidor, tudo pode mudar totalmente o ROI.

## INPUT *VERSUS* OUTPUT METRICS

Para o trabalho de otimização da conversão funcionar da melhor maneira possível, você precisa procurar identificar as métricas de entrada e não se confundir com as de saída. Por exemplo receita e ROAS são duas métricas importantes, mas elas são output metrics, indicadores de saída; não se mexe neles. O que é alterável são as métricas de entrada. Não tem como alterar diretamente na receita, o que se pode fazer é mexer no tamanho do investimento, do orçamento, aí, sim, são métricas de entrada.

TERCEIRO PILAR: MONETIZAÇÃO

| Métrica de entrada - Marketing ART | |
|---|---|
| INVESTIMENTO | R$ 534.529,52 |
| CPM | R$ 36,01 |
| IMPRESSÕES | 14.843.919 |
| CPC | R$ 13,34 |
| CTR | 0,27% |
| CLIQUES | 40.079 |
| TAXAS DE CONEXÃO | 67% |
| ACESSOS À PÁGINA | 26.853 |
| TAXA DE CONVERSÃO DA PÁGINA | 12,34% |
| LEAD | 3314 |
| LEAD > MQL | 52% |
| CPMQL | R$ 310,22 |
| MQL | 1723 |
| MQL > SQL | 28,30% |
| SQL | 488 |
| SQL > RR | 91% |
| RR | 444 |
| RR > V | 36% |
| VENDAS | 160 |
| CPV | R$ 3.346,08 |
| TICKET MÉDIO | R$ 4.133,91 |
| FATURAMENTO | R$ 660.384,68 |
| ROAS | 1,24 |

Na imagem, temos uma série de indicadores em um relatório real. Todos os indicadores em tom mais ecuro são métricas de entrada, aquelas em que podemos mexer, todos os demais são de saída, são consequência dos nossos testes e manipulações delas. Esse exemplo mostra o quanto é possível granular a jornada de vendas do projeto para isolar elementos para serem testados. E, lembre-se, Cientista vive em teste constante de novas hipóteses. Não se esqueça dos fundamentos do método científico: observar, desenvolver hipóteses, testar, colher resultados e começar novamente a partir do que se descobriu, essa é a sua rotina.

Com base na imagem, a partir da sua observação, quais hipóteses de testes você pode realizar nas métricas de entrada para ampliar o resultado das métricas de saída?

Ela dá a você pelo menos umas dez hipóteses, desde mexer no orçamento até mudar segmentação de canal para buscar baixar CPM, criar novos *ads* para mexer no CTR etc.

Podemos, por exemplo, fazer algo incomum, como atuar na *connect rate*, a taxa de conexão da página. Sessenta e sete por cento das pessoas que clicam no anúncio conseguem abrir a página. É uma taxa de conexão baixa que vai desencadear nos próximos indicadores da jornada uma métrica de saída piorada.

A partir disso, trabalharemos o nosso método científico em quatro etapas simples. Vamos a elas?

## HIPÓTESE > PREMISSA > DATA-TEST > CONCLUSÃO

>>> **HIPÓTESE:** se mudarmos o *page builder* que estamos usando aqui para outro, podemos ter uma *connect rate* maior e, por consequência, uma eficiência maior do capital investido.

>>> **PREMISSA:** o que estamos dando por garantido? Que vamos ter de fato uma *connect rate* maior e que isso vai impactar na última linha da tabela. Mas isso é uma premissa, não é possível dar cavalinho de pau com um transatlântico, precisamos testar com algo menor.

>>> **DATA-TEST:** vamos realizar um teste A/B com uma campanha do Facebook Ads, comparando duas versões da page com os mesmos públicos, sendo a versão A uma page no Unbounce e a B uma page no Great Pages.

## >>> CONCLUSÃO:

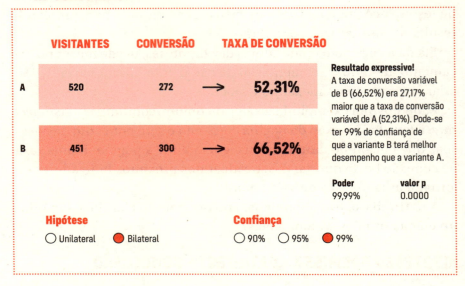

Na imagem vemos os visitantes, que é o número de cliques na campanha, e as conversões, o número de acesso na landing page. Com esse teste, conseguimos comprovar que a página no Greatpages (B) tem uma taxa de conexão melhor que na do Unbounce (A).

Por meio dessas quatro etapas, é possível respeitar o método científico sem fazer manobras mirabolantes e ter confiança de que vale a pena mudar as campanhas para o novo ambiente. Vamos ver a diferença de resultados:

| Métrica de entrada - Marketing ART | |
|---|---:|
| INVESTIMENTO | R$ 534.529,52 |
| CPM | R$ 36,01 |
| IMPRESSÕES | 14.843.919 |
| CPC | R$ 13,34 |
| CTR | 0,27% |
| CLIQUES | 40.079 |
| TAXAS DE CONEXÃO | 67% |
| ACESSOS À PÁGINA | 26.853 |
| TAXA DE CONVERSÃO DA PÁGINA | 12,34% |
| LEAD | 3314 |
| LEAD > MQL | 52% |
| CPMQL | R$ 310,22 |
| MQL | 1723 |
| MQL > SQL | 28,30% |
| SQL | 488 |
| SQL > RR | 91% |
| RR | 444 |
| RR > V | 36% |
| VENDAS | 160 |
| CPV | R$ 3.346,08 |
| TICKET MÉDIO | R$ 4.133,91 |
| FATURAMENTO | R$ 660.384,68 |
| ROAS | 1,24 |

| MÉTRICA DE ENTRADA - MARKETING ART | |
|---|---|
| INVESTIMENTO | R$ 484.529,52 |
| CPM | R$ 32,24 |
| IMPRESSÕES | 15.028.831 |
| CPC | R$ 12,40 |
| CTR | 0,26% |
| CLIQUES | 39.075 |
| TAXAS DE CONEXÃO | 84% |
| ACESSOS À PÁGINA | 32.823 |
| TAXA DE CONVERSÃO DA PÁGINA | 11,23% |
| LEAD | 3686 |
| LEAD > MQL | 49% |
| CPMQL | R$ 268,27 |
| MQL | 1806 |
| MQL > SQL | 29,82% |
| SQL | 539 |
| SQL > RR | 89% |
| RR | 479 |
| RR > V | 33% |
| VENDAS | 158 |
| CPV | R$ 3.063,06 |
| TICKET MÉDIO | R$ 4.133,91 |
| FATURAMENTO | R$ 653.922,50 |
| ROAS | 1,35 |

De fato, mesmo na escala, a taxa de conexão se manteve maior. E na última linha temos um ROAS (retorno sobre o investimento de mídia) mais eficiente que no cenário A, no qual a taxa de conexão era de 67% apenas.

Agora você tem mais uma dezena de hipóteses para testar e alterar os outputs. Aqui, eu explorei apenas algumas métricas, mas você vai seguir granulando as jornadas e encontrando mais hipóteses.

Uma dica importante sobre seus testes é se lembrar de isolar as variáveis. Vamos supor que você queira testar um novo produto, uma nova oferta. Você não sabe se ele vai ter adesão, então vai testar colocar um vendedor para focar essa oferta apenas. Já que é um teste, você pega o pior vendedor e o coloca nesse projeto. Você faz isso porque pensa que já que esse vendedor não tem bom desempenho, não vai fazer falta na oferta principal. Isso está *errado*. Aqui você criou duas váriaveis para serem testadas, a nova oferta e o vendedor. Se o teste concluir que o desempenho não foi bom, a culpa foi da oferta ou do vendedor ruim? Não dá para saber. Por isso é importante isolar a variável que você quer testar, no caso a oferta, e colocar o *melhor vendedor* para atuar, porque, se o *melhor vendedor* não conseguir ter um bom resultado, ninguém conseguirá.

A mesma lógica pode se aplicar a um teste de canal. Digamos que você queira testar TikTok Ads. Você não sabe se a sua audiência está nesse canal e se é compradora, se tem intenção. Como no caso é possível isolar a variável do público, a minha sugestão é colocar uma oferta de 50%, 80% de desconto ou até mesmo um bônus em dinheiro para quem comprar nos anúncios que você vai rodar nessa rede. Isso porque a intenção, por ora, não é lucrar, mas descobrir se a sua audiência está ali. Se ninguém comprar mesmo com uma oferta absolutamente agressiva, esquece! Parta para outra. Agora, se você não puser uma oferta irresistível, não vai saber se o canal não teve bom desempenho porque seu público não está lá ou se foi porque sua oferta não foi sedutora o suficiente.

## MÍDIA TRAZ CLIENTES; CRM GERA LUCRO

As estratégias de vendas sempre devem ter o radar apontado para o cliente. Seja o que for que você planejar, lembre que o objetivo final é fazer o cliente finalizar a compra. Este momento, diferente da aquisição e do engajamento, em que você o atraía com conteúdo, é o do cara a cara. O cliente tem que entender que você está ali por ele e para ele.

Uma maneira de monetizar, e até reter esse cliente (lembrando que a retenção é o quarto pilar do Método V4, e falaremos disso mais adiante), é apostar em um software de CRM (*Customer Relationship Management* ou, em português, Gerenciamento de Relacionamento com o Cliente), ferramenta fundamental para guiar as dinâmicas de atendimento e vendas. Uma de suas funções é registrar e organizar os pontos de contato entre o consumidor e um vendedor, centralizando as informações. Na lista entram desde dados pessoais, como endereço e telefone, até questões mais específicas, como visitas ao site e interações on-line e off-line. Também armazena o histórico de leads. O CRM permite que a empresa construa um relacionamento mais duradouro e eficiente com o cliente ao mesmo tempo que oferece melhor experiência aos consumidores durante o processo de vendas.[53] A partir do que foi captado, você consegue redesenhar o processo de vendas e torná-lo mais eficiente.

Se eu disser que o CRM é tão importante, mas tão importante, que é através dele que você consegue crescer, mesmo perdendo clientes, você acreditaria? É verdade! O CRM não é só o software, como a Salesforce, é também um conceito de gestão de relacionamento com o cliente. Dentro da ferramenta, é possível encontrar o Marketing Cloud, o sistema de vendas, o de atendimento ao cliente, o CDP (Customer Data Platform. Isso acontece porque ele não é o sistema em si, mas um conceito, e todas essas tecnologias são auxiliares e, ouso dizer, secundárias. Sabe por quê? Porque mais importante do que escolher entre Salesforce ou Hubspot, é delinear bem a sua estratégia de como construir conversas e jornadas com os clientes, reduzindo fricções e desatando nós. É isso que deve ser muito bem pensado antes de você adota a ferramenta, porque é a ferramenta que serve à estratégia, não o contrário.

E como usar o CRM vai fazer você crescer mesmo perdendo clientes? Você já vai saber, porque vou te apresentar as métricas de saída mais importantes para monitorar qualquer negócio.

$$NRR = \frac{\text{(Receita total atual – Churn)}}{\text{Receita total anterior}} \times 100$$

Aqui estão os componentes da fórmula:

---

[53] CRM: tudo o que você precisa saber. **Resultados Digitais**. Disponível em: https://resultadosdigitais.com.br/especiais/crm. Acesso em: 17 jan. 2021.

**Logo Churn ≠ Revenue Churn**

**NRR (Net Revenue Retention)**

$$\frac{\text{(Receita recorrente inicial + Add-on Receita recorrente) - Receita recorrente perdida}}{\text{Receita recorrente inicial}}$$

>>> **RECEITA TOTAL ATUAL:** é a receita total gerada por todos os clientes que a empresa tem no período da análise, considerando tudo o que eles pagavam no início do período avaliado, mais o *upsell* e o *cross sell*.

>>> **CHURN DE RECEITA (REVENUE CHURN):** esse é um importante indicador financeiro, pois representa a perda de receita devido à saída ou cancelamento de clientes existentes durante determinado período de análise. Isso inclui a receita perdida resultante do cancelamento ou do abandono dos serviços ou produtos oferecidos pela empresa. É crucial entender a diferença entre churn e churn de receita, pois ela é significativa.

*Churn × churn de receita:* o churn, muitas vezes referido como *logo churn*, refere-se ao número de clientes que uma empresa perde em determinado período. Por exemplo, se uma empresa tinha inicialmente dez clientes que geravam R$ 1 mil de receita cada um e, durante um mês, perdeu três deles, o churn seria de três clientes. Ou 30% de logo churn. Mas isso não significa que ela não esteja crescendo. A diferença crucial entre eles é que o logo churn não leva em consideração a receita associada a esses clientes. Para ter uma compreensão completa do impacto financeiro, precisamos olhar para o churn de receita.

Vamos voltar ao exemplo. Se três desses clientes que geravam R$ 1 mil cada cancelarem, o churn de receita seria de R$ 3 mil. Mas não é bem por aí. Eis uma reviravolta interessante: perder três clientes não significa que a receita deles foi junto. Vamos supor que além desse churn, outros quatro clientes resolveram fazer uma compra adicional, ou *upsell*, e cada um deles gastou, em média, R$ 1,8 mil. A conta ficaria assim:

**》》 CHURN DE RECEITA:** 3 clientes cancelaram x R$ 1.000 (receita anterior por cliente) = R$ 3.000 em receita perdida devido ao churn.

**》》 RECEITA GERADA PELOS CLIENTES REMANESCENTES:** 7 clientes restantes, sendo 3 x R$ 1.000 (aqueles que não fizeram *upsell*, mas também não canceleram) + 4 x R$ 1.800 (nova receita média por cliente) = R$ 10.200 em receita total final sobre uma mesma base de clientes que agora é menor, mas gera mais receita do que os R$ 10 mil iniciais.

Agora, você pode ver que, neste exemplo, o churn de receita é, na verdade, negativo em R$ 200. Isso ocorre porque a receita adicional gerada pelos clientes remanescentes excedeu a perdida.

Nesse exemplo, a taxa de retenção de receita líquida (NRR, net revenue retention, em inglês) foi de 102%. Terminamos com mais receita do que quando começamos, mesmo perdendo clientes.

E o ponto chave para se conseguir alcançar o tão sonhado +100% de NRR é o CRM. É ele que vai garantir que não mexamos na empresa e no produto para reter todos os clientes, mas, sim, que os atendamos da melhor maneira possível para que eles tenham sempre uma próxima melhor oferta para comprar de nós. Esse assunto está diretamente conectado com a retenção. O trabalho aqui é trazer o cliente de volta para a monetização constantemente. Se paralelo a tudo que fizemos para adquirir mais clientes, conseguirmos convencê-los a comprar mais vezes e pelo maior valor, vamos alcançar o tão sonhado NRR de 100%+.

Só que para conseguirmos monetizar mais vezes com o mesmo cliente, antes, ele precisa se tornar nosso cliente. Por isso a primeira conversão é tão importante. E por isso, também, precisamos pensar em criar uma ação específica para o atendimento de leads. Esses clientes adquiridos mas ainda não monetizados são fáceis de gerar, porém também é muito fácil perdê-los por conta de um atendimento ruim. Apesar de estarem engajados, ainda não são seus compradores e precisam ser monetizados. Vale a pena cogitar o desenvolvimento de um time de vendas internas, gerando demanda por telefone, para atender esses leads. De nada adiantará gerar tráfego se não houver uma equipe preparada para continuar e finalizar a venda. Lembre que o time de vendas é uma das principais estratégias de crescimento em que uma empresa pode investir. Aquela ação que criamos na V4 que gerava demanda para o WhatsApp dos vendedores só conseguiu o resultado que teve porque havia um time de vendas internas preparado para atender os clientes.

Inclusive, hoje aqui na V4 são dois times de vendas, um dedicado a aquisição, a primeira compra do cliente conosco, e outro de monetização, que só trabalha na venda de novos produtos para a mesma base de clientes.

Mas esse time de vendedores não deve seguir scripts fechados. Foi-se o tempo em que um texto padrão preparado para declamar ao cliente assim que alguém atendia o telefone funcionava. Isso é coisa do passado. Quando você determina como abordar, o que falar, o que perguntar, acaba engessando o relacionamento e podando a performance dos vendedores.

Para converter esse lead, aconselho usar o atendimento consultivo, aquele em que o foco não é a venda, mas os desejos e dores do cliente. Levando em consideração o viés cognitivo da afeição, o vendedor deve se apresentar como um parceiro em quem o cliente pode confiar, alguém que quer entendê-lo e ajudá-lo. É o cliente no centro da roda.

Depois que o vendedor identifica as dores do cliente e o guia para o caminho do "sim" – viés cognitivo da coerência –, chega-se à solução. É o momento de fazer o CTA. Se o vendedor fez tudo certo, a venda está fechada!

Mas, se a resposta for negativa (se o lead não fez a compra), é preciso explorar as objeções, perguntando a ele o porquê de não ter comprado. O objetivo é ter clareza sobre a razão pela qual a oportunidade foi perdida e reunir essas informações para aprimorar os atendimentos posteriores. Assim, nas próximas vezes, você poderá explorar outras estratégias para captar esse lead e converter a venda. Caso você queira se aprofundar mais no processo de vendas e gestão de times de inside sales indico três livros: *The Sales Acceleration Formula*,[54] *Spin selling*:[55] *alcançando excelência em vendas* e *A venda desafiadora*.[56]

---

[54] ROBERGE, M. **The sales acceleration formula**. EUA: Wiley, 2015.
[55] RACKHAM, N. **Spin selling**: alcançando excelência em vendas. Rio de Janeiro: M.Books, 2008.
[56] DIXON, M. **A venda desafiadora**. São Paulo: Portfolio-Penguin, 2013.

## ANTES DE RODAR QUALQUER COISA, SAIBA COMO MEDIR

Certa vez, um cliente varejista que gerenciava centenas de lojas físicas me contou, em conversa, que vinha perdendo muito dinheiro tentando vender no e-commerce. Ele ainda insistia porque não queria investir mais em "tijolos" para fazer a receita da rede crescer a receita, ou seja, não queria abrir mais lojas. Perguntei o que ele fazia para fazer as lojas atuais, já que era uma centena delas, venderem mais. Ele disse que a principal estratégia era a panfletagem, que investia mais de R$ 5 mil por mês, por loja, em panfletos. Então perguntei quantas vendas a tática trazia, ele disse não saber, pois não tinha como medir. Foi quando sugeri que eles pusessem um código promocional no panfleto. Se alguém o apresentasse na loja, ganharia o desconto e eles teriam como saber quantas pessoas receberam o panfleto e foram à loja.

Acontece que já fazia anos que ele fazia isso sem ter qualquer parâmetro. O que quero dizer com isso é que tem como medir qualquer coisa, esse exemplo é da medição mecânica. O ponto é sempre lembrar que antes de rodar qualquer coisa, você precisa pensar e avaliar todas as possíveis formas de medir o resultado. A seguir trago para você as seis principais maneiras de fazer essa medição.

**≫ PIXEL:** pequenos códigos inseridos nas páginas do seu site para rastrear as ações dos visitantes. Eles funcionam da seguinte forma:

- INSERÇÃO DO PIXEL: adiciona-se um pixel de rastreamento (geralmente fornecido por plataformas de publicidade, como o Facebook ou o Google) ao código do site.
- ACOMPANHAMENTO DE AÇÕES: quando alguém visita seu site e realiza uma ação específica, como clicar em um produto, preencher um formulário ou fazer uma compra, o pixel registra essa ação.
- ENVIO DE DADOS: dados coletados pelo pixel são enviados de volta para a plataforma de anúncios, onde são analisados.
- ANÁLISE E OTIMIZAÇÃO: com base nos dados do pixel, você pode medir o desempenho de suas campanhas de publicidade.

Por exemplo, pode saber quantas pessoas que viram seu anúncio realmente efetuaram uma compra.
- TOMADA DE DECISÕES: com as informações do pixel, você pode tomar decisões informadas sobre como otimizar suas campanhas, direcionar anúncios para o público certo ou ajustar o conteúdo do seu site.

Em resumo, os pixels são ferramentas essenciais para rastrear o comportamento dos visitantes no seu site e medir a eficácia das suas campanhas de publicidade on-line. Eles fornecem dados valiosos que ajudam na análise e na tomada de decisões para melhorar o desempenho do seu marketing digital.

**》》 UTM (URCHIN TRACKING MODULE):** é uma maneira eficaz de rastrear e analisar o desempenho das suas campanhas de marketing digital. É como adicionar um rótulo personalizado a links que direcionam para o seu site, permitindo que você saiba de onde vêm as conversões. Eis como funciona:

- CRIAÇÃO DE LINKS PERSONALIZADOS: ao criar uma campanha de marketing, você pode gerar links exclusivos usando ferramentas UTM, como o Construtor de URLs do Google. Esses links contêm informações extras, como a fonte, meio, termo, conteúdo e nome da campanha.
- INCLUSÃO NOS CANAIS DE MARKETING: os links UTM são usados em seus anúncios, postagens em redes sociais, e-mails, newsletters ou qualquer outro meio de divulgação on-line. Cada link é personalizado para refletir a fonte de tráfego ou o canal de marketing usado.
- ANÁLISE NO GOOGLE ANALYTICS: quando os visitantes clicam nesses links, são redirecionados para o seu site. O Google Analytics (ou outra ferramenta de análise) rastreia esses parâmetros UTM automaticamente e registra as informações sobre a origem do tráfego.

- ENTENDIMENTO DAS FONTE DE TRÁFEGO: com as UTM, você pode identificar exatamente de onde vêm suas conversões. Isso ajuda a avaliar quais canais ou fontes de marketing estão gerando mais leads, vendas ou outras metas.
- OTIMIZAÇÃO DAS ESTRATÉGIAS: com os dados UTM, você pode tomar decisões informadas para otimizar suas estratégias. Por exemplo, se descobrir que o tráfego de um determinado canal tem alta taxa de conversão, pode direcionar mais recursos para ele.

Em resumo, as UTM são etiquetas especiais que permitem que você monitore o desempenho de suas campanhas on-line, identificando a origem do tráfego e ajudando na tomada de decisões para maximizar o ROI do seu marketing digital. É uma ferramenta valiosa para entender e aprimorar suas estratégias de aquisição de clientes.

**》》 CRM:** outra abordagem eficaz para rastrear conversões, especialmente aquelas que começam no ambiente on-line e são concluídas através de interações com uma equipe de vendas internas envolve o uso de sistemas de CRM, que já abordamos anteriormente. Funciona assim:

- REGISTRO DE LEADS: quando um visitante do seu site preenche um formulário de contato ou se inscreve em um webinar, a informação é capturada pelo sistema de CRM. Isso cria um registro de lead que inclui detalhes sobre a fonte desse lead, como a página da web em que ele se inscreveu.
- ACOMPANHAMENTO DE INTERAÇÕES: à medida que os leads avançam pelo funil de vendas, as interações com eles são registradas no CRM. Isso pode incluir e-mails trocados, chamadas telefônicas, reuniões agendadas e outras atividades.
- CONVERSÃO POR VENDAS INTERNAS: quando um lead qualificado avança o suficiente no processo de vendas e está pronto para fazer uma compra, a equipe de vendas internas assume o

controle. Eles continuam a usar o sistema de CRM para registrar todas as interações e acompanhar o progresso da conversão.
- ANÁLISE DE DADOS: o sistema de CRM fornece uma visão consolidada de todo o processo de conversão. Você pode analisar os dados para determinar quantos leads começaram on-line e foram convertidos em clientes pelo time de vendas internas. Isso permite medir a eficácia de suas estratégias de geração de leads on-line.
- OTIMIZAÇÃO CONTÍNUA: com base nas análises, você pode ajustar suas táticas de marketing on-line e as abordagens da equipe de vendas internas para melhorar as taxas de conversão e maximizar o ROI.

Os sistemas de CRM desempenham papel fundamental na integração de dados entre as equipes de marketing e vendas, permitindo uma visão completa do funil de vendas. Eles são uma ferramenta valiosa para empresas que desejam rastrear conversões complexas que envolvem interações on-line e off-line. Além de ajudar você a converter novos clientes, bons CRMs vão auxiliar na monetização de uma base de clientes histórica. Quer ver como funciona na prática? Vamos supor que cada vendedor de uma loja tenha um smartphone com o sistema de CRM instalado. Toda vez que um cliente que já foi atendido por ele estiver vendo um produto no e-commerce, o vendedor vai entrar em contato com o cliente para ampliar a taxa de conversão. Para essa estratégia funcionar, é fundamental que ele tenha acesso tanto ao CRM quanto ao CDP (Customer Data Platform).

>>> **MECÂNICA:** aqui você se concentra em criar um ativo exclusivo para cada canal de divulgação da sua oferta, seja ele um meio off-line ou on-line. Esse ativo pode ser um número de telefone exclusivo, um link específico ou qualquer outra identificação única que não possa ser encontrada em nenhum outro lugar além da fonte de divulgação original.
Um exemplo notável dessa estratégia é o da empresa Dell, fabricante de computadores. A Dell utiliza números de telefone exclusivos

**para cada anúncio, seja em outdoors ou anúncios em jornais. Isso significa que quando um cliente liga para fazer um pedido a partir do número 0800 que encontrou em um outdoor específico ou em um anúncio de jornal específico, a empresa sabe exatamente qual anúncio o engajou.**

**Essa mesma lógica pode ser aplicada no ambiente on-line. Você pode criar um número de WhatsApp exclusivo para determinada campanha divulgada no perfil do seu Instagram ou no perfil do Instagram de um influenciador. Da mesma forma, pode criar um link e uma página exclusivamente para a ação com um influenciador. A chave é assegurar que cada meio de divulgação tenha seu próprio ativo exclusivo.**

- ATIVOS EXCLUSIVOS: para cada meio de divulgação, você cria um ativo exclusivo. Ele pode assumir diferentes formas, como números de telefone específicos, links personalizados ou códigos promocionais exclusivos. A chave é que esse ativo só está disponível na fonte de divulgação original.
- RASTREAMENTO DE ORIGEM: quando os clientes respondem à sua oferta e utilizam o ativo exclusivo, você consegue rastrear a origem da venda de modo automático e preciso. Isso significa que você sabe exatamente de onde veio o cliente e qual canal ou anúncio o engajou.
- ANÁLISE DE DESEMPENHO: com esses dados de rastreamento em mãos, você pode realizar uma análise detalhada do desempenho de cada canal de divulgação. Isso permite que você avalie quais estão gerando mais conversões e quais precisam de ajustes.
- DECISÕES INFORMADAS: com base nas informações de rastreamento, você pode tomar decisões informadas sobre como alocar seus recursos de marketing. Isso possibilita otimizar suas estratégias, concentrando-se nos canais que oferecem o melhor ROI.

O exemplo da Dell ilustra como essa abordagem pode ser poderosa, permitindo que empresas saibam exatamente quais anúncios estão gerando resultados e em que seus investimentos de marketing são mais eficazes. É uma maneira inteligente de maximizar os esforços de marketing e melhorar o ROI.

>>> **CORRELAÇÃO:** A mensuração por correlação envolve o acompanhamento das ações de marketing em relação aos resultados de vendas anteriores. Funciona assim:

- ENTENDA SEUS DADOS ANTERIORES: primeiro, você precisa ter um histórico de dados de vendas. Suponha que você venda R$ 1 mil por semana para um público específico (Público X).
- APLIQUE NOVAS AÇÕES: em seguida, você implementa uma nova estratégia de marketing, como uma campanha de Facebook Ads direcionada ao mesmo Público X.
- OBSERVE OS RESULTADOS: agora, acompanhe o desempenho das vendas após a implementação da nova estratégia. Se você notar um aumento nas vendas, digamos, de R$ 1,5 mil por semana, é possível que esse faturamento adicional esteja relacionado ao seu novo esforço de marketing.
- ESTABELEÇA CORRELAÇÃO: correlação é a relação entre as ações de marketing e os resultados de vendas. No exemplo, você pode correlacionar o aumento de R$ 500 nas vendas com a campanha de Facebook Ads.
- ANÁLISE DE CAUSA E EFEITO: embora a correlação não prove uma relação de causa e efeito, ela sugere fortemente que as ações de marketing tiveram impacto positivo nas vendas. Você pode usar essa correlação para tomar decisões informadas sobre como alocar seus recursos de marketing.

Em resumo, a mensuração por correlação ajuda a entender como suas ações de marketing se relacionam com os resultados de vendas anteriores. É uma maneira eficaz de determinar se suas estratégias estão impulsionando o crescimento das vendas e permitem tomar decisões orientadas por dados para otimizar suas campanhas futuras.

**»» CONVERSÕES OFF-LINE:** representam uma maneira eficaz de medir o impacto de suas estratégias de marketing on-line nas vendas, independentemente de sua empresa ser uma loja física ou não. Aqui está como funciona:

- COLETA DE DADOS DE CLIENTES: primeiro, você coleta informações de clientes por meio do seu CRM (Customer Relationship Management) – um sistema que registra dados como nome, e-mail e data de nascimento. Esses dados podem ser armazenados em uma lista.
- INTEGRAÇÃO COM PLATAFORMAS ON-LINE: em seguida, você integra esses dados com plataformas de marketing on-line, como o Google Ads ou o Facebook Ads. As plataformas usam essas informações para encontrar correspondências entre seus clientes registrados no CRM e os usuários em suas redes sociais.
- TAXA DE CORRESPONDÊNCIA: as plataformas calculam a taxa de correspondência, que representa a porcentagem de pessoas em sua lista de clientes registrados no CRM que foram encontradas em suas redes sociais. Isso ajuda a determinar o alcance de sua campanha.
- RASTREAMENTO DE COMPORTAMENTO: as plataformas também rastreiam o comportamento desses clientes em suas redes sociais. Isso inclui verificar se eles foram impactados por anúncios durante o período em que realizaram ações valiosas, como compras ou inscrições.
- ATRIBUIÇÃO DE CONVERSÃO: se as plataformas identificarem uma relação entre a exposição a anúncios on-line e as ações valiosas registradas no CRM, elas atribuem a conversão a esses anúncios. Isso significa que você pode medir diretamente o impacto de suas campanhas on-line nas ações off-line ou no registro de informações essenciais no CRM.

Aqui nós vimos seis formas de medir conversões, mas é importante destacar que é preciso escolher abordagens complementares para obter insights mais abrangentes e precisos. No entanto, é crucial ter em mente que essas estratégias de medição estão em constante evolução, pois são impulsionadas pela tecnologia e pela demanda por análises mais detalhadas.

Uma das novidades que você precisa considerar nessa linha são os Conversions API (API de Conversões), que se tornam imprescindíveis com o declínio dos cookies de terceiros. São uma forma de coletar dados de conversão diretamente das interações dos clientes, sem depender dos cookies. Funcionam por meio de integrações entre as plataformas de marketing e os sistemas internos das empresas. Essencialmente, permitem que empresas rastreiem e analisem o comportamento dos usuários em seus sites e aplicativos, sem comprometer a privacidade.

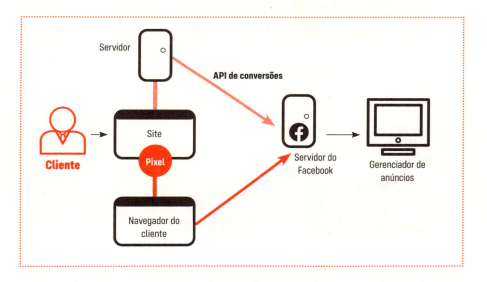

Junto a isso, outra atualização que vale você verificar dentro dos veículos de mídia é a otimização por valor de conversão: uma abordagem estratégica que visa maximizar o valor gerado pelas conversões, em vez de simplesmente aumentar o número delas. A abordagem se baseia na ideia de que nem todas as conversões têm o mesmo valor para uma empresa. Algumas podem representar vendas de alto valor, enquanto outras podem ser menos lucrativas.

Essa estratégia envolve a alocação de recursos e esforços para segmentos de público ou canais que têm um histórico de gerar conversões de maior valor. Isso significa direcionar investimentos para as fontes de tráfego que trazem clientes com maior potencial de compra e lucratividade.

Além disso, a otimização por valor de conversão também pode envolver a personalização das ofertas e mensagens para diferentes segmentos, de modo a aumentar a probabilidade de conversões de alto valor. Isso pode incluir a criação de campanhas específicas para clientes de alto valor, ofertas exclusivas e experiências personalizadas.

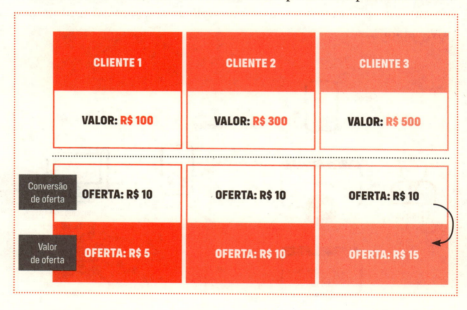

## CDP, DMP, CRM E MARKETING CLOUD: O QUARTETO FANTÁSTICO DO MARKETING

Para tudo que vimos até aqui funcionar de maneira integrada e automatizada, temos no cerne dessa abordagem a implementação de uma CDP (Customer Data Platform) e de uma DMP (Data Marketing Platform). Essas plataformas desempenham um papel central na coleta, organização e análise de dados do cliente. O CDP é como uma superlista de informações que ajuda as empresas a entenderem melhor os seus clientes.

Imagine que uma empresa tem muitos dados sobre seus clientes, como nome, idade, o que compraram e quando compraram. Esses dados estão espalhados em diferentes lugares, como planilhas, bancos de dados e até mesmo em papéis. Uma CDP reúne tudo isso em um só lugar e os organiza de maneira que a empresa possa usá-los de modo mais inteligente.

Com uma CDP, a empresa pode entender coisas como: quem são os melhores clientes, o que costumam comprar, como preferem ser contatados. Isso é superútil para criar campanhas de marketing mais direcionadas e oferecer melhor atendimento aos clientes, pois concentra-se em criar perfis de clientes mais abrangentes. Por ter toda a informação, a CDP vira o ponto de partida de qualquer comunicação com o cliente. Agora, para ativar esse cliente, entra a DMP, que é como um assistente que ajuda a empresa a usar os dados de seus clientes de maneira inteligente, após a CDP os ter organizado.

Imagine que a CDP reuniu todos os dados dos clientes da empresa em um só lugar, como um grande armazém. Agora, a DMP entra em ação e começa a organizar esses dados de maneira ainda mais específica. Ela cria grupos ou segmentos de clientes com base em características semelhantes, como interesses, comportamentos de compra ou localização.

Por exemplo, a DMP pode agrupar os clientes que gostam de esportes e os que preferem moda. Isso é muito útil para o Cientista do Marketing, porque ele pode criar anúncios específicos para esses grupos. Então, se a empresa estiver vendendo tênis esportivos, pode mostrar anúncios de tênis para o grupo de clientes interessados em esportes e anúncios de roupas para o grupo interessado em moda.

A DMP também ajuda a empresa a entender como os clientes se comportam on-line. Ela rastreia coisas como quais sites eles visitam e que tipo de conteúdo consomem. Com essas informações, a empresa pode personalizar ainda mais seus anúncios e mensagens.

Então, enquanto a CDP organiza os dados dos clientes, a DMP os utiliza de maneira inteligente para criar estratégias de marketing mais eficazes e personalizadas. É como ter um assistente que ajuda a direcionar as mensagens certas para as pessoas certas.

E agora entra o seu Marketing Cloud, que é a plataforma que possibilita a empresa a criar e executar campanhas de marketing de modo escalável e automatizado. Ele pode utilizar os dados organizados pela CDP e segmentados pela DMP para enviar mensagens personalizadas para os clientes, pois seja por e-mail, SMS. A ferramenta pode estar integrada em redes sociais e anúncios on-line, entre outros canais para ativar tudo a partir dela integrado com todo o histórico da CDP e as combinações feitas na DMP.

Imagine que a empresa está lançando uma promoção de produtos esportivos. Com o Marketing Cloud, ela pode selecionar automaticamente todos os clientes que foram identificados pela DMP como interessados em esportes Essa ferramenta permite o envio de e-mails, mensagens, ativar campanhas nas mídias digitais ou em ambientes proprietários, como o app da empresa, de modo direcionado, especificamente para esse grupo, informando sobre a promoção de produtos esportivos. Isso torna as campanhas de marketing mais eficazes, pois atingem as pessoas com maior probabilidade de comprar.

Por outro lado, o CRM entra como a ferramenta que ajuda a empresa a manter um registro detalhado de todas as interações com os clientes que não são feitas no meio digital. Isso inclui informações como histórico de compras, casos de SAC, preferências, entre outras. O CRM pode ser integrado à CDP para enriquecer ainda mais os dados. E, assim, ele também vira um aliado do vendedor, que vai ter as informações da CDP voltando para ele na tela do CRM, criando ações que ele deve pôr em prática a partir de informações do comportamento desse cliente que foram registradas na CDP.

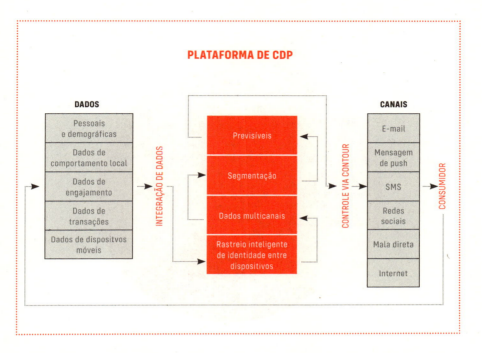

Entenda que quando um cliente faz uma compra ou entra em contato com o serviço de atendimento ao cliente, essas interações devem ser registradas no CRM. Com base nesses registros, a empresa vai entender melhor as necessidades individuais dos clientes e oferecer um atendimento mais personalizado no futuro. Além disso, o CRM também pode fornecer informações valiosas para o Marketing Cloud, ajudando a criar campanhas ainda mais segmentadas e relevantes.

Em resumo, o Marketing Cloud ajuda a empresa a executar campanhas de marketing direcionadas com base nos dados da CDP e DMP, enquanto o CRM auxilia no registro e gerenciamento das interações e relacionamentos com os clientes, contribuindo para um atendimento mais personalizado e estratégias de marketing mais eficazes. Todos esses componentes funcionam juntos para criar uma experiência integrada e de alta qualidade para os clientes.

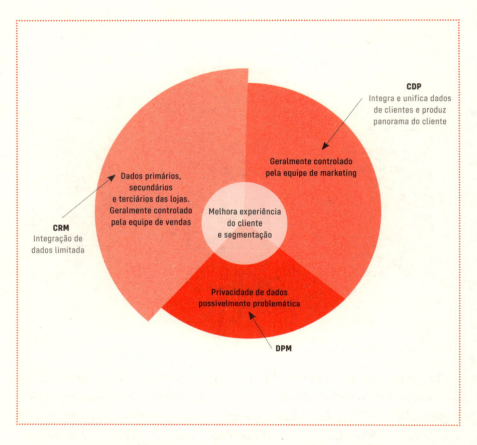

Esse quarteto fantástico é um aliado poderoso na estratégia de monetização. Com ele conseguimos vender mais vezes, e pelo maior valor, para os mesmos clientes, diversos produtos do portfólio e, assim, conseguimos o máximo de NRR possível.

## BUSINESS INTELLIGENCE: UM ALIADO

Dados, dados e dados. Já está mais do que claro para você que a sua vida estará mais envolta por números e do que por Cannes. Ter essas informações em mãos é valioso, e as empresas investem alto nisso. O jornal britânico *The Economist* até chegou a comparar a informação ao petróleo, o bem até então mais valioso do último século.[57] A maior prova desse valor é o surgimento de regulamentações, como a Lei Geral de Proteção de Dados (LGPD), que estão em vigor no mundo e são necessárias para ditar as regras de como as empresas podem usar essas informações.

Em um primeiro momento, pode até parecer que esse novo petróleo não tem qualquer ligação com o marketing. Nada disso. Como você já viu, os dados baseiam boa parte das decisões estratégicas do Cientista do Marketing Digital®. Nada do que ele propõe é feito no "achômetro", mas em dados e informações concretas. Para gerenciar esse montante de informações é que existe o *business intelligence* (BI), ou seja, a inteligência de negócios, que como o próprio nome explica, tem a finalidade de trazer inteligência para a gestão dos negócios, organizando e exibindo dados de maneira clara e compreensível. Administrar baseando-se apenas em intuição é muito perigoso. Imagine que o BI é o cockpit de um avião. Sem todos aqueles aparelhos e informações, o piloto não consegue tomar a decisão para conduzir o voo. O mesmo acontece em uma empresa.

Quando o assunto é conversão de clientes, o uso dessa estratégia é ainda mais importante. Uma boa aplicação de BI reduzirá custos e esforço da empresa, pois será possível atingir mais resultados, gastando menos dinheiro e tempo. Isso ocorrerá porque os dados trazem clareza quanto a onde reduzir ou alocar mais recursos. Além da gestão de verbas, o BI pode ajudar a gerir a equipe, usando os dados para medir a performance do time de vendas. Ao utilizar indicadores, conseguirá identificar mais facilmente o que não está indo bem e o que deve ser otimizado.

Essa clareza dos dados também pode auxiliar na resolução de divergências de opiniões entre você e o seu cliente, por exemplo, quando os dois têm ideias diferentes sobre o layout de uma página. Nesse caso, sugiro fazer um teste A/B, medir os resultados. A solução de melhor performance ganha a discussão. Porém a questão não é

---

[57] THE world's most valuable resource is no longer oil, but data. **The Economist**, 6 maio. 2017. Disponível em: https://www.economist.com/leaders/2017/05/06/the-worlds-most-valuable-resource-is-no-longer-oil-but-data. Acesso em: 17 jan. 2021.

TERCEIRO PILAR: MONETIZAÇÃO

ganhar ou perder o debate com os stakeholders do projeto, mas encontrar o melhor caminho para resolver. E, para isso, você precisa dos dados.

A princípio, trabalhar com BI pode deixá-lo um pouco perdido, mas não é algo complicado. Você, provavelmente, já tem muitos desses dados. Se visitar a V4 Company, verá que estamos cheios de indicadores alternando-se em TVs penduradas nas paredes. As nossas reuniões de planejamento são sempre pautadas nesses dados, sendo os *dashboards*[58] atualizados em tempo real, nos permitindo acompanhar os principais indicadores de performance do nosso negócio. Somos *data driven*, ou seja, guiado por dados. Neles é que estão todas as respostas quando o cliente nos pergunta: "O que eu faço para vender mais?".

O BI colabora com os negócios por meio de *highlights*, que são resultados dos cruzamentos de dados relevantes para o seu negócio à procura de recorrências, correlações e anomalias. No caso de vendas, uma recorrência a ser percebida é quando, ao longo do ano, há meses em que as vendas caem, enquanto, em outros, elas aumentam. Essa sazonalidade é um *highlight* a ser analisado, porque pode haver algum evento, nos meses de baixa, que sirva de gatilho para o aumento das vendas. Já a anomalia é uma quebra radical no padrão. Digamos que janeiro sempre foi um mês ruim de vendas. Porém, em certo ano, esse mês vendeu bem. Isso é uma quebra de padrão significativa. Também é possível perceber correlações: é possível checar se quando posta certo conteúdo no Facebook, as vendas de produtos específicos aumentam.

Esse cruzamento de dados mostra o que está acontecendo com o negócio e explica os porquês. Um relatório de BI, por exemplo, pode revelar que as vendas estão baixas. A partir dessa constatação, será preciso analisar os dados para trazer alguns *highlights* que o ajudem a esclarecer a situação.

---

[58] *Dashboard* é um painel visual que centraliza várias informações em uma só tela. (N.E.)

Seguindo esse exemplo das vendas baixas, os *highlights* podem mostrar que a conversão de leads está baixa. Ao garimpar um pouco mais, os dados revelam que a empresa está investindo pouco na captação de leads, portanto, eles têm custo baixo, mas, como não convertem, indicam que a qualidade do público está ruim. Conclui-se, então, que o problema está na segmentação dos anúncios, que estão atingindo o público errado. Com tudo isso resolvido, o Cientista do Marketing Digital® tem o que precisa para resolver as vendas baixas.

**PERCEBA QUE, SEM OS *HIGHLIGHTS*, O GESTOR TERIA MUITO MENOS CLAREZA PARA IDENTIFICAR OS PROBLEMAS E RESOLVÊ-LOS. ESSA É UMA DAS PRINCIPAIS FUNÇÕES DO BI: TRAZER À VISTA DADOS OBSCUROS, MAS QUE PODEM AJUDAR A EXPLICAR O QUE ESTÁ ACONTECENDO NO NEGÓCIO. SEM ELE, SÓ RESTARIA A INTUIÇÃO, OU SEJA, ESTARIA ÀS CEGAS.**

Esses dados que guiam o negócio e alimentam o BI são os indicadores de performance ou KPIs (sigla em inglês para *Key Performance Indicators*). Eles são importantes para determinar todas as ações que envolvem suas decisões. Quem não controla indicadores não controla o processo. Os relatórios gerados por eles servem não só para mostrar ao cliente como as campanhas estão indo, mas também para saber o que fazer e guiar as decisões mais acertadas para os próximos passos, sempre buscando melhorá-las para conquistar maior retorno com menor investimento. Você já viu aqui os principais dados que precisa acompanhar para saber se a monetização está acontencendo e justificando todos os esforços. Então não desvie a atenção do seu CLV (LTV/CAC), ROAS, ROI e, principalmente, do seu NRR, porque, como vamos ver mais para frente, retenção é um assassino silencioso.

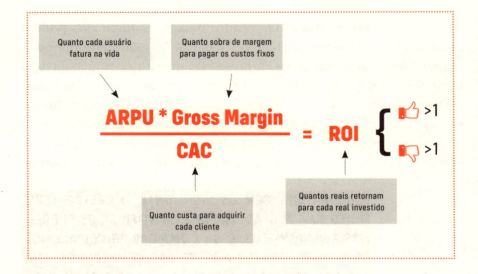

## CASH ON CASH RETURN

Uma confusão que muita gente faz na atividade de *Business Intelligence* é esquecer que o objetivo aqui é a geração de valor para o negócio, e não ser aprovado em uma prova de contabilidade. Com isso, muitas vezes focamos apenas nas métricas táticas e não nas análises estratégicas de geração de valor sobre o capital investido dos acionistas e fontes de financiamento do negócio. Uma das métricas mais presentes no dia a dia é o ROAS (*Return on Advertising Spend*), que mede o retorno obtido sobre o investimento em publicidade como já vimos aqui. No entanto, esta métrica pode ser simplista e extremamente tática e não captar toda a complexidade do investimento real em marketing. Por isso, apresento o conceito de **Cash On Cash Return**, que proporciona uma visão mais precisa e detalhada do retorno sobre o capital investido.

### O conceito de Cash On Cash Return

Em 2023, a V4 Company investiu mais de R$ 350 milhões em seus clientes, gerando mais de R$ 5 bilhões em receita diretamente atribuída aos esforços da empresa. Se fizermos um cálculo simples, nosso ROAS aparenta ser de 14 vezes o capital investido. No entanto, essa visão não captura toda a realidade do ROIC. Para entender isso melhor, vamos considerar um exemplo prático.

## Exemplo prático de cálculo de ROAS – análise geral:

| MÊS | INVESTIMENTO (UNIDADES MONETÁRIAS) | RETORNO (UNIDADES MONETÁRIAS) | ROAS (RETORNO / INVESTIMENTO) |
|---|---|---|---|
| PRIMEIRO | 3 | 10 | 3,33 |
| SEGUNDO | 3 | 5 | 1,67 |
| TERCEIRO | 4 | 8 | 2,00 |

- Investimento Total: 3 + 3 + 4 = 10 unidades monetárias.
- Retorno Total: 10 + 5 + 8 = 23 unidades monetárias.
- ROAS Geral: 23 / 10 = 2,3.

Aqui, o ROAS geral parece ser de 2,3 vezes, indicando que, para cada unidade monetária investida, você ganha 2,3 unidades de retorno. Contudo, essa análise não considera o reinvestimento dos retornos nos meses subsequentes.

## REAVALIANDO O INVESTIMENTO

Vamos reconsiderar o investimento levando em conta o reinvestimento dos retornos:

- No segundo mês, o investimento de 3 unidades foi, na verdade, parte do retorno do primeiro mês. Você não precisou adicionar novas unidades do seu capital.
- No terceiro mês, você adicionou apenas 1 unidade ao capital de retorno que já possuía.

### Cálculo reavaliado de ROAS:

- Capital realmente investido: 3 unidades (primeiro mês) + 1 unidade adicional (terceiro mês) = 4 unidades monetárias.
- Retorno total: 23 unidades monetárias (como antes).
- ROAS reavaliado: 23 / 4 = 5,75.

## CONCLUSÃO

Ao considerar que parte do investimento nos meses subsequentes veio do retorno do mês anterior, o capital real investido foi de apenas 4 unidades monetárias, e não 10. Assim, o retorno sobre o capital investido real é de 5,75 vezes, significativamente maior que o cálculo simplificado de 2,3 vezes.

### *Explicação prática*

Pense como se você estivesse plantando sementes. No primeiro mês, você planta 3 sementes e colhe 10 frutos. No mês seguinte, você usa 3 dos frutos colhidos (não precisando de novas sementes) e colhe mais 5. No terceiro mês, você adiciona apenas mais 1 semente às 3 que já tinha, e colhe 8 frutos. No final, você usou apenas 4 sementes (3 no início e 1 a mais no final) para colher um total de 23 frutos. Isso muda completamente a forma como interpretamos o resultado.

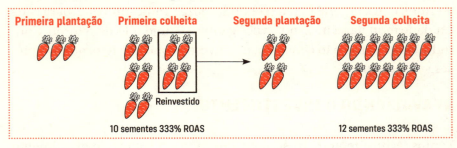

### *Comparação com ROAS tradicional*

O ROAS tradicional muitas vezes não leva em conta o efeito do reinvestimento, subestimando o real retorno sobre o capital. Ao aplicar o Cash On Cash Return, conseguimos uma visão mais precisa e estratégica, que reflete melhor o impacto dos investimentos ao longo do tempo.

### *Conclusão*

O conceito de Cash On Cash Return é crucial para uma avaliação mais precisa do retorno sobre o capital investido em marketing. Ele considera o reinvestimento dos retornos e oferece uma visão mais realista e detalhada do desempenho das campanhas.

# AS HABILIDADES DE UM BOM ANALISTA DE BI

Para trabalhar com essa análise de dados é necessário mais do que ter habilidades de programação ou formação em tecnologia da informação. O requerido é ser capaz de pensar logicamente. Isso porque o *business intelligence* não se resume ao software de BI. É uma atividade para se trabalhar com lógica, portanto, é preciso entendê-la. Pense que o software majoritariamente não faz nada sozinho; quem dá os comandos e faz as perguntas é o analista de dados.

Somado à lógica, é desejável ter algum conhecimento de matemática e estatística. Certa vez, na V4 Company, tínhamos que fazer um relatório representando uma projeção do quanto seria necessário vender para atingir determinado lucro líquido. Esse relatório receberia um *input*: o lucro desejado. Também deveria entregar o *output*: o quanto seria necessário vender para atingir tal lucro. Por que é necessário entender de estatística, nesse caso? **Para saber quais variáveis afetam essa projeção e com que intensidade.**

O nosso analista de BI percebeu que as projeções que o software fazia estavam gerando resultados irreais, como o lucro projetado que estava acima da média. O profissional então analisou a situação e viu que havia custos relacionados ao processo de vendas que o algoritmo não estava computando. Sem entender a lógica do programa, não seria possível avaliar se a projeção entregue pela máquina era real. Para corrigir o problema, nosso analista alterou o algoritmo do software que estava gerando as projeções.

Mas qual seria essa alteração? Ao notar que o lucro projetado sobre as vendas estava muito alto, ele fez uma pesquisa de mercado à procura de projeções mais realistas. Após a análise, viu que o lucro esperado teria que ser 20% menor para que a projeção se aproximasse mais da realidade. Então, ele alterou o algoritmo da projeção, descontando essa porcentagem. Desse modo, o relatório ficou mais preciso.

Veja que, nessa simples correção, ele usou a lógica para entender como o software funciona; a matemática para calcular as médias de lucro líquido sobre vendas no mercado; e a estatística para avaliar as projeções. Portanto, mesmo que o BI traga muitas informações, ainda caberá ao profissional que analisará esses dados saber se eles, realmente, estão de acordo com o negócio. Aí, saliento, mais uma vez, a importância de não ser um ferramenteiro e sim um Cientista do Marketing Digital®. Claro que essa figura não substitui um analista de dados profissional, mas tem o discernimento para entender o caminho que a análise está tomando.

Com o processo de BI em funcionamento, combinado com o quarteto fantástico que descrevemos anteriormente, você pode usar inteligência artificial oferecida pelas próprias ferramentas de mídia, como Facebook e Google, para otimizar as suas conversões e encontrar pessoas mais propensas a comprar. Com essa ajuda, você pode impactar uma audiência semelhante à que interage com seus anúncios ou que curte a sua página na rede social, ou até mesmo que já comprou de você. Para isso, o algoritmo faz a comparação de inúmeros perfis para gerar uma lista de pessoas que, potencialmente, têm algum tipo de identificação com a sua empresa. Em resumo: deixe a inteligência artificial das ferramentas de mídia o ajudarem a aumentar a monetização. Não desperdice essa oportunidade.

**A monetização é um dos principais pilares do Método V4**, pois é onde todo o seu esforço de aquisição e engajamento mostrará resultado. Além disso, é onde a venda efetivamente acontece, ou seja, o lucro do cliente aparecerá. Se a monetização não acontece, a empresa não enxergará o seu trabalho. Portanto, atente-se a cada detalhe e, se achar melhor, leia o capítulo outra vez. Sua formação como Cientista do Marketing Digital® nunca termina. Aprofunde-se nos assuntos, pesquise as novidades e esteja sempre preparado para surpreender o cliente com boas estratégias. Toda essa bagagem extra aumentará o seu sucesso, e consequentemente, os seus resultados. Então, vá além.

"MÍDIA PAGA É UMA FESTA COM GENTE BONITA E BEBIDA LIBERADA. CRM É UMA ACADEMIA DENTRO DE UMA BIBLIOTECA. QUAL VAI TE LEVAR MAIS LONGE NA VIDA?"

@denerlippert

# CAPÍTULO 9

# QUARTO PILAR: RETENÇÃO

O relacionamento com o cliente acaba quando acontece a venda. Se você já ouviu essa frase e acreditou nela, pode deletá-la da sua cabeça agora mesmo. Quem pensa dessa maneira está desperdiçando boas oportunidades de negócios. Veja bem: esse cliente já comprou de você, ele já conhece seus serviços, por que não o fazer voltar outras vezes para comprar mais e até aumentar o ticket médio de compra?

Quando começamos a criar o Método V4, os três primeiros pilares surgiram quase que espontaneamente e como consequência um do outro. Partimos da aquisição, depois sabíamos que teríamos que envolver esse usuário antes de vender algo para ele, daí surgiu o engajamento. Em seguida, fomos para a monetização, ou seja, quando o usuário engajado está pronto para fazer uma compra. Um pilar levou ao outro. Já o quarto pilar surgiu da necessidade de tornar os negócios mais lucrativos. Reparamos que o CAC, muitas vezes, era maior que a receita oriunda da primeira compra. E como resolver essa equação? Retendo o cliente. E a retenção nada mais é do que fazer o cliente comprar novamente, evitando que ele abandone a sua marca e migre para a concorrência.

Esse pilar ficou ainda mais evidente quando começamos a trabalhar com clientes do mercado financeiro. Veja essa comparação entre Spotify e XP Inc., dois projetos em que atuamos e que têm modelos completamente diferentes dentro dos quatro pilares. No caso do Spotify, ele tem um modelo de negócio "One Fits All", ou seja, é basicamente um produto para todos os clientes. Nosso trabalho com eles era muito focado na aquisição de clientes, pois a monetização era feita pelo próprio produto (*Product Led Growth*). A natureza do aplicativo o fez se tornar um ativo indispensável para o cliente, fazendo a retenção ser muito alta. Esse fato somado ao de que o mercado dele é gigantesco e endereçável, basicamente fez com que todo mundo pudesse ser cliente deles. É um modelo de negócios que não precisa de um mix de ofertas maior para crescer.

Já no caso da XP, ou qualquer player do mercado financeiro, essa realidade é completamente diferente. Pense: quanto alguém paga para abrir conta em um banco? Majoritariamente nada. Ou seja, o ROI direto de uma campanha para um banco é negativo, é prejuízo. Gera fluxo de caixa negativo. Como, então, os bancos são muito mais lucrativos que o Spotify? Porque o banco consegue reter o cliente, fazer com que ele volte mais vezes para um mix de produtos. O que, no caso da XP, passa de mil ofertas que o cliente pode comprar. Em nosso trabalho com eles, praticamente não atuamos em aquisição, nosso projeto foi 100% no time de Revenue Ops, que está à frente do quarteto fantástico de que falei anteriormente: CDP, DMP, Marketing Cloud e CRM, visando construir jornadas de relacionamento com os clientes a partir de seus respectivos comportamentos, fazendo-os, assim, voltar mais vezes para comprar mais produtos e pelo maior valor.

É preciso entender muito bem qual é o contexto do projeto, mas o fato é que a retenção é um ponto chave de sucesso. Seja o seu contexto mais parecido com o do Spotify (*Product Led Growth*), com um altíssimo mercado endereçável e uma solução incrível que permite uma retenção absurda; seja mais parecido com o da XP, que não tem um mercado tão grande nem um produto pelo qual o cliente pagará todos os meses para consumir. A saída, neste caso, é ter um mix de ofertas maior, que, através da jornada de relacionamento com o cliente, manterá o NRR o mais alto possível.

Veja a diferença do valor de mercado de três soluções de música por assinatura e a correlação com suas respectivas taxas de retenção.

O fato é que esse pilar na trajetória do negócio é negligenciado pela maioria das empresas. Elas se concentram em fazer um bom trabalho de aquisição e monetização uma única vez, e simplesmente se esquecem de dar atenção à retenção. Essa etapa é importante, pois evita ter que realizar uma nova aquisição de cliente. O CAC é uma despesa alta para a empresa, já falamos sobre isso nos capítulos anteriores. E, além disso, é uma *output metric*, você não controla diretamente. As ferramentas de mídia, por exemplo, são tomadas em leilão para precificar o seu custo. Quanto mais anunciantes, mais caro. E eu posso afirmar: só haverá mais concorrência. O inventário de mídia não vai aumentar, pois a equação já está formada para o custo do CAC sempre aumentar.

Sabendo disso, por que desperdiçar? Se um usuário retorna para fazer novas compras, você economiza e aumenta o lucro. E você nem precisa reter 50% ou 60% da sua carteira de clientes para conseguir um bom retorno. Um artigo publicado na Harvard Business School[59] mostrou que, aumentando a taxa de retenção em apenas 5%, é possível elevar a lucratividade de 25% a 95%. Por isso, manter seus clientes féis completa nosso ciclo virtuoso: de aquisição ao engajamento, do engajamento à monetização e da monetização à retenção que joga de volta para a monetização e o *loop* infinito do marketing está formado.

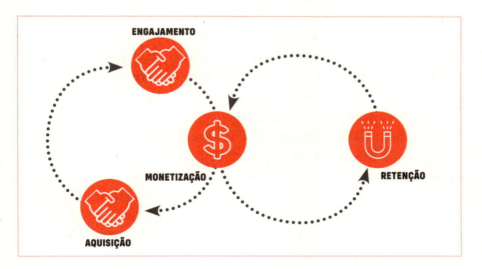

E isso só é possível quando o cliente se sente no centro das atenções (assim como falamos no terceiro pilar) e reconhece que a empresa continua

---

[59] REICHHELD, F.; SCHEFTER, P. The economics of e-loyalty. **Harvard Business School**, 7 out. 2000. Disponível em: https://hbswk.hbs.edu/archive/the-economics-of-e-loyalty. Acesso em: 18 jan. 2021.

sendo capaz de solucionar as suas dores. Assim, ele se torna fiel e passa a indicar a marca. **Resultado:** você acaba atraindo ainda mais negócios.

Claro que fidelizar um cliente não é algo que acontece da noite para o dia nem a partir somente de uma única compra. Esse é um trabalho de formiguinha, mas, quando bem feito, garante a rentabilidade do negócio.

## CICLO DO CLIENTE COMO CONSUMIDOR E ROTATIVIDADE

Vários indicadores ajudam a entender como está a retenção do cliente de uma empresa. Eles envolvem cálculos e interpretação e são extremamente importantes para os negócios. Empregá-los dará uma clareza maior do ponto atual em que a empresa está e o que precisa fazer para aumentar a retenção. Normalmente, quem entra para a área de marketing não gosta de números, entretanto, isso tem que mudar.

Um desses indicadores é o *Lifetime Value* (LTV), que mostra o valor do ciclo de vida do cliente como seu consumidor e sobre o qual já falei algumas vezes neste livro. A sua importância na retenção está em permitir o cálculo do real retorno que essa pessoa traz ao investimento. Na maioria dos negócios, é normal não ter lucro na primeira venda a um cliente: o lucro vem da permanência dele ao longo do tempo. Se você não o retém, esse lucro posterior se perde.

Para ficar mais claro, imagine que você vende um SaaS (*Software as a Service*, em português, software como serviço), como a Adobe Creative Cloud. Uma característica desse tipo de produto é que a venda acontece por meio de assinatura mensal. Vamos imaginar que esse SaaS que você vende custa, mensalmente, R$ 90, um valor baixo, mas geralmente o usuário fica, ao menos, um ano usando-o. Para saber se esse negócio é lucrativo, você tem que calcular o LTV.

Para isso, primeiro, ache o ARPU multiplicando o valor pago mensalmente pelo tempo que o cliente usou o software. Então, R$ 90 × 12 meses = R$ 1.080. Depois, multiplique-o pela margem de contribuição. No **capítulo 6**, explico direitinho como fazer essa conta. Vamos imaginar que a *Gross Margin* seja 60%. Portanto, o seu LTV é 648. Com esse número em mãos, compare-o com o CAC (também está lá no **capítulo 6**).

Imagine que seu CAC é R$ 100. Isso significa que você terá um fluxo de caixa negativo no primeiro momento, porque seu CAC foi maior do que o valor pago na primeira mensalidade. Entretanto, com a retenção desse cliente, em pouco tempo você atinge o ponto de equilíbrio e passa a acumular lucratividade (como mostra a figura abaixo). Isso acontece até o consumidor abandonar a plataforma. Por isso, é importante trabalhar para mantê-lo o máximo de tempo possível, sem ter que investir em seu retorno ou em adquirir novos clientes.

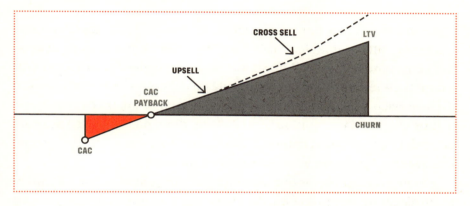

O LTV é um número importante mas, de certa forma, é uma média, e as médias muitas vezes enganam. Por esse motivo, é importante granular mais as análises. Você pode fazer isso usando a análise **RFM** que estima o valor de um cliente com base em três variáveis: **R**, de recência (quanto tempo faz que o cliente comprou de você pela última vez?); **F**, de frequência (com que frequência ele compra?); e **M**, que corresponde a valor monetário (quanto gasta?). Com esses dados, você consegue prever quais clientes têm mais chances de realizar novas compras.

Para cada usuário, atribua notas nas três variáveis, que vão de 1 a 5, sendo 5 o melhor e 1 o pior indicador. Ao fazer essa atribuição, você vai chegar a uma matriz semelhante à imagem abaixo em que conseguirá identificar clientes com mais recência, frequência e valor. Esses são os seus melhores clientes, os VIPs. E aqueles com piores indicadores são os clientes com alto risco de abandonar o serviço.

QUARTO PILAR: RETENÇÃO

| | 0-29 | 30-89 | 90-179 | 180-364 | 365+ |
|---|---|---|---|---|---|
| **Número de dias de compra** | 0.1% | 0.0% | 0.0% | 0.0% | 0.0% |
| | 0.4% | 0.2% | 0.2% | 3.1% | VIP PASSIVO |
| | | | | | |
| | 0.0 | 0.1% | 0.0% | 12.4% | 0.3% |
| | NOVO | | SOB RISCO | | |
| | 3.9% | 6.3% | 20.8% | 2.9% | 21.2% |
| | 0-29 | 30-89 | 90-179 | 180-364 | 365+ |

Com essa análise, é possível criar ações para colocar mais clientes no quadrante VIP – o que significa mais LTV – e também usar as características em comum desse público para usá-las na segmentação lá na DMP, e os demais membros do quarteto fantástico do marketing que vão estar a seu serviço. Também conseguirá avaliar quais os motivos que levam alguns clientes a estarem no topo da lista, direcionar sua atenção para entender por que seus clientes de risco não têm frequência de consumo e criar estratégias para aumentar essa retenção.

Geralmente, um cliente que não continua com a empresa ficou insatisfeito em algum momento da jornada. Medir a satisfação o ajudará a entender os motivos que impediram a retenção. Um dos indicadores mais difundidos é o NPS (Net Promoter Score), que nada mais é do que aquela pesquisa em que você faz a seguinte pergunta para o cliente: "De 1 a 5, quanto você indicaria a nossa empresa para um amigo ou parente?". Depois disso, você pede para ele comentar os motivos que o levaram à resposta. Esse questionário trará informações valiosíssimas para manter a sua retenção.

Importante nos atentarmos que, no fim das contas, o *churn*, o NRR ou uma análise de *cohort retention* (de que vamos falar mais para a frente) são *output metrics*. Retenção é uma métrica de saída, e, como falamos antes, só temos controle sobre as métricas de entrada. No caso da retenção, só é possível mexer no engajamento da base através de melhorias dos ambientes, oferecendo soluções para aumentar o uso e os pontos de contato. Isso ajuda a ativar a base e também ressuscitar clientes que não estavam mais tendo contato conosco.

Um exemplo disso foi a criação do cartão de crédito dentro do portfólio da XP. Pense que, até então, o cliente acessava a conta ou app uma ou quatro vezes por trimestre. Agora, uma vez que adicionam o cartão de crédito ao portfólio, quantas vezes o cliente acessa ambientes da empresa? Trinta vezes, noventa vezes? Eu uso o cartão XP e o acesso todo dia, já que é meu cartão principal. Então, mesmo que o cartão de crédito nesse caso não seja um produto rentável, ele é uma estratégia de retenção muito interessante, pois aumenta os pontos de contato da empresa com o cliente. E quanto mais pontos de contato, mais oportunidades a empresa terá de oferecer outras soluções do seu portfólio e monetizar o cliente mais vezes.

Eu gosto desse modelo de negócios da XP. Uma empresa que comercializa um produto que não tem frequência de compra, como um varejo comum ou uma loja virtual, dificilmente pensam ter retenção e também não se atentam ao churn. Um bom exemplo disso é um cliente de supermercado. Se ele não voltou em 45 dias, ou está comprando em outro lugar ou faleceu. Mas o supermercado não sabe disso, porque não mede a retenção. Mesmo sem ter um produto recorrente, é possível medir o *churn* desse tipo de negócio. Só será necessário definir um critério que tenha a ver com o caso de uso do seu cliente.

Vamos tomar como exemplo uma empresa de transporte por aplicativo. Se o cliente passar vinte dias sem usar o serviço, esse critério pode ser considerado um *churn*, pois é provável que ele esteja usando outro aplicativo. Nesse caso de uso, a frequência de compra não ultrapassa esse período, a não ser que, de fato, o usuário tenha abandonado a plataforma de vez. O critério escolhido faz sentido para esse aplicativo de transporte, mas talvez não faça para a sua empresa ou para a qual você está criando a estratégia. Nesse caso, o melhor é analisar o consumidor e definir a métrica de corte.

## RETENÇÃO É O ASSASSINO SILENCIOSO

No universo altamente competitivo das startups, a batalha pela supremacia parece ser travada com base no número de usuários ativos. No entanto, já é possível começar a entender a necessidade de olhar além das métricas aparentes para descobrir a verdadeira essência do sucesso a longo prazo.

Para fixar o modelo na sua cabeça, vamos para mais alguns estudos de caso. Imagine duas empresas que são aplicativos de delivery, A e B. A empresa A ostenta orgulhosamente 100 mil WAU (usuários ativos semanais), enquanto a empresa B supera essa marca, com 200 mil. Ambas exibem taxas de retenção aparentemente idênticas. À primeira vista, poderíamos concluir que a empresa B é a favorita para a vitória a longo prazo, certo? Não tão rápido.

Aqui está o que a métrica de retenção errada não revela: a empresa A conquista a lealdade de seus usuários de um modo a que a empresa B não consegue igualar. Com uma média de três pedidos por usuário por semana, a empresa A gera um impressionante total de 300 mil pedidos semanais. Enquanto isso, a empresa B, com sua média de apenas um pedido por usuário, atinge apenas 200 mil pedidos. A ilusão de uma taxa de retenção semelhante obscurece a realidade: a empresa A está construindo um negócio mais sólido, com uma base de clientes mais fiel.

### Como engajamento gera receita

Modelo transacional (Restaurante delivery)

**A**
100k usuários ativos semanalmente
Mesma taxa de retenção
3 pedidos por usuário por semana
300k pedidos por semana

**B**
200k usuários ativos semanalmente
Mesma taxa de retenção
1 pedido por usuário por semana
200k pedidos por semana

Aqui reside a primeira lição: observar apenas as métricas superficiais de retenção pode distorcer a visão do sucesso real. Agora, considere outra empresa que inicialmente parece estar prosperando. Ela está aumentando rapidamente o número de usuários ativos mensais. Parece um triunfo, certo? Não exatamente. Ao escavar mais fundo, revela-se um cenário diferente. Os usuários diários ativos estão diminuindo constantemente, indicando que a empresa está apenas inflando sua base de usuários com novos registros, sem realmente conseguir envolver e reter esses usuários no dia a dia. O resultado? Um crescimento de fachada que não pode ser mantido a longo prazo.

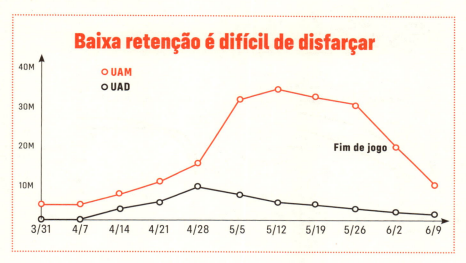

A segunda lição é clara: focar apenas métricas de crescimento de base pode levar a um declínio disfarçado.

Agora, vamos para o terceiro caso. A empresa A adquire 1 milhão de usuários por mês, enquanto a empresa B a supera, com 2 milhões. À primeira vista, parece que a empresa B dominará o mercado no longo prazo, certo? Mas mais uma vez, não tão rápido. A empresa A mantém uma sólida taxa de retenção de 85%, enquanto a empresa B luta com uma taxa de 65%. Se olharmos para o número de usuários ativos mensais após 6 meses, a empresa A parece estar atrás, com 4,1 milhões, enquanto a B lidera com 5,3 milhões.

Mas espere, aqui está a reviravolta: após 3 anos, a empresa A ultrapassa a B, com 6,6 milhões de usuários contra 5,7 milhões. Mais uma vez, a retenção provou ser o fator determinante para o crescimento sustentável a longo prazo.

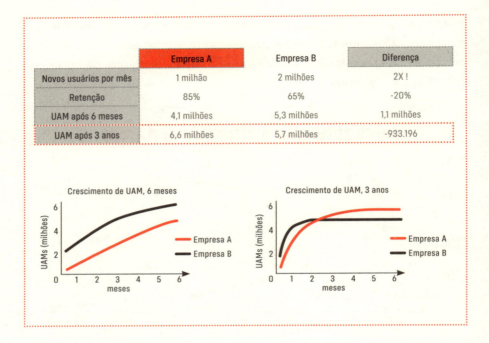

A conclusão é que a retenção é o assassino silencioso que governa o jogo do crescimento sustentável. Enquanto as métricas iniciais podem nos distrair, é a capacidade de manter os clientes satisfeitos e engajados que realmente define o sucesso das empresas a longo prazo. Portanto, lembre-se, o que faz toda a diferença na sua atuação como Cientista do Marketing® não é apenas quantos clientes você atrai, mas quantos você mantém.

## RETENÇÃO INFINITA?

Agora que você já entendeu a importância da retenção e as métricas que ajudam a interpretá-la dentro do seu negócio, deve pensar: "Ok, é só reter os clientes que eu tenho e minha empresa dará lucro para sempre". Esse pote de ouro é um sonho, pois a retenção infinita não existe. Em algum momento, os clientes vão abandoná-lo. Então, se perder clientes é normal, a questão é ampliar o mix de soluções e vender mais produtos para os clientes remanescentes. Isso é superimportante, porque só tentar aumentar a retenção, ou até mesmo falar com clientes que você perdeu e tentar mudar a política da empresa para conseguir uma melhor taxa de retenção, pode estragar o seu negócio para os clientes que gostam dele como é. O mais prudente é se concentrar em desenvolver mais soluções para quem já gosta do que você oferece e focar um NRR maior. Uma vez priorizado isso, em paralelo você vai tomar as devidas medidas para diminuir o *churn* geral e ir aumentando a retenção dentro do possível, sem estragar a empresa para quem já está satisfeito com ela. Veja, no gráfico a seguir, dois exemplos de curva de retenção, na qual a preta é boa, e a vermelha, ruim.

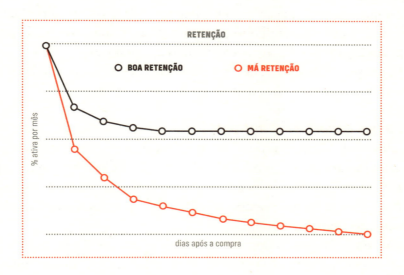

No momento de traçar sua estratégia, atente-se de que o maior problema não é perder uma parcela de clientes próximo à aquisição, mas não conseguir estabilizar a curva de retenção na sequência da jornada. Se ela tende ao zero, não se estabiliza e mina seu crescimento, o que faz com que a aquisição só exista para cobrir a receita perdida. Veja o exemplo da Netflix: 65% dos clientes ficam na plataforma após um ano e 30% se mantêm após sete anos. Repare que o número de clientes fiéis ao serviço é alto, com uma ótima relação LTV/CAC. É isso que a mantém em funcionamento, tanto que, em 2018, 2019 e 2020, ela foi a empresa de mídia mais bem avaliada no mercado, passando à frente, inclusive, da Disney.[60]

Ao mergulhar no vasto oceano das métricas de desempenho de negócios, é importante lembrar que as médias, muitas vezes, podem ser enganosas. Métricas, por si só, são conhecidas por sua aparente falta de inteligência; elas não conseguem nos contar a história completa. É aqui que entra a análise por cohort, uma abordagem que oferece uma visão mais profunda e precisa das tendências de retenção de clientes.

## O perigo das médias

Métricas de desempenho, como taxa de retenção média ou valor médio de compra, podem mascarar informações valiosas. Por exemplo, uma taxa de retenção média pode parecer aceitável, mas esconder flutuações significativas em grupos específicos de clientes.

Usar apenas médias para tomar decisões de negócios é como tentar entender um quebra-cabeça com apenas algumas peças.

## Por que o cohort é um antídoto

A análise por cohort é como a lupa que nos permite examinar cada peça do quebra-cabeça separadamente. Ela divide seus clientes em grupos com base em critérios específicos, como datas de registro, canais de aquisição ou perfis demográficos, e observa como esses grupos se comportam ao longo do tempo.

Em vez de depender de uma taxa de retenção média, você pode calcular a retenção para cada cohort. Isso revela nuances que as métricas agregadas não capturam.

Funciona assim: um cohort é um agrupamento de clientes com base em uma característica em comum. Pode-se fazer vários tipos de corte. Vamos a alguns exemplos no nosso contexto de marketing:

---

[60] VLASTELICA, R. Netflix supera a Disney em valor de mercado em meio a quarentenas. **UOL Economia**, 24 mar. 2020. Disponível em: https://economia.uol.com.br/noticias/bloomberg/2020/03/24/netflix-supera-disney-em-valor-de-mercado-em-meio-a-quarentenas.htm. Acesso em: 19 jan. 2021.

>>> **Cohorts de safras:** imagine uma empresa de vinhos que divide seus clientes com base no ano em que se tornaram clientes (2019, 2020, 2021). A análise por cohort permite comparar o comportamento de compra de cada safra ao longo do tempo, identificando safras que formaram clientes fiéis e aquelas que precisam de estratégias de retenção específicas.

>>> **Cohorts de canais de mídia:** uma loja on-line que utiliza vários canais de mídia, como Facebook, Instagram e Google Ads, pode criar cohorts para cada um deles. Isso ajuda a determinar qual canal está gerando clientes de maior qualidade e retenção, possibilitando ajustes na alocação de recursos. Com isso, ela pode descobrir que o CAC no Facebook é R$100 e no Google é R$200, mas que o LTV do Google é R$ 2 mil e do Facebook é R$ 380 mostrando que vale a pena pagar um CAC maior no Google, já que a relação LTV/CAC é mais lucrativa.

>>> **Cohorts de perfis demográficos:** uma empresa de moda que atende a diferentes grupos demográficos (jovens adultos, adultos mais velhos) pode analisar cohorts com base nas características demográficas dos clientes. Isso ajuda a ter insights semelhantes ao exemplo anterior.

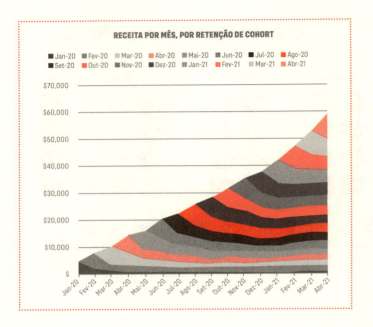

Aqui temos um exemplo de retenção de cohort por safra, isso é o caso prático de como os juros compostos atuam a favor de quem sabe fazer marketing. Cada cohort (linha) é respectivo a um mês no qual os clientes entraram, como pode ser visto no eixo horizontal do gráfico. A vertical corresponde ao valor total de receita acumulada, ou seja, em janeiro, temos um cohort representado pela linha cinza-escuro e cerca de R$ 5 mil de receita. Já em fevereiro, são dois cohorts, cinza-escuro e cinza, que atingem um faturamento de cerca de R$ 8 mil. O primeiro corresponde àqueles que entraram em janeiro e permaneceram. Já o segundo, aos que entraram em fevereiro. Em março, temos três cohorts que, somados, atingem R$ 10 mil:

>>> O primeiro é o de janeiro, que começa a se estabilizar.
>>> O segundo é o de fevereiro, que teve uma grande queda, natural nos primeiros meses.
>>> O terceiro é de março.

Esse gráfico mostra que se a empresa seguir com essa tendência de retenção, sempre adquirindo novos consumidores e retendo os clientes, o crescimento exponencial é inevitável.

Para construir o seu próprio gráfico, crie uma tabela na qual as colunas representem os meses ao longo da vida dos clientes, e as linhas os meses em que entraram. Você preencherá a receita ou o número de clientes de um novo cohort em um mês e analisará como a retenção se comporta ao longo do tempo. Cada linha representa uma nova leva de clientes e cada coluna mostra como essas levas foram se comportando ao longo do tempo. Com esses números, conseguirá elaborar os gráficos de retenção de cohort.

| Cohort | Usuários | Dia 0 | Dia 1 | Dia 2 | Dia 3 | Dia 4 | Dia 5 | Dia 6 | Dia 7 | Dia 8 | Dia 9 | Dia 10 |
|---|---|---|---|---|---|---|---|---|---|---|---|---|
| 25 jan. | 1.098 | 100% | 33,9% | 23,5% | 18,7% | 15,9% | 16,3% | 14,2% | 14,5% | Retenção sobre tempo de vida do usuário | | 12,1% |
| 26 jan. | 1.358 | 100% | 31,1% | 18,6% | 14,3% | 16,0% | 14,9% | 13,2% | 12,9% | | | |
| 27 jan. | 1.257 | 100% | 27,2% | 19,6% | 14,5% | 12,9% | 13,4% | 13,0% | 10,8% | 11,4% | | |
| 28 jan. | 1.587 | 100% | 26,6% | 17,9% | 14,6% | 14,8% | 14,9% | 13,7% | 11,9% | | | |
| 29 jan. | 1.758 | 100% | 26,2% | 20,4% | 16,9% | 14,3% | 12,7% | 12,5% | | | | |
| 30 jan. | 1.624 | 100% | 26,4% | 18,1% | 13,7% | 15,4% | 11,8% | | | | | |
| 31 jan. | 1.541 | 100% | 23,9% | 19,6% | 15,0% | 14,8% | | | | | | |
| 01 fev. | 868 | 100% | 24,7% | 16,9% | 15,8% | | | | | | | |
| 02 fev. | 1.143 | Retenção sobre tempo de vida do produto | | 18,5% | | | | | | | | |
| 03 fev. | 1.253 | | | | | | | | | | | |
| Total de usuários | 13.487 | 100% | 27,0% | 19,2% | 15,4% | 14,9% | 14,0% | 13,3% | 12,5% | 13,1% | 12,2% | 12,1% |

Depois, compare alguns *benchmarks*[61] de retenção como referência, conforme a seguir:

---

[61] *Benchmarks* são exemplos de mercado que servem como base de comparação. (N.E.)

QUARTO PILAR: RETENÇÃO

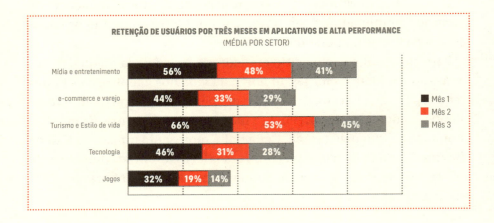

Com o passar do tempo, novos cohorts devem ter um padrão de retenção melhor do que os antigos, porque você entende aquele que tem mais retenção e passa a investir mais nele do que nos outros. Nesse caso, o aspecto de classificação do cohort pode não ser o período de entrada, mas outros critérios, como canais, idade ou interesses.

E lembre-se: aqui estamos falando de *logo retention*, no fim das contas, o que importa é *revenue retention*. Uma empresa pode ter um péssimo logo churn e mesmo assim crescer. Isso acontece porque a base de cliente remanescentes tem monetizado mais através de estratégias de *upselling* e *cross selling*.

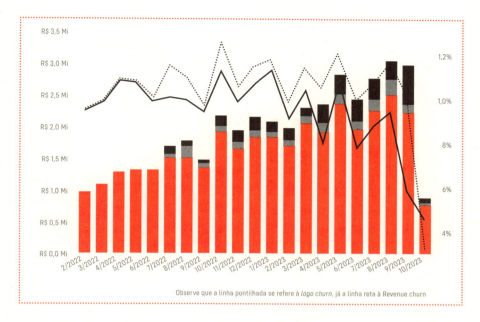

Observe que a linha pontilhada se refere à *logo churn*, já a linha reta à Revenue churn

Nesse gráfico temos um case real de uma empresa que não tem portfólio de produtos até o mês 6/2022. Toda a receita que ela perde, representada pela coluna vermelha, impacta diretamente no revenue churn, matendo-o acima de 10%. A partir desse ponto ela começa a criar mais ofertas, representadas pelas colunas pretas, e com o passar do tempo e sucesso dessas ofertas, o revenue churn, linha preta, começa a se descolar no logo churn linha pontilhada. No último mês complexo, 09/2023, o logo churn foi 11%, enquanto o revenue churn foi de 5,9%, já que toda receita de *upsell* e *cross sell* para a base ativa desconta da perda de receita da base anterior.

## AUMENTE A SUA RETENÇÃO

Já que retenção eterna não existe, o melhor é trabalhar para que ela sempre fique em um nível suficiente para manter o negócio crescendo e criando oportunidades de monetização dentro da base. Para isso, você deve proporcionar experiências ou criar vantagens que atraiam o cliente. Todas essas estratégias servem para aumentar o *customer success*, ou sucesso do cliente. Essa ideia surgiu com as empresas que dependem de recorrência para ter lucro, como academias, mas passou a ser usado por todo tipo de negócio. Empresas como Airbnb e Amazon dão muita atenção para o sucesso do cliente, uma das razões para serem tão bem bem-sucedidas.

Só não esqueça que não adianta criar estratégias pensando no *customer success*, aplicá-las uma vez e esquecê-las. O objetivo é manter o usuário satisfeito continuamente. Para mim, a melhor métrica de satisfação não é o NPS, mas, sim, a recompra ou compra adicional, porque o dinheiro é o elogio mais sincero. Por isso, é imprescindível que todos os envolvidos na operação entendam o objetivo das ações implementadas e passem a trabalhar com foco nele.

Existem diversas formas de aumentar o *customer success* e, portanto, aumentar a retenção. Vou mostrar algumas das que você pode implementar já.

## 1. Gestão de portfólio de produtos

Em nosso contexto de retenção de clientes, a gestão de portfólio de produtos desempenha um papel crítico. A retenção não deve ser vista apenas como a manutenção de clientes existentes, mas também como a capacidade de continuar satisfazendo suas necessidades em evolução. Aqui, a Gestão de Portfólio de Produtos surge como uma ferramenta essencial para garantir o sucesso contínuo do cliente.

Ao avaliar o portfólio de produtos de uma empresa, é possível identificar quais produtos estão alinhados com as necessidades dos clientes a longo prazo e quais podem precisar de adaptação ou descontinuação. Essa abordagem permite que as empresas ajustem seu mix de produtos para garantir que continuem fornecendo valor aos clientes, mesmo à medida que suas preferências mudam.

Ao combinar os princípios do *working backwards* e a superação da "Miopia do Marketing", ambas que já citamos aqui no livro, as empresas podem criar portfólios dinâmicos que se adaptam às necessidades dos clientes e perpetuam o sucesso do cliente a longo prazo. Afinal, é ao ouvir e compreender profundamente os clientes que as empresas podem verdadeiramente prosperar e se destacar em um mercado em constante mudança.

Existem várias ferramentas que podem ajudar você na gestão do portfólio de produtos, desde matriz BCG até a básica escada de valor, na qual se tem um produto de entrada e, na sequência, uma série de produtos que agregam mais valor conforme o consumidor vai tendo sucesso com a solução anterior.

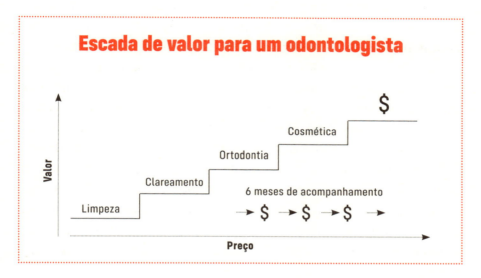

O ponto central da questão aqui é que o seu papel como Cientista do Marketing Digital® é circular na empresa com a área de Finanças, compliance ou produtos e brigar para articular soluções que vão atender melhor o cliente. Lisandro Lopez CMO da XP Inc. contou para mim, no episódio 287 do PrimoCast, diversas histórias dele articulando junto com times de FP&A ou Compliance do banco maneiras desde como reduzir campos obrigatórios e documentos pessoais que o cliente tinha que enviar para abrir uma conta até negociações de como criar produtos com ofertas de renda fixa acima do que o mercado poderia pagar.[62] Eu, por muito tempo, negligenciei o produto, e pode ter certeza que tem muita oportunidade na mesa.

---

[62] O QUE você não sabe sobre o marketing da XP (Lisandro Lopez e Dener Lippert) | PrimoCast 287. 2023. Vídeo (2h00min10s). Publicado pelo canal PrimoCast. Disponível em: https://www.youtube.com/watch?v=JVZLBGdTKrE. Acesso em: 28 dez. 2023.

Sempre tenha em mente: qual é o próximo produto que eu posso vender para esse cliente?

## 2. Casos de uso e mais pontos de contato

Agora que exploramos a gestão de portfólio de produtos como uma estratégia fundamental para o crescimento sustentável e a satisfação do cliente, é hora de nos aprofundarmos em uma técnica prática que complementa essa abordagem: a identificação de casos de uso.

Imagine que seu objetivo seja não apenas manter seus clientes atuais, mas também mantê-los entusiasmados e engajados com seus produtos ou serviços. Nesse contexto, os casos de uso são como os "pontos de contato" cruciais entre seus clientes e o que você oferece.

Os casos de uso são, essencialmente, as maneiras pelas quais seus clientes interagem com seu produto ou serviço. São os cenários de uso específicos que definem como eles obtêm valor real do que você oferece. E aqui está a chave: entender e otimizar esses casos de uso pode ser o segredo para uma retenção excepcional. Vamos dar uma olhada em como isso funciona na prática, com um exemplo simples e poderoso.

Imagine que você trabalha em uma empresa que oferece um aplicativo de streaming de música. Vocês têm milhões de usuários e desejam melhorar a retenção e a satisfação deles. Aqui está como a identificação de casos de uso pode ajudar.

>>> **Caso 1: usuários que criam listas de reprodução personalizadas.**

>>> **Caso 2: usuários que seguem artistas e recebem notificações sobre novas músicas.**

>>> **Caso 3: usuários que compartilham músicas com amigos.**

Cada um desses casos de uso traz consigo um conjunto de benefícios e ações conforme a seguir.

>>> **Caso 1:** você percebe que muitos usuários criam listas de reprodução personalizadas, então decide melhorar essa funcionalidade, adicionando recursos de colaboração em listas de reprodução.

>>> **Caso 2:** como muitos usuários adoram seguir artistas, você aprimora a experiência de seguir artistas, fornecendo informações detalhadas sobre suas turnês e atividades nas redes sociais.

>>> **Caso 3:** para incentivar ainda mais o compartilhamento de músicas, você cria um programa de recompensas para usuários que convidam amigos, oferecendo vantagens como meses grátis de assinatura premium.

Como resultado, você notará que a retenção melhora à medida que o serviço atende às necessidades específicas dos usuários, com base em como eles realmente usam o aplicativo. Os usuários, por sua vez, ficam mais engajados, pois veem valor nas melhorias direcionadas às suas atividades favoritas. Já a empresa obtém mais clientes por meio de programas de indicação, aumentando a base de usuários de maneira sustentável.

É imprescindível que se acompanhe continuamente os casos de uso e que ajuste suas estratégias à medida que as preferências dos usuários evoluem. Considere os novos casos de uso conforme o aplicativo se expande, mantendo o foco nas necessidades do clientes.

Esse exemplo ilustra como identificar casos de uso específicos dentro do seu aplicativo ou serviço pode resultar em melhorias direcionadas, maior satisfação do cliente e, por fim, uma retenção mais sólida.

Mapear esses casos de uso vai ajudar você a desenvolver produtos e serviços, como falamos no primeiro ponto, mas também vai aumentar seus pontos de contato. Quanto mais pontos de contato você tem com o cliente, maior a retenção, quanto mais retenção; mais chances de monetizar esse cliente. Quanto menos pontos de contato, mais chances você tem de cair no esquecimento desse consumidor.

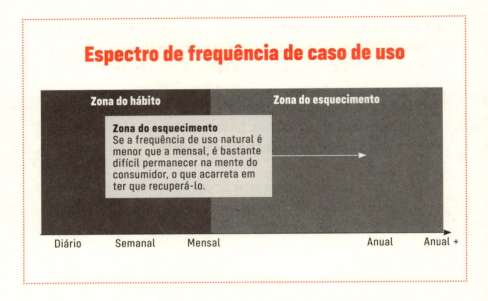

Quanto mais a sua solução é frequente na vida e nos hábitos do cliente, mais fácil é conseguir falar com ele para apresentar sua próxima melhor oferta.

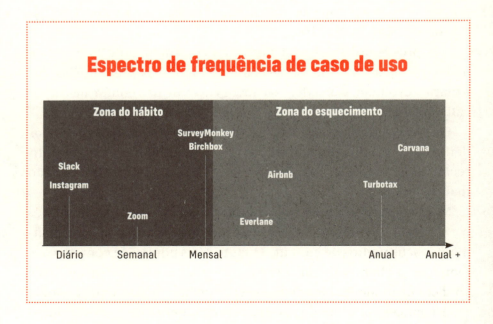

O melhor que você pode fazer é criar novas funções para ampliar esses pontos de contato na jornada com seu cliente.

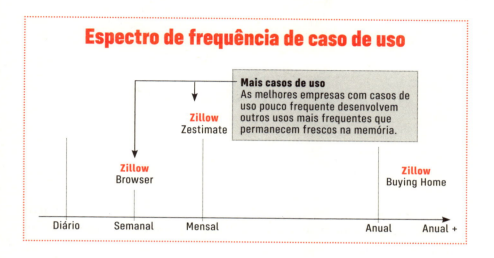

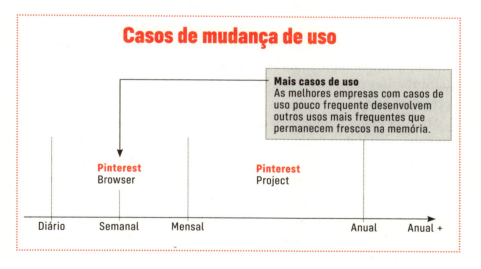

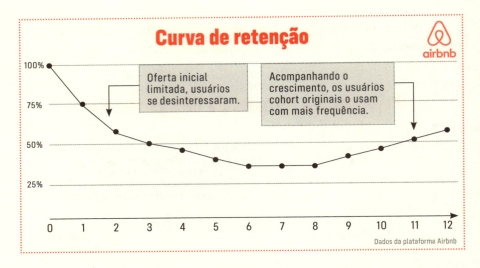

Um case nacional de que gosto muito, e que sempre conto a partir de uma experiência minha, é o da Renner. Eu sempre uso o mesmo perfume e, certa vez, ele acabou e fui comprar outro. Eu sabia que vendia lá. Fui até o balcão da loja, apontei para o perfume e falei que pagaria em dinheiro. O funcionário perguntou se eu tinha o cartão Renner. Respondi que não, que pagaria em dinheiro. E o funcionário me ofereceu de fazer o cartão da loja naquele momento, que teria quarenta dias para pagar e a compra poderia ser dividida em tantas vezes sem juros.

Mas por que a Renner não queria receber em dinheiro? Porque ela sabe que o CLV do cliente no cartão é muito maior que em dinheiro. Eu tenho cliente varejista com mais de R$ 1 bilhão de receita, e 70% da venda é no cartão crediário. Uma das primeiras empresas a criar isso no Brasil foi a Renner, e o cartão nada mais é do que uma solução para aumentar retenção. Ela sabe que o cartão vai aumentar os pontos de contato da loja com o consumidor e a preferência por ela, e é isso que nos leva ao próximo ponto.

### 3. Encantamento

Proporcione uma experiência de consumo interessante para o seu cliente. Algo que faça com que ele tenha uma lembrança positiva da empresa e queira voltar a comprar. Essa estratégia foi adotada por

José Galló, CEO das Lojas Renner, que em 1991 transformou uma companhia familiar problemática em um dos maiores cases do capitalismo brasileiro.

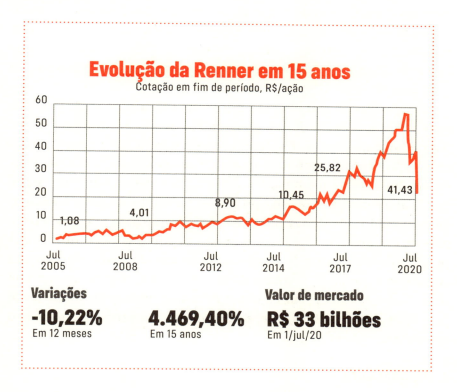

O que ele fez? Investiu em encantamento de diversas formas, entre elas, a instalação de "encantômetros" nas lojas. Trata-se de um totem de NPS (*net promote score*, ou, em português, pontuação do promotor líquido) em que o cliente dá sua nota já na saída do estabelecimento, quando acabou de ser atendido.

Outra empresa, o Nubank, também tem muito sucesso por meio do encantamento. Uma das iniciativas da fintech é o WOW, pequenos presentes oferecidos quando há um envolvimento interessante com o cliente. Vários WOWs do Nubank viralizaram na internet, como uma sanduicheira roxa que um cliente ganhou após ter problemas para comprar um sanduíche de madrugada e relatar a saga nas redes sociais, e o boneco Pikachu com capa roxa enviado para um cliente fã de Pokémon.[63]

Mas é importante destacar que esse efeito WOW, esse momento Aha! vai além de mimar o cliente. Na prática, ele deve estar presente desde a compra e gerar uma experiência de valor para o cliente, que, no caso do Nubank, pode ser identificado no momento em que tem o crédito aprovado, o que é muito diferente da relação nos bancos tradicionais.

Existem várias maneiras de encantar o cliente, e cada empresa deve analisar o perfil do seu consumidor aliado à cultura da marca para saber o que adotar. Conteúdo é um caminho. Geralmente pensamos em conteúdo como uma forma de engajamento, mas a sua finalidade pode ser também para a retenção, já que está alinhado com o que falamos de casos de uso e pontos de conteúdo. Os cases nacionais da compra do InfoMoney pela XP, ou da Exame pelo BTG, são exemplos de empresas que entenderam que dentro dos casos de uso dos seus clientes, ter controle sobre esses veículos de mídia com certeza aumentaria pontos de contato de seus produtos com o consumidor. Além disso, também reforça o seu branding, que é um ótimo meio para reter consumidores, que, se gostarem da sua marca, retomam o processo de monetização.

## 4. Atendimento

O atendimento pós-venda talvez seja o processo mais importante do pilar de retenção, além de ser um meio de reforçar o seu branding e gerar encantamento. O grupo Arezzo&Co ilustra bem a importância de manter um atendimento focado na satisfação do cliente. A empresa passou de um valor de R$ 1 milhão de faturamento na operação digital para R$ 100 milhões ao ano em pouco tempo.[64] O segredo? O atendimento.

---

[63] MONEYLAB. Nubank e a arte de encantar clientes. **InfoMoney**, 8 nov. 2019. Disponível em: https://www.infomoney.com.br/negocios/nubank-e-a-arte-de-encantar-clientes/. Acesso em: 28 dez. 2023.

[64] V4CAST. V4Cast: Maurício Bastos, diretor de e-commerce do Grupo Arezzo&Co. **V4 Blog**. Disponível em: https://v4company.com/v4cast-04-mauricio-bastos-diretor-de-ecommerce-do-grupo-arezzo. Acesso em: 11 fev. 2021.

Existe uma equipe preparada não só para atender quem liga ou manda mensagem com alguma questão – até mesmo se o problema acontecer em uma loja física –, mas também para monitorar as redes sociais e saber o que estão falando da marca. A ideia é fortalecer a experiência e fazer com que o cliente se sinta especial. Para isso, o departamento de operações digitais tem 40% do seu quadro de funcionários destacado para atendimento ao cliente. Isso resulta em um sucesso do cliente alto, fazendo o retorno sobre o investimento ser muito maior.

Por sua vez, a iniciativa da Arezzo&Co é parecida com o case da Zappos, o maior e-commerce de sapatos do mundo, que foi vendido para a Amazon por quase US$ 1 bilhão em 2009.[65] No livro *Satisfação garantida*,[66] o fundador e ex-CEO da empresa, Tony Hsieh, contou como a conduziu a ser conhecida por ter o melhor atendimento do mundo. Para ele, gerar experiências incríveis ao cliente é dever de 100% dos funcionários, independentemente do cargo que ocupam. Não importa se é o empacotador ou o CEO, todos devem colocar o atendimento ao cliente em primeiro lugar. Foi com esse diferencial que a Zappos conseguiu obter bilhões de faturamento.

Esses cases ensinam que montar um sistema de atendimento que proporcione uma boa experiência para o cliente, da maneira mais inteligente e automatizada possível, é extremamente positivo. Pode ser tanto um chat ou *chatbot*, que é um canal de contato ágil e de fácil acesso, quanto um e-mail marketing usado para reter, e não apenas vender, ou o *remarketing*, que leva o cliente novamente para o seu conteúdo. Mas fique atento: o uso das tecnologias agiliza o atendimento, mas não substitui o contato humano com o cliente. É importante também escalar seu time de atendimento e prepará-lo para solucionar os problemas do seu cliente.

---

[65] REUTERS. Amazon compra site de vestuário Zappos por US$ 928 milhões. **Folha de S.Paulo**, 23 jul. 2019. Disponível em: https://folha.uol.com.br/tec/2009/07/599139-amazon-compra-site-de-vestuario-zappos-por-us-928-milhoes.shtml. Acesso em: 20 jan. 2021.

[66] HSIEH, T. **Satisfação garantida**: aprenda a fazer da felicidade um bom negócio. São Paulo: Harper Collins, 2010.

## 5. Member get member

Além do foco na qualidade do atendimento, há algumas estratégias mais pontuais para reter clientes. Uma delas é a *member get member*, conhecida em português como "amigo traz amigo", que consiste em dar benefícios, que podem ser descontos, pontos ou um bônus, para clientes que trouxerem outros usuários para comprar na empresa, ou seja, eles agem como ferramentas de aquisição. O amigo indicado também ganha algum benefício. Essa estratégia funciona tanto para fazer os clientes atuais se fidelizarem como para trazer novas pessoas para o processo.

As academias usam muito essa tática, oferecendo descontos para quem traz amigos ou oferecem um dia gratuito da semana, no qual o cliente pode levar outras pessoas para conhecer a academia e malhar. Essa estratégia ainda aumenta a sensação de pertencimento, ou seja, a pessoa começa a se sentir parte daquele grupo.

Por que fazer uma campanha *member get member*? A principal vantagem é reduzir o CAC. Imagine que você tem um produto cujo custo por venda é equivalente a 20% do seu valor. Nesse caso, você pode fazer uma campanha *member get member*, na qual o cliente que indicar alguém ganha 10% de desconto, enquanto o que vier pela indicação recebe 5%. Mesmo fornecendo 15% de desconto no total, você ainda conseguiu baixar o seu custo por produto vendido em 5%. O mais importante é compreender que os benefícios devem aproveitar a sua base ativa de clientes, alcançar mais pessoas e conquistar novos consumidores, então, use a criatividade e proponha algo que realmente os envolva.

## 6. Programas de fidelidade

Esses programas, ainda pouco explorados no Brasil, funcionam muito bem. Nessa estratégia, o cliente acumula pontos a cada compra e depois troca por prêmios. Empresas como companhias aéreas são um exemplo de uso dessa tática por meio de seus programas de milhas. Usando os indicadores adequados e implementando as estratégias de retenção, você consegue segurar os clientes por mais tempo na sua empresa e, dependendo do que foi elaborado, ainda traz novos clientes para a sua base. Um case com que tive contato recente foi o do CRM&Bonus, do brilhante empreendedor Alexandre Zolko. A essa altura do campeonato, provavelmente você já ouviu falar dessa empresa que começou apenas com a função de GiftBack, que permitia aos varejistas darem um bônus de X% sobre a compra para ser utilizado em uma próxima compra. Com esse estímulo, e réguas de conversa através do sistema de CRM da própria empresa, ela conseguia aumentar em até 20% as vendas de uma única loja. O CRM&Bonus recebeu R$280milhões em uma rodada que avaliou a empresa em mais de um bilhão em valor de mercado, provando que o CRM é uma das estratégias mais poderosas e negligenciadas no marketing brasileiro.

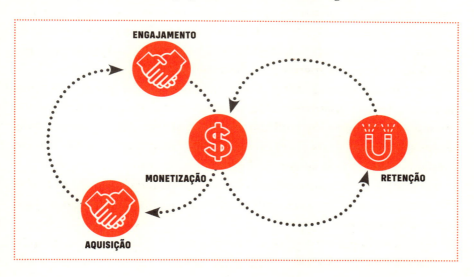

A conclusão deste capítulo nos leva a uma reflexão fundamental: o marketing é um jogo infinito, e todo Cientista do Marketing® precisa jogá-lo com maestria. À medida que exploramos os quatro pilares que formam a base desse jogo contínuo de geração de receita, é fundamental compreendermos a diferença entre um jogo finito e um jogo infinito, como nos ensinou Simon Sinek em *O jogo infinito*.[67]

---

[67] SINEK, S. **O jogo infinito**. Rio de Janeiro: Sextante, 2020.

## Jogo finito e jogo infinito

No jogo finito, as metas e objetivos são claramente definidos e limitados em tempo e escopo. O foco principal é vencer competições específicas e alcançar resultados determinados. A estratégia é frequentemente baseada em táticas de curto prazo para atingir metas específicas. Quando as metas são alcançadas, o jogo é considerado concluído. Não há ênfase na adaptação contínua ou na evolução a longo prazo.

No jogo infinito, não há metas finais ou limites claros. A ênfase está em continuar jogando indefinidamente. O objetivo principal é manter a relevância e a sustentabilidade a longo prazo. A estratégia é orientada para a adaptação constante, aprendizado contínuo e crescimento sustentável. Não existe um "fim" claro no jogo, e o foco está na evolução constante e na superação de desafios em curso. A mentalidade é voltada para a jornada e não apenas para as conquistas pontuais.

No contexto do marketing, a diferença essencial é que o jogo finito se concentra em objetivos de curto prazo, como metas de vendas trimestrais, enquanto o jogo infinito visa a construção de relacionamentos de longo prazo com os clientes, adaptação constante às mudanças do mercado e busca pela sustentabilidade a longo prazo.

Imagine nossos quatro pilares como engrenagens perfeitamente sincronizadas, impulsionando o sucesso constante do seu negócio no jogo infinito do marketing.

O primeiro pilar é a aquisição, que marca o início do jogo. É quando conquistamos novos clientes, abrimos portas e exploramos novos territórios. No jogo finito, pode ser visto como uma meta única e estática, mas, no jogo infinito, a aquisição é contínua, uma jornada sem fim de expansão.

Em seguida, entramos no pilar do engajamento, no qual criamos laços sólidos com os clientes. No jogo finito, isso poderia ser interpretado como um objetivo a ser alcançado. No entanto, no jogo infinito, o engajamento é uma busca constante pela conexão emocional, entrega de valor contínuo e personalização para manter os clientes interessados e comprometidos.

O terceiro pilar é a monetização, no qual colhemos os frutos do nosso trabalho árduo. No jogo finito, isso seria o resultado final, mas, no jogo infinito, a monetização é apenas uma etapa do ciclo. Transformamos nosso compromisso e engajamento em receita tangível, mas isso não marca o fim do jogo.

No jogo infinito, há um quarto pilar crucial: a retenção. É nesse ponto que as engrenagens se conectam novamente, e aqui reside a grande diferença. A retenção traz os clientes de volta ao ciclo, permitindo que continuemos a monetizar, financiar o crescimento da aquisição e aprimorar o engajamento. No jogo infinito, a retenção é o elo que une o antigo ao novo, tornando o processo infinitamente recompensador.

A compreensão desses pilares e da distinção entre jogos finitos e infinitos é essencial para o sucesso duradouro de qualquer negócio. Ao dominá-los, você está preparado para enfrentar os desafios do mercado, evoluir com as mudanças e criar um fluxo constante de receita, permitindo que seu negócio prospere infinitamente no mundo do marketing.

# CAPÍTULO 10

# CAMPANHAS ESTRATÉGICAS DE MARKETING E VENDAS

**A** capacidade de estruturar campanhas e estratégias para maximizar os resultados da empresa é um dos principais atributos de um Cientista do Marketing®. Toda a metodologia da V4, o conhecimento das teorias da área e o domínio de ferramentas só serão efetivos quando aplicados em uma campanha estratégica de marketing e vendas. O que é isso? Campanhas são a estrutura lógica que visa persuadir um número grande de pessoas dentro de um período específico.

Para ficar mais simples, lembra-se de quando falamos sobre os pilares do método funcionarem como os quatro cantos de um campo de um jogo e que, para ganhar este jogo, você precisa passar por todos eles? Voltando a essa analogia e olhando para o método, temos quatro possibilidades, uma em cada canto, com as quais jogar: aquisição, engajamento, monetização e retenção. Para ganhar, você precisará pensar em quais jogadas conseguirá os melhores resultados, certo?

Existem muitas possibilidades para atingir o objetivo. Assim, a cada uma das jogadas, damos o nome de campanha, e ao conjunto de todas as jogadas que você fará damos o nome de playbook. O Cientista do Marketing Digital® é o treinador do time, ou seja, fica na beira do campo, analisando o jogo e alternando as jogadas sempre que necessário para conseguir uma vitória, pois são muitas estratégias e, a todo momento elas mudam de acordo com o seu objetivo.

Um exemplo é a campanha para o lançamento de um filme. Antes de chegar ao cinema, existe um plano de divulgação, o lançamento do trailer e outras ações para atrair o maior número de pessoas ao cinema. Porém, essa é só uma das diversas campanhas de vendas que devem compor o seu mix de estratégias. Você já sabe: não existe fórmula pronta, portanto, quanto mais dominar o assunto, mais conhecimento terá para criar campanhas mais eficientes e lucrativas.

As campanhas de venda através da internet ficaram bem conhecidas por meio de uma estratégia de lançamento. Esse modelo foi adaptado para o digital pelo americano Jeff Walker. No livro *A fórmula do lançamento*,[68] ele explica que o objetivo das campanhas digitais continua sendo levar um número grande de pessoas a uma única ação em um curto espaço de tempo. Porém, ao contrário do lançamento de um filme no cinema, em que o conceito é aplicado à disponibilidade do filme nas sessões, no digital pode-se referir às oportunidades que fecham, como uma turma de um curso, e que não podem ser mais compradas naquele trimestre, semestre ou ano.

De acordo com Walker, a campanha de marketing digital deve seguir três etapas:

**1. PRÉ-LANÇAMENTO:** seguindo o exemplo do cinema, essa fase seria o trailer. O objetivo é elevar o nível de consciência do consumidor para que ele tenha um grande interesse em saber sobre a história, ou seja, assistir ao filme.

**2. SEMANA DE LANÇAMENTO/VENDAS:** são ações em diferentes canais para garantir que o público se envolva com o conteúdo e compre o que você está oferecendo.

**3. PÓS-LANÇAMENTO:** depois que o produto é lançado, o pós-lançamento compreende a reabertura das vendas. É aqui que também pode ser feito o *cross sell* (ação de vender um produto ou serviço

---

[68] WALKER, J. **A fórmula do lançamento**. Rio de Janeiro: Best Business, 2019.

**adicional para o mesmo cliente) ou o *upsell* (incentivar o cliente a comprar itens acima do pacote básico). De volta à comparação com o cinema, seria a venda do blu-ray do filme ou a venda dos direitos de exibição para a TV.**

Dessa maneira, o Cientista do Marketing Digital® conseguirá atingir seu maior objetivo, que é o seguinte: comunicar ao cliente, de maneira clara e atraente, que o produto lançado será a solução de seus problemas.

## QUEM É O SEU PÚBLICO?

Antes de colocar uma campanha no ar, o Cientista do Marketing Digital® deve conhecer o público que quer atingir. Isso guiará todas as ações. E quanto mais específico o público for, mais chances de a campanha atingi-lo. Para isso, você deve determinar a sua persona, que é uma descrição do cliente que você imagina que tenha interesse no seu produto. Critérios básicos para definir a persona são sexo, idade, classe social, formação acadêmica, gosto pessoal, hobbies e outras características relacionadas ao que você está promovendo. Quanto mais informações houver, mais próxima será sua persona de seu público real. Isso é muito importante em marketing, pois permite definir campanhas mais certeiras. Por melhor que seja o seu produto, ele deve alcançar as pessoas certas e que têm interesse por ele.

Esse estudo deve abranger não só aqueles clientes de venda recorrente, esses já são conhecidos e você sabe como trabalhar com eles. O desafio é acertar os que ainda são desconhecidos. É como um iceberg: a menor parte é a que está à vista, acima das ondas, porém, abaixo dela, existe um corpo gigante que quase ninguém vê. Essa analogia é bem conhecida e pode ser adaptada para vários mercados e até setores da sua vida pessoal. Aqui, o que nos importa é usá-la para a área de vendas. A ponta menor do iceberg – a que fica visível – é o público que já consome o produto de determinado segmento. Como ele é bem conhecido, também é o que faz com que você mais sofra com concorrência. Já o fundo do iceberg – que está submerso – é o público que ainda não consome o seu produto e no qual a concorrência não presta atenção. É aí que deve estar o seu foco. Esse público gigante é o alvo das campanhas em vendas ativas.

**MAS COMO CHEGAR A ELE? O CIENTISTA DO MARKETING DIGITAL® DEVE SABER QUE A CONVERSÃO DESSE PÚBLICO NÃO ACONTECE DA MESMA MANEIRA QUE A DAQUELES QUE JÁ CONSOMEM O PRODUTO. ELE PRECISA DE UM INCENTIVO PARA COMEÇAR. ENTRETANTO, UMA VEZ ALCANÇADO – E A INTERNET AJUDA MUITO NESSA TAREFA –, SE TORNA UMA GRANDE OPORTUNIDADE.**

Para ficar mais fácil de entender esse conceito, vou exemplificar com clientes de uma academia. A ponta do iceberg são todas as pessoas que já frequentam esse ambiente e são disputadas pelos estabelecimentos. O fundo do iceberg são todas aquelas pessoas que precisam fazer exercício, mas ainda não frequentam uma academia. Ou seja, é um público grande, porém com menos concorrência.

Quando você entende essa analogia, consegue elaborar melhor suas estratégias e fazer o cliente entender o porquê de focar esse público. É comum encontrar campanhas que focam a ponta do iceberg, mas lembre-se de que essas pessoas já são mais propensas a consumir o produto e também muito concorridas pelo mercado. O seu foco tem que ser o fundo do iceberg e, para isso, as estratégias precisam ser mais agressivas, como o uso de marketing direto (falaremos mais sobre esse assunto adiante) no Facebook Ads para esse público que não estava, necessariamente, se movimentando para comprar seu produto.

Isso porque é necessário mudar o nível de consciência desse consumidor. Já falamos um pouco sobre esse assunto no **capítulo 7**, no pilar engajamento. Quando você quer envolver um lead com o seu produto, precisa justamente aumentar o nível de consciência dele. Quanto mais ele perceber o valor que o seu produto tem para a vida dele, maior será a possibilidade de comprá-lo.

Vamos entender melhor. Para alguém realizar uma compra, é necessário passar por quatro níveis em relação ao produto, como mostra a figura a seguir.

Esses níveis são:

1. **INCONSCIENTE PARA CONSCIENTE:** o consumidor não sabe nada sobre o seu produto. Usando o exemplo da academia, é aquele momento em que a pessoa descobre que precisa se exercitar mais, porém nunca entrou em uma academia nem sabe como fazer para começar esse novo estilo de vida. Mas sabe que não se exercitar é um problema para a sua saúde. Para projetos em que você quer atuar nessa camada, basicamente qualquer canal de mídia pode funcionar para fisgar pessoas e elevar o nível de consciência.

2. **CONSCIENTE DO PROBLEMA PARA SOLUÇÃO:** o consumidor começa a procurar por uma solução. Então a pessoa que descobriu que precisa se exercitar começa a pesquisar o que deve fazer para resolver o problema. Para quem busca atingir a fatia de marcado deste nível de consciência, muitas vezes o canal mais adequado pode ser uma mídia de nicho especializada que detenha uma audiência que procura a solução para um problema, o que torna o seu ciclo de vendas mais curto.

3. **SOLUÇÃO PARA PRODUTO:** o consumidor encontra a solução e o produto. A pessoa que quer começar a se exercitar descobre que, se entrar em uma academia, alcançará o seu objetivo, que é melhorar a saúde.

**4. PRODUTO PARA VENDEDOR:** é quando o consumidor escolhe a empresa para solucionar o seu problema. No exemplo que estamos usando, a pessoa elege a academia que vai ajudá-la a adotar um novo estilo de vida.

Geralmente, as pessoas que estão no fundo do iceberg têm consciência do problema, portanto, as estratégias devem partir do nível de consciência em diante. Você pode se perguntar: "Se eu fizer um anúncio direto para tal produto, o resultado será mais rápido?". A minha resposta é não. Se o cliente ainda não tem consciência do produto de que precisa (ele só sabe que tem um problema), você terá gastado seu orçamento de marketing à toa. Os anúncios diretos são mais indicados quando o consumidor já sabe o que procura. Cada cenário e cada produto têm necessidades diferentes, por isso é tão importante conhecer todos os aspectos que envolvem a campanha para montar uma estratégia personalizada.

Assim, o ponto principal aqui é conhecer o seu público para que você entenda as suas necessidades e crie as estratégias certas que o levarão até a solução que oferece. Esse trabalho de pesquisa, análise e estudo será imprescindível para avançar como Cientista do Marketing Digital®.

## DIVERSIDADE DE PÚBLICO

Na hora de avaliar sua persona, pense também que o mesmo produto pode atingir vários tipos de público, e dentro deles ainda há diversas variações. Voltando ao exemplo da academia. Os serviços oferecidos por ela alcançam homens e mulheres adultos, mas também jovens e idosos. Veja só, você só tinha dois públicos especificados. Pensando um pouquinho, já chegou a quatro.

Agora vamos pensar que essa mesma academia tenha uma Curva ABC de soluções, que se refere às três soluções mais procuradas pelo público que frequenta esse ambiente. Por exemplo: emagrecer, ganhar massa muscular e ter uma vida mais saudável. Se você combinar as soluções com os públicos de que falamos acima, já terá doze combinações de público diferentes:

1. Homens que querem emagrecer.
2. Homens que querem ganhar massa muscular.

CAMPANHAS ESTRATÉGICAS DE MARKETING E VENDAS

3. **Homens que querem ter uma vida mais saudável.**
4. **Mulheres que querem emagrecer.**
5. **Mulheres que querem ganhar massa muscular.**
6. **Mulheres que querem ter uma vida mais saudável.**
7. **Jovens que querem emagrecer.**
8. **Jovens que querem ganhar massa muscular.**
9. **Jovens que querem ter uma vida mais saudável.**
10. **Idosos que querem emagrecer.**
11. **Idosos que querem ganhar massa muscular.**
12. **Idosos que querem ter uma vida mais saudável.**

Ter esse *grid* de público claro facilita a definição dos públicos interessantes de se trabalhar. Você pode escolher definir, por exemplo, combinações de maneira um pouco menos específica: um programa de academia que atenda idosos e jovens que querem ter uma vida saudável. Ou focar em uma persona e seu universo. São diferentes ganchos com os quais é possível trabalhar os grupos de anúncios e também testá-los para descobrir qual tipo de comunicação é mais eficiente para cada público que escolheu. A seguir, temos o *grid* que te ajuda a encontrar as combinações de público.

| | TARGET | Definir 4 principais públicos a serem atingidos e encontrá-los através de interesses como: canal, eventos, livros, cursos, ferramentas, blogs, revistas, rádio, programas e filmes | | | |
|---|---|---|---|---|---|
| **GANCHO** | **TER:** | Seu negócio terá... | **Ads/Copy**<br>- Problema    - Interesse<br>- Promessa   - CTA | | |
| | **SENTIR:** | Você não se sentirá mais... | | | |
| | **MUDANÇA / HÁBITO:** | Você vai vender todo dia | | | |
| | **STATUS:** | Seja líder de mercado...<br>Com esse plano, seu negócio vai para outro nível | | | |
| | **RESULTADO:** | Quem seguiu esse plano sextuplicou seu capital | | | |
| | **AUTOMAÇÃO / VELOCIDADE:** | Sua empresa funcionando sem você | | | |

É importante ressaltar que, às vezes, a metodologia de divulgação do produto será a mesma, mas a maneira como você o adequa para cada caso e como esse produto servirá para cada público é o que fará a diferença. Diferente do que acontecia na publicidade tradicional, quando um gancho era definido e a campanha era lançada sem saber bem quem atrairia, a internet permite ser muito mais específico, possibilitando a criação de campanhas bem mais diretas e precisas.

Outro detalhe é que não há fórmula para saber quais são as dores ou transformações do seu público. E, aí, o melhor caminho é conversar com o seu cliente, em um papo por telefone ou uma reunião informal. Ninguém melhor do que ele para lhe dar exemplos, dizer sobre projetos que está realizando e quem conseguiu atender. Complete essas informações com uma pesquisa qualitativa. Você pode usar o modelo *focus group* ou discussão em grupo, em que várias pessoas são reunidas em uma sala e, a partir de uma questão levantada pelo moderador, debatem o assunto. O que elas falam ajuda a criar novas possibilidades de ação e também a definir (ou melhorar) os públicos, desenvolvendo campanhas mais eficientes a partir desses pontos.

Independentemente da metodologia que você for executar, tenha sempre como foco o público que deseja atingir, buscando saber o seu nível de consciência, dores e aspirações. Só assim terá clareza para definir o que faz mais sentido para ele. Todos esses elementos devem estar muito claros, pois eles guiam suas ações. No processo de engajamento, se você sabe como falar dos problemas – ou dores – para sua persona, seu anúncio chamará atenção, e seu tráfego será melhor. Buscando a solução, a pessoa chegará ao seu produto e, por fim, fará a compra.

Também não acredite que sua campanha dará certo na primeira vez. Lembre-se de que uma das vantagens do marketing digital é que é possível testá-lo e mudar de estratégia rapidamente. Baseando-se nesse conceito, teste, valide e até altere aquilo que você planejou, se achar necessário. Só não vale ficar parado esperando os resultados aparecerem sem tomar uma atitude.

## CAMPANHAS E DATAS COMEMORATIVAS

Uma campanha muito comum e cada vez mais popular, principalmente on-line, é a Black Friday. Ela segue a mesma estrutura que comentamos – começo, meio e fim – usando estratégias como escassez de tempo para adoção da oferta, pós-lançamento (Cyber Monday), continuidade da relação com o consumidor. O objetivo é que ele volte a comprar em outras épocas do ano, quando a lucratividade pode ser bem maior para a maioria dos grandes varejistas.

Você pode usar essa mesma linha de execução para lançar um novo produto no Dia dos Namorados, Natal ou qualquer outro evento baseado em uma data ou assunto relevante para o público, pois todos têm as mesmas características: tema, *timeline* com começo meio e fim, conteúdos por fase, canais para propagação da mensagem, *call to action* específico.

As datas comemorativas são ótimas para fazer campanhas, pois, como têm prazo para começar e acabar, trabalham com a sensação de escassez e, por isso, costumam ter uma taxa de conversão bem alta. Porém há um desafio aí também: é a única chance de acertar. Se você errar o protocolo, poderá perder todo o investimento que fez ou pode não conseguir dar sequência à oferta que propôs.

Para evitar que isso aconteça, é preciso prestar atenção na fase de pré-lançamento. É nela que é feita a aquisição de audiência, seja gerando leads on-line para assistir uma semana de conteúdo gratuito ou qualquer outra estratégia que tenha sido criada. Se nesse momento o público não for conquistado, as etapas seguintes serão prejudicadas.

Você pode me perguntar: "Mas a estratégia é a única responsável pelo sucesso da campanha?". Claro que não. Há muitos aspectos subjetivos que também interferem no sucesso do produto. Veja bem, uma das leis imutáveis da propaganda e do marketing é que eles não vendem produtos ruins, o que significa que você pode ter a melhor estratégia e o maior orçamento do mundo, mas depende do produto para ter sucesso. Ao mesmo tempo, pode ter o melhor produto, com anos de história, mas não conseguir escala sem uma boa campanha. Isso não tira sua responsabilidade de tomar o máximo cuidado possível com o seu planejamento estratégico.

Inclusive, é importante lembrar que toda data comercial que movimenta muito o comércio foi criada por um Cientista do Marketing® como você. Um exemplo disso é a criação do Dia dos Namorados no Brasil.

A ideia de criar uma data dedicada aos namorados no nosso país foi impulsionada pelo publicitário João Dória (sim, o pai do ex-governador de São Paulo), que mais tarde se tornaria um renomado empresário e político. Em 1949, João Dória trabalhava em uma agência de publicidade que tinha como cliente uma extinta loja de departamentos. Naquela época, havia um período de baixa nas vendas entre o Dia das Mães, comemorado em maio, e o Dia do Natal, em dezembro. João Dória teve a ideia de criar uma data que estimulasse o comércio nesse período.

Inspirado pelo Dia de São Valentim, celebrado em diversos países, principalmente nos Estados Unidos e na Europa, Dória sugeriu que o Brasil também adotasse uma data para celebrar o amor e estimular as vendas de presentes entre namorados. A data escolhida foi 12 de junho, véspera do Dia de Santo Antônio, o santo casamenteiro.

Para promover a data, a agência de publicidade lançou uma campanha com o slogan "Não é só com beijos que se prova o amor". A estratégia foi bem-sucedida, e o Dia dos Namorados passou a fazer parte do calendário de comemorações no Brasil.

Vale ressaltar que a escolha do mês de junho para a celebração do Dia dos Namorados no Brasil difere das datas de outros países, como o Dia de São Valentim nos Estados Unidos, que é comemorado em 14 de fevereiro. A influência das datas existentes no país e a necessidade de aquecer as vendas no período entre maio e dezembro contribuíram para essa escolha.

Hoje, o Dia dos Namorados é amplamente celebrado no país, e casais trocam presentes, mensagens de amor e realizam encontros românticos para comemorar a data. É uma das nossas principais datas comerciais, movimentando o setor varejista e de serviços.

Na V4, sempre optamos por estratégias que tragam vendas. Isso é óbvio e você já sabe. Mas, algumas vezes, não temos como objetivo vender muito em um curto espaço de tempo, como nas datas comemorativas, pois colocar toda a sua força de venda focada em um determinado período pode significar prejuízo para a empresa justamente pelo fato de acontecer em um período curto e determinado. Se der errado, não há como voltar atrás.

Por outro lado, se você tem uma estratégia de vendas que traz resultados consistentes todos os dias, pode até acumular algum prejuízo, mas não morrerá por isso, pois tem chance de corrigir o erro sem perder o seu negócio.

Uma tática que usamos e tem essa premissa – vender aos poucos por mais tempo – é chamada de marketing direto. É o simples "compre de mim". Isso significa que nessa estratégia a oferta fica aberta vinte e quatro horas por dia, sete dias da semana, 365 dias ao ano para o público com alto nível de consciência e que precise da sua solução. Essas características inserem o marketing direto em um tipo de campanha conhecida como *loop* ou *cycle*, em que o objetivo é encontrar estratégias que sejam sustentáveis e se realimentam, trazendo maior escala para as suas ações. Falaremos mais detalhadamente delas a seguir.

## CAMPANHAS *LOOP* OU *CYCLE*

As campanhas em *loop* ou *cycle* são um canal de crescimento exponencial para a organização, pois se retroalimentam para se manter. São diferentes de outras estratégias lineares, como a de relações públicas, que tem um teto de crescimento muito baixo porque não cria um ciclo sustentável. Você pode até conseguir publicar uma notinha da sua empresa ou seu produto na imprensa, mas nada garante que vai conseguir repetir o feito. Já em uma campanha no Google Search, por exemplo, toda vez que gerar venda, você pode comprar mais anúncios no outro dia, usando parte do lucro adquirido no ciclo anterior.

De maneira geral, as campanhas em *loop* ou *cycle* seguem o seguinte modelo:

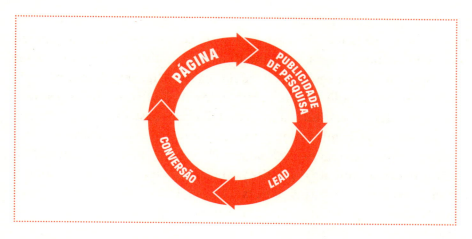

Na figura acima, **página** é a porta dessas campanhas. Nesta etapa, deve-se construir um ambiente de vendas em que a oferta é clara, direta e está bem visível para quem quiser comprar. Por exemplo, um anúncio de uma plataforma de *streaming* que oferece uma semana de assinatura gratuita para experimentar o serviço. O "experimente grátis" tem que estar em destaque para atrair o usuário. A segunda etapa é a **publicidade de pesquisa**. Agora, é preciso gerar tráfego por meio dos anúncios mais óbvios da internet, que são os da pesquisa no Google. Assim, quem estiver buscando pela solução encontrará um link para a sua **página** de vendas. **Lead** é a terceira etapa. Nela, o *call to action* da oferta-isca – que estava na **página** – fará com que muitos usuários que acessaram para buscar a solução se cadastrem para fazer o período de teste. Por fim, a **conversão**. Depois da semana de teste grátis, uma parcela desses leads se torna cliente.

A partir desse momento, vem o *loop*. Essas pessoas que se tornaram clientes vão gerar receita, e uma parte dela será reinvestida para alcançar mais pessoas. Todas essas etapas vão realimentando o processo para continuar gerando demanda exponencialmente e pronto! É por isso que a Netflix tinha, até agosto de 2020, 182 milhões de assinantes no mundo.[69] E esse número não para de crescer.

---

[69] WAKKA, W. Netflix: Brasil é 3º maior mercado e 2º em número de assinantes. **Canal Tech**, 16 jun. 2020. Disponível em: https://canaltech.com.br/resultados-financeiros/netflix-brasil-e-3o-maior-mercado-e-2o-em-numero-de-assinantes-166515. Acesso em: 23 jan. 2021.

Você pode construir infinitos tipos de *loop/cycle*, com níveis diferentes de complexidade. Dois aspectos importantes são tamanho e prazo para o resultado dessas campanhas. Quanto mais rápido se quer obter o resultado, menor será o lucro. Já nas campanhas que demoram mais para trazer resultado, o lucro geralmente é maior. E qual dessas estratégias você deve usar? Bom, a principal diferença está no CAC. A Netflix usa a estratégia de marketing direto que prevê o resultado rápido, a plataforma cresce em média 22% ao ano,[70] mas bem menos lucrativo. Isso não é necessariamente ruim. Faz parte de uma estratégia de dominar o mercado antes que outros *players* o façam. Um outro grande exemplo é a Amazon, que por mais de quinze anos acumulou prejuízos, e hoje é extremamente lucrativa e valiosa.

Outro *loop/cycle* que utilizamos na V4 é o chamado *inbound* direto. Nesse caso, utilizamos um conteúdo gratuito para atrair usuários e, ao fim do texto, é feita uma oferta da solução.

Para o *loop* em *inbound* direto funcionar, primeiro você precisa conquistar audiência. Para isso, pode usar um influenciador ou patrocinar um evento que um influenciador esteja realizando. Fique atento, porém, pois isso só vai fazer sentido se a audiência dele for de qualidade e o evento tiver alguma ligação com o seu negócio. A ideia é elevar o nível de consciência desse público e, aproveitando a transferência de autoridade, fazer com que a solução apresentada pela sua empresa seja considerada para resolver um problema. Durante o evento, representantes da empresa devem conversar com os participantes, percebendo oportunidades e coletando os contatos dos leads. O próximo passo é a monetização, em que essas pessoas são contatadas para marcar uma conversa e vender a sua solução. Os contratos fechados alimentam o sistema para que você repita essa estratégia outras vezes. A vantagem do *inbound* direto é que ele costuma ter um CAC menor do que o marketing direto, todavia, o prazo para se obter resultado pode ser maior devido ao tamanho do ciclo.

---

[70] LOUREIRO, R. Foi bom ou ótimo? Os resultados da Netflix na pandemia. **Exame**, 16 jul. 2020. Disponível em: https://exame.com/tecnologia/foi-bom-ou-foi-otimo-os-resultados-da-netflix-na-pandemia. Acesso em: 23 jan. 2021.

Outra estratégia em *loop* bem popular é o *inbound* marketing. Observe:

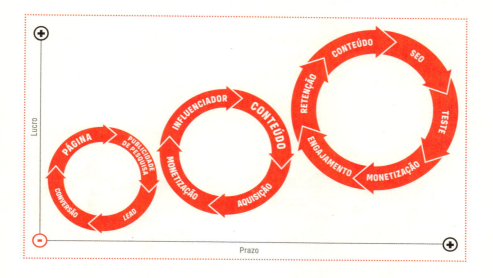

A tendência é que ele seja mais lucrativo porém, o resultado demora ainda mais para aparecer. O principal motivo para isso é, mais uma vez, a fonte de tráfego. Aqui, a intenção é produzir conteúdo para conseguir se posicionar organicamente no Google por meio de técnicas de SEO e, com o tempo, acumular audiência sem ter que pagar por ela. Assim, uma parte pode se tornar lead, mas outra parte gera monetização (traduzindo: faturamento) – e isso é essencial para que você possa reinvestir na produção de mais conteúdo e continuar fazendo com que os resultados do tráfego orgânico cresçam. É uma estratégia que parece maravilhosa, mas o tempo que você vai demorar para colher resultados, que não são garantidos, pode inviabilizar essa opção na sua gestão de marketing.

Então, qual é a melhor tática? Nenhuma é infalível. Sim, exatamente o que você acabou de ler. Mas existe uma saída: a diversificação. Eu não gosto de depender de uma única fonte de vendas, por isso, na V4, acreditamos no marketing não linear, aquele que não depende de uma única fonte de promoção. Agora, o consumidor vê um anúncio na TV, depois segue sua empresa na rede social, acompanha seu conteúdo por um tempo e em um momento qualquer se lembra de você e faz uma busca no Google. Diante dos resultados, clica em um anúncio pago. E aí eu pergunto: a venda veio do anúncio do Google? A plataforma vai dizer que sim. Mas, na verdade, a pessoa passou por outros canais até chegar ali, portanto, a conversão não pode ser atribuída exclusivamente ao anúncio pago, mas a toda essa jornada que o cliente percorreu, como mostra a figura:

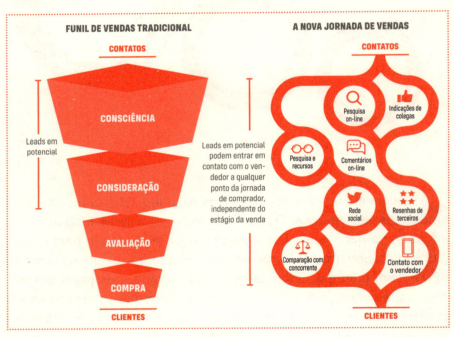

Repare que a jornada de compra já não é mais linear, pois, agora, o consumidor é multiplataforma e influenciado por diversas fontes. Por esse motivo, o melhor é tentar balancear as diferentes estratégias e maximizar os resultados. Na V4, por exemplo, nosso principal produto, que é prestação de serviço B2B, acumula quase vinte fontes de venda direta, e nenhuma tem mais de 22% de responsabilidade sobre o faturamento total. Pense na segurança que isso traz para o negócio. Se 100% das vendas viessem de uma estratégia de lançamento e algo desse errado – como um desastre nacional, que pode parecer dramático, mas é bem mais comum do que parece –, perderíamos nosso negócio.

 **PARA TORNAR SUA CAMPANHA EM *LOOP* MAIS EFICIENTE, USE A ESCADA DE VALOR, UM CONCEITO EM QUE O CLIENTE VAI CRIANDO CONFIANÇA NA SUA MARCA OU NO SEU PRODUTO E, AOS POUCOS, ADQUIRE SUAS SOLUÇÕES, AUMENTANDO O TICKET MÉDIO DA COMPRA.**

A melhor maneira disso acontecer é por meio da amostra grátis, que pode ser um conteúdo, por exemplo. A partir daí, se o usuário gostar do que foi apresentado, terá interesse em adquirir produtos de maior valor da sua empresa. Um exemplo é a Suno Research, que trabalha com a venda de análises e conteúdos sobre investimentos. A estratégia da empresa é bem simples. Primeiro, ela entrega conteúdos gratuitos no blog, Instagram e YouTube, mostrando sua autoridade nessa área e como pode ajudar o usuário. No próximo passo, oferece livros digitais e produtos de assinatura de baixo valor (menos de R$ 50) para quem já experimentou o conteúdo gratuito. Passada essa etapa, é momento de apresentar os cursos presenciais, que têm valor mais alto. E, por fim, o serviço de consultoria executiva, de dezenas de milhares de reais, sendo o produto de maior atenção individual que a empresa pode fornecer. Um aspecto importante nessa escada de valor é que se ela não acontecesse dessa maneira, talvez o produto de maior valor nunca fosse vendido. Nós experimentamos a escada de valor na frente educacional da V4 da seguinte forma: conteúdos gratuitos nas redes sociais; um grupo de estudos e networking por menos de R$ 20 mensais; formação on-line de R$ 1 mil, aquisição de franquia entre R$ 10 mil e R$ 100 mil. Se não existisse o conteúdo gratuito, posso afirmar que não teríamos vendido cem franquias em dezoito meses.

Como você pode ver, as campanhas são o meio necessário para colocar os quatro pilares do Método V4 em ação. Ter o domínio desse assunto o fará estar à frente da concorrência.

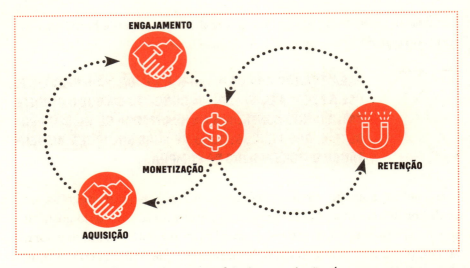

Importante frisar que nosso objetivo aqui não é com essas campanhas voltadas apenas para adquirir clientes. Lembre-se de que marketing é vender o produto, sim, mas vender para mais pessoas, vender mais vezes e vender pelo maior valor. Então, todas essas campanhas têm que ser pensadas não só na frente de aquisição, mas dentro do contexto do nosso Marketing Infinity Loop. Uma estratégia de marketing direto pode usar uma audiência já adquirida que está estacionada no pilar de retenção e ser o que precisávamos para puxar esse cliente para a monetização. Ao mesmo tempo, nossa produção de conteúdo *inbound* traz, sim, novos clientes, mas também serve para engajar aqueles que estão na dúvida e comunicar novos produtos para os que já compraram e não sabem das novas oportunidades dentro do nosso portfólio.

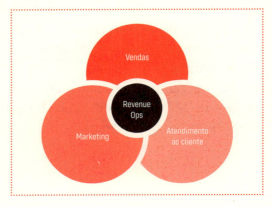

Esse modelo se reflete inclusive no contexto de estrutura organizacional da V4. Nós temos um time de Revenue Ops em que tentamos enquadrar todas as missões de marketing, vendas e sucesso do cliente. No nosso contexto, esse time é divido em três: aquisição, retenção e monetização. A área de aquisição é responsavel por adquirir o máximo de melhores clientes, sendo melhores clientes aqueles que têm mais chances de terem resultados com o produto. Aréa de retenção é onde fica o time de PMM (Product Marketing Manager) e a ouvidoria, que buscam entender se o produto está sendo bem entregue. Essa área de conecta com a terceira, a monetização, que tem como objetivo vender mais produtos para a mesma base de clientes.

# CAPÍTULO 11

# MATEMARKETING: OS QUATRO PILARES INTEGRADOS

Se os quatro pilares do Método V4 são os quatro cantos do campo e a campanha é a estratégia do jogo infinito em que devemos mudar as jogadas sempre que for preciso para buscar a vitória, existe outro momento tão estratégico quanto ela: a gestão desse trabalho, que envolve planejar, executar e otimizar. Esse é o momento em que os quatro pilares são integrados e, junto à campanha, resultam em um projeto de marketing digital que vai trazer resultados para o cliente. Afinal, nada anda sozinho. Não adianta criar ações surpreendentes de aquisição, engajamento, monetização e retenção se elas não conversarem entre si e não estiverem dentro de uma campanha. Assim como não adianta criar uma campanha se ela não estiver dentro das expectativas das empresas e se não for passível de ser executada e otimizada. Campanhas tem começo, meio e fim, mas o seu relacionamento com a sua empresa e o trabalho executado, não. É possível e, mais que isso, é necessário prolongar esse relacionamento. E eu vou mostrar para você como fazer isso.

Para o Cientista do Marketing Digital®, essa fase é importante por outro motivo. É aqui que ele se coloca como um profissional que domina o assunto e conquista a confiança do *stakeholder*.[71] Lembre-se de

---

[71] Os *stakeholders* são as pessoas ou empresas que têm interesse em um projeto. Podem ser o próprio cliente que recebe o produto ou o serviço e também podem ser patrocinadores que providenciam os recursos para o projeto.

mostrar que as suas estratégias ajudarão a empresa a crescer e a vender mais. O *stakeholder* só está ali por isto: quer crescer e lucrar. Esse também deve ser o seu foco. Não desperdice a oportunidade de mostrar todo o seu potencial.

Esse relacionamento com o projeto começa com um bom planejamento e alinhamento de todos os detalhes. A esse processo, chamamos *kickoff*. Ele é importante para evitar futuros desencontros de expectativas e para esmiuçar todos os pontos do projeto. Geralmente, entre se reunir com o time, planejar a campanha, aprovar e colocar as estratégias em ação, passam-se cerca de sete dias. Portanto, quanto mais minuciosa for essa parte do processo, menos chances de erros lá na frente.

Hoje, conseguimos resolver essa etapa com agilidade e dar continuidade às nossas propostas com bastante segurança do resultado que queremos alcançar, mas nem sempre foi assim. Quando iniciamos a V4 Company, tínhamos – e temos até hoje – a proposta de fazer nossos projetos terem o melhor resultado – vender o produto, vender para mais pessoas, vender mais vezes e vender pelo maior valor – porém, durante um tempo, não nos demos conta de que a internet não era uma ciência exata. Ela tem variáveis que nos obrigam a mudar de estratégia a qualquer momento e não temos controle sobre tudo o que acontece. Isso resultou em alguns problemas com a expectativa criada pelos clientes. Só depois de passar por diversas experiências entendemos que o caminho para estabelecer o processo de vendas pela internet não acontece de maneira linear. Mas como vamos trabalhar uma proposta de marketing digital se não temos como controlar a internet? Com essa questão em mãos, fizemos aquilo que nos guia desde o primeiro dia da V4: pesquisamos, estudamos, testamos e padronizamos. E, então, concluímos empiricamente que existem quatro fases na implementação do processo de vendas pela internet que ajudariam a evitar ruídos no processo. Seguidas de forma correta, levam qualquer tipo de empresa a realizar a estratégia com sucesso.

Esses quatro passos são denominados **V1**, **V2**, **V3** e **V4**, e cada um deles tem um objetivo a ser cumprido. Assim que você se reunir com o *stakeholder* e coletar todas as informações, será preciso criar as estratégias para promover o que o projeto necessita e essas fases de maturidade já devem ser colocadas em prática. Na imagem você percebe que esse frame varia entre os mesmos aspectos de que falamos em campanhas: tempo e resultado. Todo mundo gostaria de começar no canto superior esquerdo, no qual se ganha muito dinheiro em pouco tempo, mas, infelizmente, isso é bem raro de acontecer (a não ser que você dê sorte, como o Rodrigo Góes com o meme *Fake Natty*).

Na prática, o que normalmente acontece é bem menos empolgante que esse caso e mais parecido com o método científico aplicado nas ciências naturais. Vamos pegar como exemplo o desenvolvimento de uma vacina. A primeira fase é a de implementação, nela precisamos construir um laboratório e toda a base para começar o processo de pesquisa e desenvolvimento (P&D). Com isso, seguimos para a fase de testes e coleta de informações. Nela, vamos criar uma dezena de hipóteses de vacinas e aplicar com resultados oscilando muito. Aqui a expectativa não é ter resultados lucrativos para uma farmacêutica, pois é apenas uma fase de pesquisa e desenvolvimento. Em algum momento dessa fase, depois de inúmeras tentativas, encontramos dados promissores entre um grande número de fracassos, e é quando movemos esse teste para a terceira fase. Agora é o momento de replicar os testes e encontrar consistência no resultado. Só então partimos para a quarta fase: a produção em escala.

É basicamente isso que acontece na maturação de qualquer área de um negócio ou do negócio em si. A diferença é que são poucas as empresas que investem em P&D. Isso acontece porque grande parte das pessoas está mais preocupada com o colher do que com o plantar. Falham em perceber que quando acordarem amanhã podem se deparar com um terreno estéril, com a plantação acabada. Nesse dia, vão olhar para trás e lembrar que escolheram não plantar. Warren Buffet costuma falar que para cada pessoa que está tranquila debaixo de uma árvore, tem alguém que, há muito tempo, plantou essa mesma árvore. O problema é que o empresário não consegue ter essa visão de longo prazo; ele se incomoda com a fase de P&D. Quando me perguntam quanto se tem que investir em uma área que ainda não maturou, que ainda está na fase de pesquisa e desenvolvimento, eu sempre respondo que é P&D, ou seja, Perder Dinheiro. O investimento ideal é o máximo possível que você pode perder. É isso mesmo. Qualquer resposta diferente não seria racional, até porque, como você ainda não tem dados, não tem como estimar o valor que vai gerar o resultado ideal. Toda indústria que tem área de P&D vai alocar nela o máximo para aumentar as chances de chegar à resposta o mais rápido possível, pois não se sabe quando esse investimento vai ter retorno. Veja como tudo isso funciona no contexto do digital.

**Objetivo:** implementar o cenário mínimo ideal para iniciar os testes. É quando a empresa vai construir seus ambientes, configurar contas de anúncios, contratar times e ter suas primeiras jornadas. Obviamente, muita coisa vai ser feita com poucos recursos, e são recursos que serão mantidos por muito tempo. A consistência é a chave. Não adianta contratar o melhor time e só poder pagá-lo por três meses, sem que algo garanta que esse time vai encontrar as respostas. Estamos falando de um jogo infinito, da ciência da ação humana em que não se controla todas as variáveis. O ideal é ir no mínimo custo fixo que possa sustentar os testes por um longo período. Claro que esse mínimo vai variar de empresa para empresa, o mínimo para a Pfizer é muito diferente do mínimo para a Cimed. O ideal aqui é que o mínimo seja o máximo possível dentro do seu contexto, para que você consiga sustentar a estratégia por longos períodos.

Alguns negócios podem já estar na fase **V2**, **V3** ou **V4** desse processo, mas a maioria ainda estará na fase **V1**. Isso significa não ter controle dos indicadores básicos que geram as vendas do negócio e, sem isso, é impossível criar um plano previsível de crescimento. Por esse motivo, o segundo passo vai ser encontrar os indicadores básicos, testando o máximo de hipóteses – as estratégias para gerar aquisição, engajamento, monetização e retenção – para encontrar as que fazem mais sentido para o projeto em que você está atuando. Lembre-se: não existe garantia de sucesso em nenhum projeto. Então é essencial não ter nenhuma expectativa de resultado. É uma fase de experimentação. É preciso dedicar, pelo menos, dois meses em cada um dos testes, gastando um valor considerável para conseguir volume de dados que tenham significância estatística para o seu contexto. Do contrário, você não terá dados suficientes para fazer uma análise concreta do que dá certo e do que precisa ser descartado. Assim que achar o caminho certo, e o CLV ficar mais adequado ao negócio, é hora de partir para a fase 3.

**Neste passo,** o objetivo é amadurecer as conclusões do **V2**. Ao final da fase anterior, você teve algumas hipóteses que funcionaram melhor do que outras. É hora de testá-las por um período maior. Descarte as ruins e siga com as que deram certo (que podem ter sido influenciadas por questões situacionais) por um período entre três a seis meses, mantendo o investimento dentro da lógica de P&D, que é o máximo que você pode investir para empreender. Durante esse tempo, você conseguirá entender se os caminhos encontrados são perenes, ou seja, se trazem resultados constantes por longos períodos, e se os resultados são replicáveis.

É importante lembrar que o objetivo de uma empresa é vender todos os dias, nem que seja um pouco por vez. Assim, estratégias que trazem picos de vendas momentâneos na maioria dos casos não constroem um negócio a longo prazo. Considere que, nessa fase, quando você dividir o LTV pelo CAC, o resultado tem que ser maior que 1 (LTV/CAC>1). Com esse resultado, sua estratégia já está paga, ou seja, ela ainda não é lucrativa, mas também não dá prejuízo. Dizemos que é sustentável. Além desse resultado, ao final do passo **V2**, você já consegue validar as melhores estratégias para o processo de vendas pela internet de seu projeto ou negócio.

**Após rodar o projeto** por, aproximadamente, nove meses, você terá a conclusão de quais são as estratégias com mais resultados. Então, poderá propor ao projeto uma ampliação do investimento, ou seja, mais escala. Exemplo: em uma estratégia, houve a venda para um cliente cujo CAC foi de R$ 100. O investimento foi de R$ 6 mil por trimestre, com o máximo de sessenta novos clientes durante o período. Suponha que esses clientes compraram, ao longo de sua vida de consumo na empresa, R$ 600 de produtos com uma margem de contribuição de 40%. No trimestre, isso significa que as estratégias de marketing geraram retorno sobre o investimento (ROI) de 2,4 vezes para cada real investido. Observe:

**40% de R$ 600 = R$ 240
A cada real investido dos R$ 100 do CAC, o retorno foi de R$ 2,40[72]**

Como o resultado foi muito bom, você pode propor o dobro do investimento no próximo trimestre, ou seja, R$ 12 mil para escalar as vendas.

---

[72] Conta simplificada sem levar em consideração a perda do valor do dinheiro no tempo.

Mas isso garantirá o dobro de lucro? Não. Explico: quando trabalhamos com escala, é comum haver oscilação do resultado para cima ou para baixo, então não adianta achar que o ROI será proporcional ao investimento feito. Para entender esse desequilíbrio e os desafios da escala, imagine que você entrega panfletos para anunciar a sua loja. A divulgação dá tão certo que você resolve investir um pouco mais e entregar mais panfletos. O retorno segue um múltiplo proporcional. Mas, em certo momento, você aumentou tanto o investimento que já tem mais panfletos que pessoas. O resultado é que o mesmo panfleto é entregue duas ou até seis vezes para o mesmo indivíduo. O que você precisa fazer? Encontrar outra avenida tão movimentada quanto a anterior e começar a distribuir panfletos lá. E, assim, seguir encontrando mais e mais avenidas com as mesmas características, sempre tentando melhorar a mensagem do panfleto para trazer mais pessoas para a empresa. Esse exemplo off-line é exatamente o que acontece com as mídias pagas on-line. Em uma campanha no Facebook Ads, se você simplesmente aumenta o investimento em um conjunto de anúncios, sua frequência média de impressão por usuário sobe para duas ou até seis vezes dependendo do caso. Repare que a solução é a mesma: encontrar mais avenidas – que, no caso do Facebook, significa construir novos conjuntos de anúncios com outros públicos e depois ir encontrando a melhor maneira de transmitir a mensagem para atrair mais clientes.

Sendo assim, a escala vale a pena. Na V4, sempre trabalhamos com a hipótese de uma taxa de 20% de perda de ROI. Isso deve ser comunicado ao *stakeholder*.

Seguindo o exemplo do investimento de R$ 12 mil, vamos supor que houve uma oscilação negativa (perda de performance) com CAC a R$ 115 (15% mais caro do que o previsto inicialmente, que era R$ 100), mas trazendo 104 clientes. Se o ARPU e a Gross Margin forem os mesmos (R$ 600 e 40% respectivamente), seu ROI será de 108% para cada real investido.

O ROI foi pior do que no primeiro investimento? Sim. Quer dizer que sua estratégia fracassou? Não. Veja bem: seu ROI anterior era de 140% sobre R$ 6 mil reais, o que trouxe R$ 8.400 de resultado bruto. Seu ROI agora é de 108% sobre R$ 12 mil reais, o que trouxe R$ 12.960 de resultado bruto depois do investimento. É um ganho final que aumentou mais de 154%, mesmo com um ROI percentual menor, o resultado líquido é maior.

É importante entender que ROI alto com baixo investimento é fácil, mas ROI alto com alto investimento é praticamente impossível — e muitas vezes desnecessário —, como ficou claro no exemplo. Depois disso, você deve estar se perguntando: "Por que, em vez de dobrar o investimento para escalar, não quadruplicamos?". Afinal, o negócio vale a pena. Mas a decisão não é tão fácil assim.

Para saber se é momento de aumentar de maneira tão agressiva o investimento, você precisa compreender todas as variáveis do negócio. Uma delas é o fluxo de caixa. O investimento em mídia que você fez para adquirir novos clientes tem que ser pago às plataformas ou a outro veículo que você escolheu, em, no máximo, trinta dias na maioria dos casos, mas o seu recebimento no LTV pode vir em seis meses ou doze meses ou outro prazo. Se o investimento for muito alto, como suportar um fluxo de caixa muitas vezes negativo? Por isso, é preciso manter a estabilidade, a não ser que você tenha fonte de financiamento do crescimento, como é o caso da maioria das startups que são *cases* de crescimento acelerado.

### Qual crescimento é melhor posicionado?

**Empresa A**
**LTV : CAC = 5 : 1**
TEMPO DE PAYBACK = 1 ANO

**Empresa B**
**LTV : CAC = 4 : 1**
TEMPO DE PAYBACK = 6 MESES

E lembre-se: mesmo tendo uma ótima relação de LTV/CAC, a empresa pode quebrar no fluxo de caixa ou até mesmo as projeções de LTV não se concretizarem no tempo. Por esse motivo é importante focar os cohorts para que o tempo de payback, do retorno, seja menor para acabar com os riscos da operação. No exemplo anterior, mesmo que financeiramente a empresa A seja melhor, como dinheiro custa no tempo, é melhor ter uma rentabilidade menor hoje do que uma maior no futuro, até porque o dinheiro não vale a mesma coisa no futuro. Não estamos falando de renda fixa, e sim de algo que quanto mais tempo mais risco.

Outro ponto importante é a capacidade do time comercial. A empresa terá vendedores suficientes para atender a quantidade de novos clientes? E quanto à produção, a empresa conseguirá produzir o suficiente para atender a nova demanda? Olhe só o risco: caso ocorra falta de produto, você corre o risco de levar demanda para a concorrência. O cliente chega até você com a demanda, mas você falha na capacidade produtiva, então ele, que já se decidiu pela compra, vai procurar o produto no concorrente.

A sua visão sobre o negócio precisa ser extensa e não focar apenas alguns indicadores de marketing e vendas. Você precisa enxergar como a empresa funciona. Um Cientista do Marketing Digital® não é um marqueteiro ou um publicitário: é um indivíduo que entende como colocar o mercado em movimento de maneira ampla.

Assim, a escala que você precisa propor ao cliente será baseada não somente na margem de contribuição, mas no equilíbrio de diversas variáveis. Conhecê-las e balanceá-las é um trabalho conjunto entre o Cientista do Marketing Digital® e o *stakeholder*.

**Neste momento,** o objetivo é alcançar a maestria no processo de vendas pela internet. É chegada a hora de ter clareza da privisibilidade dos resultados que o projeto pode alcançar. Ao explorar as diferentes fases de maturidade do processo de vendas pela internet, uma constatação essencial emerge na quarta fase: a importância do volume de dados para conseguir chegar à análise preditiva.

Até então, era impossível ser efetivo no forecast, nas previsões dos resultados que o projeto poderia alcançar, até mesmo porque partimos do marco zero, no qual nem sabiamos a relação de LTV/CAC que dirá o desempenho deles por canal. Uma vez que encontramos esses indicadores e conseguimos ver seus resultados por canal e de maneira consistente, podemos, nessa quarta fase, usá-los para simular a ampliação do investimento e estimar o aumento do resultado final.

A análise preditiva, nesse contexto, torna-se uma ferramenta poderosa, mas sua efetividade está intrinsecamente ligada à quantidade e qualidade dos dados disponíveis. A Lei dos Grandes Números desempenha um papel crítico na análise preditiva nessa fase de maturidade. Ela estabelece que, à medida que o tamanho da amostra aumenta, as médias e tendências observadas nos dados se aproximam da verdadeira natureza da população. Isso significa que, com um volume de dados significativo, as previsões se tornam mais confiáveis, pois refletem de forma mais precisa o comportamento real dos clientes e prospects.

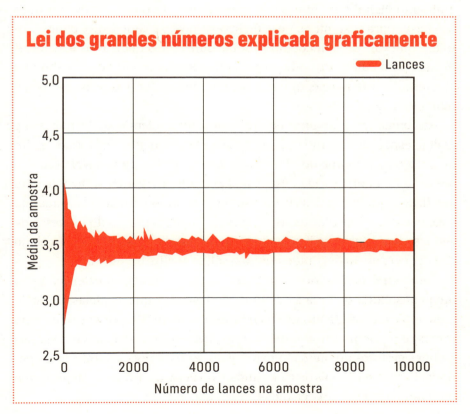

MATEMARKETING: OS QUATRO PILARES INTEGRADOS

A análise preditiva, quando aplicada na quarta fase de maturidade do processo de vendas pela internet, é um ativo estratégico inestimável. O volume de dados acumulados ao longo da jornada permite que as previsões se baseiem na sólida lógica da Lei dos Grandes Números, resultando em decisões mais acertadas e, em última instância, em um marketing mais eficaz e vendas mais bem-sucedidas. Mas, é importante ressaltar que se o seu projeto não consegue acumular um volume grande de dados, seja por incompetência técnica ou por causa do contexto do seu negócio. Por exemplo quando você trabalha com um mercado endereçável pequeno vendendo para governos, fica impossível, pela lei dos grandes números, ter uma real análise preditiva do seu negócio.

Uma vez que ela indica um potencial de crescimento, e você estando disposto a trabalhar para conquistar esse mercado, como depende do ambiente digital para manter seu resultado, é importante investir mais nas bases para sustentar o peso do investimento maior. Este é o momento em que vale a pena cogitar montar times mais dedicados e especializados para cuidar de cada etapa, aplicando a divisão do trabalho que já citamos neste livro e, quem sabe, até mesmo ter 400 pessoas no seu marketing, igual a XP Inc.

Até então, montar uma equipe com outros cientistas do marketing digital, especialistas em UX (ver **capítulo 7**) e anúncios, um squad inteiro de conteúdo, um time de BI e um de data analytics era inviável porque a empresa não tinha escala deste canal gerando margem o suficiente para justificar a ampliação dos custos fixos com pessoas e espaço. Mas quando você consegue executar todas as fases da implementação do processo de vendas, essa equipe dedicada se torna necessária e justificada pelo plano de negócio que é assegurado por uma sólida análise preditiva.

Também é necessário manter um suporte estratégico externo, como uma consultoria ou uma assessoria, para garantir que as ideias novas do mercado circulem dentro da sua empresa. Aqui na V4, por exemplo, todo trimestre eu reúno um conselho consultivo em que são convidados seis grandes gestores do mercado para sabatinar toda nossa estratégia do período. Faço isso há mais de cinco anos, e diversas decisões estratégicas que mudaram o jogo foram decididas nesses encontros.

Você viu que cada etapa tem seu tempo certo de acontecer. Não adianta querer atropelar o processo. Saber ser criativo não é um desafio. O desafio, na verdade, é conter a sua ansiedade de ficar criando estratégias novas e implementar ideias. Na vontade de querer fazer mais e surpreender mais, muitos profissionais acabam atropelando fases e criando estratégias que nem sempre são possíveis de aplicar. No lugar disso, sugiro participar desse jogo com atenção e foco, analisando cada jogada com bastante consistência. Tenho certeza de que, desse modo, seu resultado será melhor.

## TENHA O CONTROLE DA CAMPANHA

Não basta planejar, é importante também ter o controle de tudo quando as ações estiverem rodando. Lembre-se de que os pilares do Método V4 não acontecem separadamente, eles são simultâneos e, em algum momento, pode até haver uma intersecção entre eles. Se você pode, por exemplo, ir da aquisição para a monetização ou usar a mesma estratégia no engajamento e na retenção. Enfim, o problema é controlar esse quebra-cabeça para não perder nada no caminho. Para isso, criamos um conceito chamado *drawflow*, que é uma representação visual do projeto. Acreditamos que, dessa maneira, a absorção da informação é mais consistente, ainda mais quando estamos falando de assuntos complexos. Quanto mais ilustrado é o conceito, mais compreensível ele se torna.

Outro motivo que nos fez chegar a essa técnica é a própria fluidez da criatividade do profissional nesse exercício. A ideia é literalmente desenhar o fluxo do projeto em uma folha de papel. Sim, em uma folha de papel, pois desenhar faz com que a sua criatividade flua melhor e você encontre caminhos que talvez não veria numa tela. Não estou dizendo que a tecnologia não nos ajuda. Ela faz parte do dia a dia do Cientista do Marketing Digital®, afinal, ele precisa conhecer como operar um software de compra de mídia ou de e-mail marketing, por exemplo. Mas não é a base do trabalho dele. Depois que fizer tudo no papel, aí, sim, você pode passar o desenho para um software que facilitará a apresentação das ideias para os stakeholders, mas inicialmente faça este exercício: coloque seus fones de ouvidos, ponha uma música que o inspire, sente-se à mesa com o *drawflow* vazio, lápis e borracha e vá desenhando o que você imagina fazer. Veja como é o *drawflow* usado pela V4 antes de ser explorado:

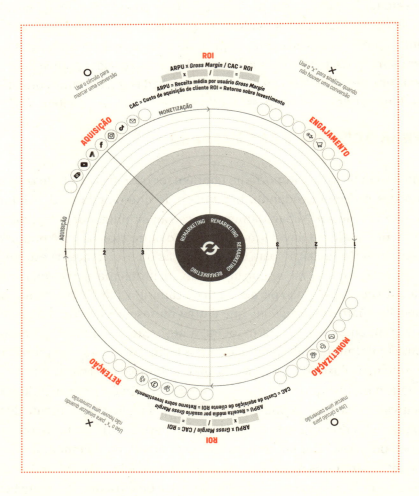

Repare que ele tem os quatro pilares em círculos, como se fossem os cantos do jogo, e cada um deles tem três divisórias, representando o período de cada ação. No centro está o *remarketing*, já que ele pode ser usado a todo o momento. Como esse é um modelo mais avançado, já deixamos à disposição a fórmula do ROI, facilitando o trabalho do profissional. Para orientar o seu pensamento no desenho do fluxo, use a seguinte ordem:

- ≫ unidades de negócio;
- ≫ públicos e os seus respectivos ganchos;
- ≫ fluxo de estratégias adotadas para cada público;
- ≫ verba por estratégia;
- ≫ análise dos quatro pilares do Método V4 por estratégia;
- ≫ peculiaridades sazonais na distribuição da verba;
- ≫ avaliação das projeções de conversão (resultados do funil).

Considerando tudo isso, você terminará com algo parecido com o exemplo abaixo:

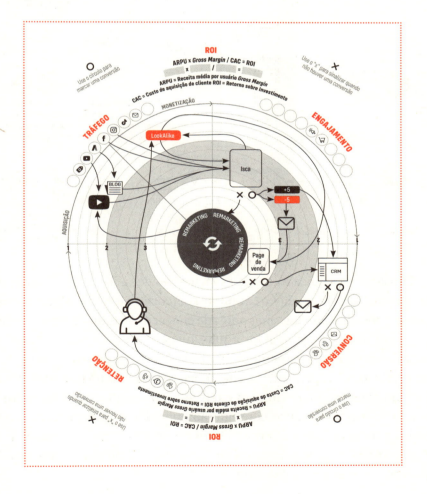

Esse desenho serve para direcionar seu pensamento não de modo linear, mas em *loops*. No dia a dia, a maior parte das pessoas pula etapas e gosta de fazer ilustrações verticais como esta:

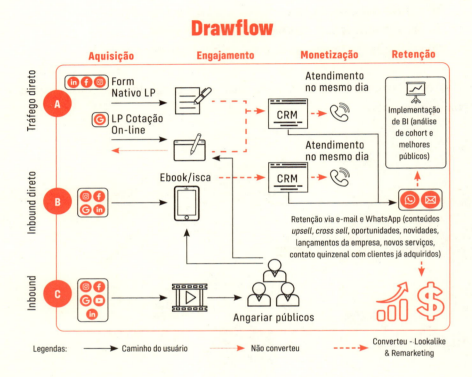

Dessa maneira, fica muito mais fácil entender a ideia do Cientista do Marketing Digital® e qual é o caminho a percorrer. Hoje, trabalhamos com esse modelo de *drawflow*, mas antes de chegar a ele, rabiscávamos em um papel em branco. Seja qual for a sua situação – se quer usar o *drawflow* da V4 ou o papel –, faça sempre esse exercício antes de se reunir com os *stakeholders* para apresentar as suas ideias. Isso permitirá que você enxergue equívocos no planejamento e refazê-los o quanto antes. Além disso, os *stakeholders* do projeto conseguirão entender mais facilmente o que está sendo feito. Esse é um ponto importante. Se o time não tem a visão clara do projeto, pode ficar inseguro e desistir ou pedir para refazer aquilo que você delineou com maestria.

# OTIMIZAÇÃO DO PROJETO

Depois que você planejou, o time aprovou e a campanha está rodando, ou seja, você já passou pelo planejamento e pela execução, chegou o momento da otimização do seu trabalho com o que chamamos de reunião de performance com o time ou ckeck-in semanal. Ela acontece uma vez por semana, no mesmo dia da semana e no mesmo horário, para apresentar o andamento do projeto e tudo o que tem sido feito ao longo do seu desenvolvimento.

Para agilizar a reunião e torná-la mais produtiva – afinal, você não quer que o cliente saia dali com a sensação de que poderia ter resolvido tudo em um e-mail –, utilizamos um protocolo criado pela V4: o R.O.P.R.E Check-in. R.O.P.R.E é o acrônimo de Resultados, Objetivos, Premissas, Riscos e Entregas. A seguir, explico melhor como cada fase funciona.

## *Resultados*

Sempre começamos pelo que vem dando certo, as vitórias. Falamos sobre os resultados positivos e os aprendizados na jornada. É muito comum ver reuniões em que as primeiras pautas são as entregas e os problemas do projeto. Isso deixa um clima ruim entre os participantes e, às vezes, já até gera um conflito e acaba estragando o que você tinha de positivo para falar. Imagine continuar em uma reunião quando todos estão com o humor alterado? Se você começar pelo positivo, o cliente se empolgará com o que está sendo apresentado e a reunião fluirá melhor. Dentro desse tópico, você apresenta os aprendizados, mas lembre: não existem fracassos. A análise engloba o que aconteceu durante o período de avaliação que gerou algum aprendizado e que pode ser melhorado.

## *Objetivos*

Agora que os resultados foram apresentados, você mostra se os objetivos que haviam sido traçados na semana anterior foram cumpridos. Esses objetivos precisam estar de acordo com as fases do processo de venda na internet – **V1**, **V2**, **V3** e **V4** – que já apresentamos. É momento de olhar como esses resultados e aprendizados impactaram no objetivo do projeto.

## Premissas e riscos

Premissas são as variáveis que impactam um projeto, mas que você exclui na fase de planejamento. Por isso, as premissas envolvem riscos. Pense em um projeto de construção de uma ponte que você planeja entregar em três anos. Nesse planejamento e prazo, você tirou como premissa que não ia chover, não ia ter um furacão, não ia haver embargo público na obra, atraso em material nem greve dos trabalhadores. Tudo isso são premissas. Cada coisa que você dá como garantido gera um risco ao projeto que deve ser acompanhado e mitigado. No nosso contexto, essa premissa pode ser verba disponível para compra de mídia, aprovação dos anúncios pelos veículos, atendimento da demanda gerada por parte do time comercial, entre outras coisas. Fazer essa análise junto ao cliente permite verificar o impacto das premissas e a evolução dos riscos e, se for o caso, traçar nova rota para substituir aquilo que não vem dando resultado.

## Entregas

É a análise das entregas planejadas e a evolução em relação ao plano original. É também quando são realizadas correções de percurso necessárias. Lembrando que não adianta prometer o mundo para o cliente se não é possível obtê-lo. As possíveis adições ou alterações na entrega devem ser avaliadas a partir da matriz de esforço e resultado. Isso significa avaliar quanto esforço será preciso e qual resultado gerará. Esforço, aqui, não é só criar uma nova estratégia, mas também o esforço financeiro e o esforço de tempo que isso pode acarretar.

A matriz de esforço e resultado é uma ferramenta usada para priorização de tarefas, classificando-as de acordo com o impacto gerado e o esforço necessário para realizá-las. Ela é dividida em dois eixos. O vertical refere-se ao resultado e leva em conta fatores como lucro, vendas e satisfação do cliente. Já o horizontal considera o esforço, o tempo, a energia, o investimento ou os recursos humanos empregados para a realização de determinada tarefa.

Veja como funciona:

**QUADRANTE I:** as tarefas produtivas, aquelas que geram mais resultados com menos esforços. Essas ações devem ser executadas imediata e diariamente, pois as recompensas são rápidas.
**QUADRANTE II:** são as ações importantes, mas difíceis de serem executadas. Por isso, devem ser tratadas com cuidado e com muito planejamento para serem realizadas.
**QUADRANTE III:** aquelas ações que exigem pouco esforço, mas também geram pouco resultado. Ou seja, não devem ser descartadas, mas também não devem ser priorizadas.
**QUADRANTE IV:** são as tarefas que não trazem resultado e que exigem grande esforço da equipe. Só devem ser executadas se forem extremamente necessárias.

Ao colocar as ações neste quadro, você consegue descobrir se a alteração na entrega é realmente necessária. O ideal é estar sempre no **quadrante I**: quanto menos esforço necessitar e mais resultado trouxer, melhor será.

## PENSE A LONGO PRAZO

Lembre-se que o trabalho não termina com a campanha. É sempre necessário criar uma previsão de resultados a longo prazo, como falamos na quarta fase do processo de vendas através da internet. Uma vez em alto nível, o seu dia a dia vai se basear no seu forecast, na sua projeção do negócio, em um determinado período. É nele que tudo que vimos sobre predição e lei dos grandes números vai ser consolidado através da avaliação do CAC de cada um dos clientes, canais e unidades de negócio, do índice de retenção, do churn, e tudo em uma única planilha. A partir daí, a sua vida passa a ser as análises pensando na próxima semana, no próximo mês, trimestre ou ano e projetado e simulando, por exemplo, o investimento em relação ao CAC neste período. Quanto eu preciso investir para aumentar o número de clientes novos? Pense sempre em aumentar o investimento, estresse o modelo para a zona de desconforto, pois não existe crescimento na zona de conforto, e não existe conforto na zona de crescimento.

| PRINCIPAIS FATORES | | | | | |
|---|---|---|---|---|---|
| | A | B | C | | |
| CLIENTES NOVOS | 100 | 100 | 10 | CAC | |
| CLIENTES RECORRENTES | 300 | 300 | 300 | LTV | |
| CLIENTES PERDIDOS | 30 | 130 | 30 | CHURN | |
| CLIENTES TOTAIS | 370 | 270 | 280 | COHORT | |
| | +23,3% | -10% | -7% | | |

| PREDIÇÃO | | | | | | |
|---|---|---|---|---|---|---|
| PERÍODO | 1 | 2 | 3 | 4 | 5 | 6 |
| CLIENTES NOVOS | 100 | 110 | 120 | 130 | 140 | 150 |
| CLIENTES RECORRENTES | 300 | 310 | 335 | 372 | 422 | 488 |
| CLIENTES PERDIDOS | 90 | 85 | 83 | 80 | 74 | 72 |
| CLIENTES TOTAIS | 310 | 335 | 372 | 422 | 488 | 566 |
| | | +8% | +11% | +13% | +15% | +15% |

Observe esse *forecast*, que representa o número de clientes de uma empresa. As quatro linhas mínimas se referem aos clientes: novos, recorrentes, perdidos e total. Cada um deles tem um indicador ou um fator de que falamos aqui: CAC para novos clientes, ARPU para clientes recorrentes, churn para porcentagem de clientes perdidos e cohort para analisar o conjunto de clientes. A, B e C representam diferentes ações, ou canais determinados, que estamos comparando.

No A, a empresa teve cem clientes novos. Havia trezentos que já vinham comprando de outras safras e trinta que deixaram de comprar, totalizando 370 clientes ativos nesse período. Isso signifca 23,3% a mais que os trezentos que compraram nas safras anteriores. No mês B, a situação é diferente. Apesar da aquisição de novos clientes e de os recorrentes serem os mesmos, a perda foi de 130 clientes. Isso acarretou uma queda de 10% no resultado total. No C, nós temos o mesmo número de churn, mas não foi possível adquirir a mesma quantidade dos outros cenários e, por isso, também não tivemos *growth*. Pense que esses três cenários podem, na realidade, ter sido três testes feitos na segunda e terceira fase de maturidade do processo de vendas através da internet, mas agora você vai isolar as ações executadas no cenário A para migrar para a quarta fase, a de maturidade.

Na figura anterior, já temos a predição, que é o que nossos dados mostram que vai acontecer no futuro, tendo como base os indicadores do passado. As colunas de 1 a 6 representam um período de tempo subsequente. Essa etapa sempre tem de levar em consideração o trabalho que vem sendo feito e os números anteriores. Ela não é inventada, mas calculada e criada com base nesses fatores. No exemplo, imaginando que cada coluna se refere a um mês, observe que no mês 1 o objetivo é ter 310 clientes totais. No mês 2, 335 e assim por diante. Com essa visão, fica mais fácil entender como anda o projeto e quanto investimento será necessário para o crescimento. Em cada linha, há uma alavanca e como ela deve se comportar. Repare que, no último mês, a linha de clientes novos está 50% maior que no mês 1. Para esse número de fato acontecer, será preciso aumentar o orçamento de marketing em 50%, mantendo o CAC igual. Ou reduzir o CAC em 50% e manter o orçamento de marketing. Qual é a estratégia mais provável de dar certo? A partir daí, você faz o planejamento para alcançar o número projetado. O mesmo vale para a linha de perdidos na qual o *forecast* projeta uma queda. Mas isso é provável com base no histórico? Ou existe uma medida nova que vai implicar nessa redução de churn? Planeje-se com base nisso.

Este é um caminho que só aponta para o alto. Agora, você tem os quatro pilares, tem os playbooks, tem o planejamento. Ou seja, a receita está nas suas mãos. Caberá a você fazer esse bolo crescer. Assim como faz com os clientes, faça com a sua empresa. Cresça! Organize-se! Pense a longo prazo! Ajuste as alavancas de crescimento! O Cientista do Marketing Digital® também precisa ser um gestor de si próprio. Se você consegue fazer seu negocio vender e crescer mais, tem que fazer o mesmo por si mesmo. Pensar no futuro é a maneira de aumentar o seu lucro, inclusive o seu valor, e ainda se proteger de imprevistos. Eu digo que o melhor remédio para a ansiedade é planejamento a longo prazo. E é dessa maneira que o Cientista do Marketing Digital® deve se comportar, sempre prevendo o que virá pela frente. Já imaginou o que será da sua empresa daqui a dez anos? Eu sabia o que eu queria e, posso garantir, com planejamento, muito foco, visão de longo prazo e aplicação do Método V4, consegui. E você também pode!

# CONCLUSÃO

# UM NOVO MERCADO PARA SER CONSTRUÍDO

Sei que você ouve falar sobre marketing digital praticamente todos os dias. Se não é alguém que se tornou especialista no assunto, é um anúncio que aparece em alguma guia da internet ou no seu e-mail oferecendo capacitação em marketing digital ou alguma empresa vendendo serviços dessa área. Sei também que você se interessa por esse assunto, afinal, está acabando de ler o meu livro. Mas, apesar de parecer que já é um tema esgotado e que o mercado está saturado, para mim, ele ainda está em construção. "Como assim, Dener? Todo mundo está trabalhando com marketing digital." Eu sei, e isso não me assusta nem um pouco, mas me dá gás para seguir em frente e me deixa ainda mais seguro de que estou no caminho certo. E por dois motivos.

O primeiro é que o marketing digital ainda tem um potencial gigantesco no Brasil e no mundo. Só em 2020, o gasto em publicidade digital subiu 5,2% no Brasil, se comparado ao ano anterior. Na Colômbia, o salto foi de 11%.[73] Isso mostra que ainda temos muito que avançar. E mais: eu afirmo que a publicidade on-line vai atropelar a publicidade tradicional nos próximos anos. Esse é um caminho sem volta. Só o mercado de publicidade on-line deve movimentar, até

[73] LATIN America digital ad spending update Q2 2020. **eMarketer**. Disponível em: http://mmimg.meioemensagem.com.br/EMK/ProXXIma/Latin_America_Digital_Ad_Spending_Update.pdf. Acesso em: 23 fev. 2020. p. 2.

2025, quase R$ 41 bilhões ao ano, enquanto a publicidade tradicional deve permanecer estacionada na casa dos R$ 30 bilhões.

Veja a comparação entre a publicidade digital e a tradicional e a projeção de crescimento:[74]

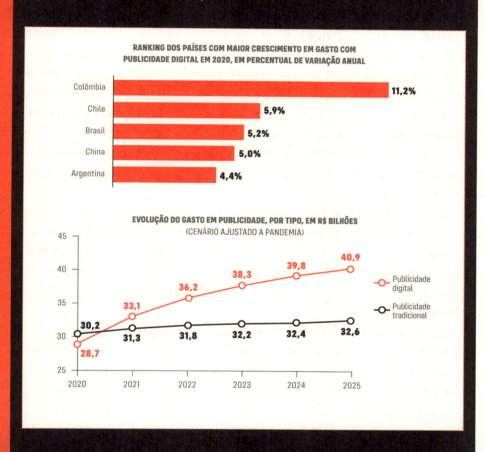

Por isso, não aceito esse papo de que o *boom* do marketing digital já passou. Que nada! Ele está vivo, pulsando fortemente, e não há previsão de que um dia recue. Afinal, enquanto existir internet, ele viverá. Você já ouviu alguma previsão de que a internet vai acabar ou que as

[74] Relatório KPMG para a V4 Company, com dados do Statista, out. 2020.

pessoas vão parar de usá-la? Como falamos no **capítulo 1**, a tendência é que a cada dia haja mais gente circulando. E se tem mais pessoas transitando na rede, há mais pessoas querendo comprar e mais publicidade querendo vender.

O segundo motivo é que tenho certeza de que formamos profissionais diferenciados. E você já é um desses profissionais. O mercado pode até estar saturado do ferramenteiro, da pessoa que se apresenta como especialista, mas o que faz é criar posts para as redes sociais. O Cientista do Marketing Digital® pensa estrategicamente e entende os fundamentos para implementar o processo de vendas por meio da internet, usando o Método V4. Ele é mais do que um especialista. É um cientista que pauta as suas decisões baseando-se no conhecimento da ciência humana e propõe soluções para que as empresas lucrem mais e, portanto, cresçam.

Ele se torna, assim, um agente que gera impacto na sociedade, colocando a economia em movimento. Eu acredito que a única maneira de mudar o país é por meio da contribuição das empresas na economia e, quanto mais o mercado prospera, menor é o índice de pobreza extrema. Isso é um fato. O Cientista do Marketing Digital® é um dos agentes dessa transformação.

Além de sua qualificação profissional, o Cientista do Marketing Digital® tem uma série de características subjetivas que o colocam em destaque. É o que eu chamo de profissional AAA. Ele é ambicioso, mas não por ele, e sim pelo time. Entende que o capitalismo é um esporte coletivo e que no pódio cabem vários vencedores no primeiro lugar. E que, se ele quer ser grande, cada vez maior do que foi ontem, todo o coletivo que ele movimenta precisa acompanhá-lo. Por isso, a sua equipe confia no seu trabalho e sabe que fará o que tiver que ser feito para entregar um resultado excelente – ele não aceita nada abaixo disso. Como o Cientista do Marketing Digital® consegue esse feito? Assumindo de frente as responsabilidades e não terceirizando a culpa. Sempre pergunte a si mesmo: "O que poderia ter feito de diferente para ser melhor?". O Cientista do Marketing Digital® sabe que só cabe a ele focar aquilo que pode mudar.

E você, que está finalizando este livro, já está à frente nesse mercado em construção. A partir de agora, considere o começo de uma nova jornada. Boa parte do que aprendi nos últimos anos está aqui. E sabe por que achei tão importante ensinar o que sei e abrir uma parte da minha jornada profissional e até da minha vida pessoal para você? Porque acredito que a mudança na nossa vida depende de nós mesmos.

Anteriormente, perguntei a você, leitor, como vê a sua empresa ou a sua carreira daqui a dez anos. Você consegue imaginar? Consegue projetar o quanto quer e pode crescer? Já fez o seu *forecast* pessoal?

Eu nunca duvidei da minha capacidade porque olhava para a frente. Chamo isso de *looking ahead* ou olhar para o futuro. Quer uma prova? No dia 5 de novembro de 2015, fiz um vídeo (para assisti-lo na íntegra, acesse o QR Code a seguir) de dentro da sala da V4, ainda lá na universidade em que fomos incubados, contando meu estágio atual de vida e o que buscava. Eu falava com o Dener do futuro. Na época, tinha 21 anos, morava em um apartamento alugado de 38 metros quadrados com pouquíssimos móveis e tinha um carro popular financiado. A V4 existia há três anos, mas seu faturamento era relativamente baixo – menos de R$ 20 mil por mês – e meu pró-labore, minha retirada mensal, não passava dos R$ 3 mil (às vezes nem chegava a esse valor). A empresa tinha um custo operacional alto, não gerava caixa e, naquele momento, era ainda um mau negócio. Apesar disso, eu acreditava no trabalho que estava desenvolvendo e não desisti. Eu perseguia meus objetivos e os tinha fixados na porta de entrada da minha pequena sala. Eu queria:

>>> **SER INTERNACIONAL:** isso significa ser uma empresa global e impactar o mundo com as minhas ações e conquistas.

>>> **SER RECONHECIDO COMO O MELHOR NO QUE FAZ:** nunca acreditei em fazer pouco. O bom resultado nunca me interessou, eu sempre busquei o resultado acima da média.

>>> **CONQUISTAR LIBERDADE FINANCEIRA:** atingir a liberdade financeira nos possibilita ter um foco maior no trabalho. Sem obrigação, apenas motivado pelo desejo.

>>> **TER SUCESSO INTELECTUAL:** é buscar a maestria, o domínio máximo do conhecimento disponível sobre o que fazemos.

>>> **MUDAR O MUNDO:** por meio dos meus negócios, colaborar para que o mundo seja um lugar melhor, com mais oportunidades e prosperidade.

>>> **TER UMA GRANDE EMPRESA, UMA GRANDE MARCA:** tornar a minha marca referência a ser seguida. A referência que eu não tive e que tanto me fez falta lá atrás, quando comecei a empreender.

Objetivos ambiciosos, eu sei. Mas, passados os anos, eu os alcancei. Tenho uma empresa com mais de seis mil clientes ativos, 250 escritórios e mais de R$ 15 milhões investidos em mídia na marca V4 por ano. Temos três andares de escritório central com quase 3.000 metros quadrados em dois estados e 350 posições. E uma parte minoritária da empresa foi comprada em 2021 pelo grupo Dreamers, o mesmo do Rock in Rio e que tem uma dezena de outras grandes empresas de comunicação. Nessa negociação, a V4 foi avaliada em mais de R$ 100 milhões na época. Como eu consegui tudo isso? Antes de completar 28 anos? Aplicando o que foi apresentado neste livro.

Hoje eu olho com nostalgia para aquele menino de 18 anos que ficou um mês prospectando clientes e tomando vários "não" até conseguir assinar o primeiro contrato. Eu errei durante a minha jornada? Claro que sim. Mas usei os erros como combustível para seguir crescendo. Você vai errar? Claro que sim. E vai parar? Não, não e não. Deixe o orgulho pessoal de lado e não se preocupe com o que falarem de você. Eu fui taxado de louco, de que estava perdendo meu tempo em algo que não daria certo e que eu deveria desistir. Até minha mãe chegou a me aconselhar a parar e deixar o sonho de empreender para o futuro. Mas eu continuei e falei que, no futuro, este a qual ela se referia, eu seria líder nesse mercado.

As coisas não aconteceram exatamente como eu planejava, mas eu cheguei aonde queria. Porque o como a gente nunca sabe, mas precisamos estar convictos do nosso objetivo. É questão de tempo para o nosso momento chegar. É com muito orgulho que empreendo na V4. É com muito orgulho que enxergo a minha trajetória até aqui. É com muito orgulho que criei um método vencedor. É com muito orgulho que criei um profissional que se chama Cientista do Marketing Digital®.

A sua participação neste momento significa muito para mim, pois representa mais um passo em direção ao nosso propósito de honrar e impulsionar empreendedores em todo o mundo. Quero enfatizar que, para nós, empreendedorismo não se limita apenas àqueles que possuem um CNPJ; ele engloba todos os indivíduos que, como o mítico Atlas da mitologia grega, decidiram desafiar o Olimpo (que simboliza o *status quo*) e estão dedicados a criar e agregar valor transformando o velho em algo novo e mais produtivo para sociedade.

Muitas das nossas referências de empreendedores no marketing que me inspiraram, como Sergio Zyman, Brian Balfour, Aaron Ross, entre muitos outros, encontraram o meio para empreender através de empresas já estabelecidas, mas isso não faz deles menos empreendedores. Pelo contrário, os seus resultados como agentes da transformação falam por eles. O empreendedor é o herói da vida real. É com muito orgulho que posso chamar você, meu amigo empreendedor, a partir de agora, de Cientista do Marketing®. E é com muito orgulho que olho para o nosso futuro.

https://www.v4.company/videodener/

Para acessar o vídeo é muito fácil! Basta apontar a câmera do seu celular para o QR Code ao lado.

## LOOKING AHEAD: FÉ, PESQUISA E ATITUDE

Eu sempre fui ambicioso, e minhas ambições eram impossíveis de serem alcançadas no curto prazo. O que eu fazia, então, era me apegar ao longo prazo. Eu imaginava meu futuro, focava e ia em frente. Sugiro que você faça o mesmo. Olhando para trás, vejo que o sistema de crenças que me fez progredir foi baseado em três pilares: fé, pesquisa e atitude. Refletindo hoje, eu acredito que é impossível não se alcançar o progresso para quem tem esse modelo mental. Tenha clareza do seu futuro, pense grande, pesquise o que for necessário para tornar-se o melhor no que faz e nunca deixe de ter atitude. Agarre-se aos valores do Cientista do Marketing Digital® – compromisso com o certo, com a verdade –, encontre e assuma os seus erros, sempre seja empreendedor e tenha ambição.

Saiba que nada do que apresentei, no fim, pode ser provado cientificamente, então sempre busque uma resposta melhor para as suas dúvidas. Como tudo na vida, uma jornada leva a outra ainda maior, mas a experiência que você adquiriu na primeira caminhada é a que o preparou para chegar onde você deseja.

Empreender e liderar não é fácil, mas, se você chegou até aqui, está escrevendo mais um capítulo da sua história como empreendedor dentro do marketing digital, tenha você um CNPJ ou não. Vontade é um fator essencial para realizar grandes conquistas e, agora que ela está aliada ao conhecimento, faça acontecer. Quem quer mais vence. A minha banda favorita, Charlie Brown Jr., que de uma forma ou de outra foi o impulso para que eu começasse a empreender aos 14 anos, como contei no **capítulo 1**, tem uma música que diz "o futuro é um labirinto para quem não sabe o que quer". Eu sei exatamente o que quero do meu futuro e, por isso, não entro em um labirinto sem saída. A minha expectativa é alcançar nosso BHAG de ter 1% do PIB do Brasil passando pela V4 através do resultado que geramos para nossos clientes. Até 2030, levar esse objetivo para todo o mundo, mesmo que seja necessário abrir capital na Bolsa de Valores (GoToIPO).[75] Eu me enxergo claramente crescendo daqui a mais vinte ou trinta anos. E você, o que quer do futuro?

---

[75] IPO significa *Initial Public Ofering*, que em português seria Oferta Inicial de Ações. (N.E.)

 **O MEU FUTURO LÁ DE TRÁS É O MEU PRESENTE HOJE: A V4 COMPANY. ESSE LUGAR É O QUE FAZ MEU CORAÇÃO BATER ACELERADO E MEUS OLHOS BRILHAREM TODOS OS DIAS. É O QUE ME FAZ LEVANTAR DA CAMA SABENDO QUE MEU DIA SERÁ INCRÍVEL, MESMO COM OS PROBLEMAS – EU SEI QUE ELES FAZEM PARTE DO DIA A DIA DO EMPREENDEDOR.**

E o que eu desejo é que você também tenha algo que faça seus olhos brilharem. O que o motiva? Estar motivado não significa estar feliz o tempo todo. Você pode, sim, estar cansado, triste, mas continuar motivado. Motivação é aquilo que você tem claro em sua mente, algo que precisa enfrentar para alcançar o seu objetivo. Para isso, faça como eu, troque o glamour por ação. Sei que o caminho é tortuoso, há muito a ser feito. Mas faça. As coisas não serão perfeitas, mas você tem a oportunidade de ir ajustando-as conforme forem acontecendo.

Eu acredito no protagonismo de cada um dos sócios e investidores (como chamamos quem trabalha na V4) da minha empresa. Quando alguém chega na V4, a primeira visão que tem é da seguinte frase inscrita na porta de entrada: *Welcome to your own company* (seja bem-vindo à sua própria empresa). Lá, todo mundo é protagonista – e você também! A V4 estará sempre de portas abertas, e eu o convido a conhecê-la. Hoje, com muito orgulho e com muita satisfação, eu digo: "Mãe, eu consegui. E sei que é só o começo".

Um grande abraço a você, leitor, e sucesso sempre! Você pode, acredite!

Este livro foi impresso pela gráfica Santa Marta
em papel pólen bold 70 g em agosto de 2024.